SKAZANE NA POTĘPIENIE

Polecamy również

EWA ORNACKA

KOMBINAT ZBRODNI

EWA ORNACKA, PIOTR PYTLAKOWSKI

NOWY ALFABET MAFII

WOJNY KOBIET

EWA ORNACKA, KAROLINA SZYMCZYK-MAJCHRZAK

PAJĘCZYNA STRACHU

PIOTR PYTLAKOWSKI, MONIKA BANASIAK

KRÓLOWA MAFII

PIOTR PYTLAKOWSKI, PIOTR WRÓBEL

MÓJ AGENT, MASA

SYLWESTER LATKOWSKI, PIOTR PYTLAKOWSKI

KORONNY NR 1. PSEUDONIM MASA

EWA ORNACKA

SKAZANE NA POTĘPIENIE

Historia opowiedziana przez Beatę Krygier, skazaną prawniczkę

REBIS

DOM WYDAWNICZY REBIS

JAROSŁAW KARAŚ

Redaktor
Agnieszka Horzowska

Projekt i opracowanie graficzne okładki
Zbigniew Mielnik

Fotografia na okładce
© 271 EAK MOTO/Shutterstock

Wydanie I
Poznań 2018

ISBN 978-83-8062-371-2

9788380623712

Dom Wydawniczy REBIS Sp. z o.o.
ul. Żmigrodzka 41/49, 60-171 Poznań
tel. 61-867-47-08, 61-867-81-40; fax 61-867-37-74
e-mail: rebis@rebis.com.pl, www.rebis.com.pl
Druk i oprawa: WZDZ – Drukarnia „Lega"

SKAZANE NA POTĘPIENIE

Nigdy nie przypuszczałam, że kiedykolwiek trafię do więzienia w innym charakterze niż jako prawnik przychodzący do klienta – zaczyna swoją opowieść narratorka tej książki. – Życie pisze jednak zaskakujące scenariusze.

W więzieniu trudno nie okazywać strachu. On jest wszechobecny. Najgorsze są noce, gdy czyjś krzyk lub płacz rozrywa ciszę i nie pozwala zasnąć do świtu. Ktoś szlocha, bo tęskni za domem, ktoś kogoś krzywdzi lub wiesza się w celi obok na prześcieradle. Strach udziela się wszystkim.

Wychowałam się w porządnym domu, pod kloszem. Rodzice wpoili mi wiarę w ludzi i przekonanie, że słabszym trzeba pomagać. Ale świat za kratami jest jak inna planeta, obowiązują w nim twarde reguły. Początek tego świata wyznacza wieżyczka z uzbrojonym strażnikiem i wielka, rozsuwająca się brama. Dalej są tylko mur, zasieki i kraty w oknach. Wszystko wokół wydaje się nierzeczywiste, niezrozumiałe, straszne. Dźwięk trzaskającej przy otwieraniu i zamykaniu metalowej kraty zastępuje śpiew ptaków i odgłosy ulicy. Zło i dobro skupiają się tam jak w soczewce. Szybciej niż gdziekolwiek indziej traci się dotychczasową tożsamość i buduje nową, uczy odróżniać wrogów od przyjaciół.

Człowiek, który trafia tam po raz pierwszy, jest jak rozbitek nieumiejący pływać. Rzucony na głęboką wodę albo przeżyje, albo utonie.

Kiedy usłyszałam szczęk zamykającej się za mną bramy, pomyślałam: Co ja tutaj robię, przecież to nie jest miejsce dla grzecznych dziewczynek. Stare mury aresztu śledczego dla kobiet w Kamieniu Pomorskim, zbudowane z czerwonej cegły jak zamek krzyżacki, kojarzyły mi się z fortecą, której nawet szwedzkie kule armatnie nie byłyby w stanie skruszyć. Poczułam, jak uginają się pode mną kolana, a oczy gubią drogę, którą mnie prowadzono. Wtedy jeszcze nie wiedziałam, że w więzieniu nie można być słabym, bo gdy ludzie wokół to wyczują, zniszczą każdego, kto nie potrafi się obronić.

W młodości, po zakończeniu aplikacji sędziowskiej, pracowałam w Sądzie Rejonowym w Gryficach na etacie asesora. Nosiłam łańcuch z godłem państwowym i togę, wydawałam wyroki w imieniu Rzeczpospolitej Polskiej. Z czasem zmieniłam zawód, ale nadal pracowałam jako prawnik. Po latach zarobione pieniądze zainwestowałam w prywatną aptekę w Świnoujściu, w dzielnicy Posejdon. Poznałam ludzi, których nigdy nie chcielibyście spotkać. Jednemu z nich zaufałam.

Zawsze ufałam na wyrost. Pobyt w celi i wydarzenia, które mnie do niej doprowadziły, zburzyły moje życiowe fundamenty. Dopiero na ich gruzach zbudowałam nowe. Teraz nie ufam nikomu.

Moja historia jest dowodem na to, że wolność nie jest dana raz na zawsze. Zamknę tamten rozdział w życiu tylko w jeden sposób – gdy o nim opowiem.

Zawsze było mi łatwiej mówić o innych niż o sobie, dlatego przedstawię tamten świat przez pryzmat kobiet, które spotkałam w areszcie i więzieniu. Wiele z nich opinia publiczna poznała już wcześniej z przekazów medialnych. Ich twarze, z oczami przesłoniętymi czarnym paskiem, pojawiały się na pierwszych stronach gazet i w czołówkach programów informacyjnych.

Były wśród nich potwory, ale też anioły.

Rozdział I

Królowa jest tylko jedna

Moja cela wyglądała jak nora, kryjówka z czasów drugiej wojny światowej. Stały w niej dwa paskudne metalowe łóżka z takimi materacami, że lepiej nie mówić. Ściany brudne, okna malutkie, na podłodze wytarte linoleum, łazienka mikroskopijna, bez kotary, w kranie wyłącznie zimna woda. Chłód przeszywający do szpiku kości, żadnego światła, powietrza. Zimą wiatr hulał po wszystkich kątach, a szaliki, którymi zatykałyśmy dziury, przymarzały do szyb. Spędziłam tam pięć miesięcy, a każdą noc w dresach i grubych skarpetach. Pewnego dnia do aresztu przyjechała reprezentacja z Helsińskiej Fundacji Praw Człowieka. Jedna z pań biorących udział w inspekcji na widok naszych cel miała odruch wymiotny. Wszechobecna wilgoć zaowocowała grzybami na ścianach i smrodem, który zawłaszczał koce, pościel i nasze ubrania. Do dziś nie mogę pojąć, jak to możliwe, żeby w XXI wieku przetrzymywać kobiety w takich warunkach.

Nie wiem, kim była skazana, która jako pierwsza wyczuła moją słabość i niczym wampir wysysała ze mnie soki życiowe. Wyrzuciłam z pamięci wspomnienia o niej, jednak wypowiadane przez nią słowa jeszcze długo po opuszczeniu więzienia wracały do mnie po nocach. Świetnie za to pamiętam dziewczynę, która mnie wtedy obroniła, a potem była w areszcie moją tarczą. Bez niej przepadłabym z kretesem.

– Taka stara krowa, a naiwna jak dziecko z downem. Niby prawniczka, a zwykła kryminalistka – drwiła kobieta-wampir, a ja kuliłam się w sobie, nie mając sił, aby odpyskować.

To był mój najgorszy czas. Nie mogłam się pozbierać, pogodzić z wyrokiem i utratą wolności. Żal mi było życia na zewnątrz. Całymi dniami leżałam na łóżku odwrócona twarzą do ściany, tak żeby nikt nie widział, co przeżywam. Tamta kobieta próbowała mnie zdołować, zdominować i była bliska osiągnięcia celu.

Pewnego dnia w celi zagrzmiało.

– Jeszcze raz, kurwo, odezwiesz się do niej w ten sposób, to tak ci jebnę w ryj, że się nie podniesiesz!

Czy to możliwe, żeby któraś z dziewczyn stanęła w mojej obronie? Do tej pory wszystkie milcząco przyzwalały, aby tamta robiła ze mną, co chciała. Odwróciłam głowę z niedowierzaniem. Zobaczyłam, że najwyższa i najładniejsza z osadzonych aż się trzęsła, taka była wkurzona. Stała w rozkroku, z pięściami przygotowanymi do walki i spoglądała z góry na moją prześladowczynię. Kobieta-wampir, zawsze taka mocna w gębie, wtedy skurczyła się do rozmiarów robaka. Burknęła coś pod nosem i już jej nie było. Nigdy więcej mnie nie prześladowała.

– Ogarnij się, kobieto – powiedziała do mnie moja wybawicielka. – Przestań się w końcu nad sobą rozczulać. W przeciwnym razie staniesz się przekąską dla więziennej szarańczy.

– Dziękuję – wydukałam z trudem, bo z wrażenia głos mi odjęło.

– Hej, głowa do góry! Udźwigniesz to, dziewczyno. Damy radę! – Roześmiała się, a we mnie jakby nowe życie wstąpiło.

Wiedziałam o niej jedynie, że ma na imię Magda, jest po trzydziestce i grała kiedyś w pierwszoligowym klubie siatkarskim. Właśnie ona uświadomiła mi reguły obowiązujące w więzieniu i to, że chcąc tam przeżyć, nie można opowiadać o swoich lękach i problemach, nie można płakać.

Tamtego dnia przyrzekłam sobie, że za parasol ochronny i wsparcie odwdzięczę się jej kiedyś po stokroć.

Po raz pierwszy zobaczyłam ją jakieś pół roku wcześniej w areszcie śledczym w Kamieniu Pomorskim. Schodziła o kulach po schodach. Miała nogę w gipsie i w takim stanie trafiła za kraty.

– Jak się tu znalazłaś? – spytałam, gdy zaczęłyśmy się bliżej poznawać.

– Normalnie, sama się zgłosiłam do odsiadki – odpowiedziała ze śmiechem.

– Jak to „sama"?

– Przyszłam pod bramę i powiedziałam, że chcę odbyć karę, ale mnie nie przyjęli, więc wróciłam do domu niepocieszona.

Myślałam, że moja nowa koleżanka – mówiąc kolokwialnie – robi sobie ze mnie jaja, ona jednak mówiła poważnie. Kiedy zapadł wyrok w jej sprawie, poprosiła sąd o odroczenie kary do czasu, aż zapewni opiekę swojemu jedenastoletniemu synowi. Plan był taki, aby babcia chłopca (od strony ojca) zakończyła pracę w urzędzie skarbowym i poszła na wcześniejszą emeryturę. Procedury były już w toku, więc sąd przychylił się do jej prośby.

Magda opłaciła czynsz za dwa lata z góry, przekazała babci chłopca pieniądze na jego utrzymanie, obozy i kolonie, a następnie zadzwoniła do Kamienia Pomorskiego z pytaniem, jakie rzeczy wolno wnieść do aresztu. Chodziło o kosmetyki, ciuchy i jedzenie – żeby potem jej niczego nie wyrzucili. Spakowała walizkę według listy, zamknęła drzwi na klucz i pożegnała tonącego we łzach narzeczonego – miłego chłopaka o kilkanaście lat od niej młodszego. Miała z nim stanąć na ślubnym kobiercu, ale w ostatniej chwili się rozmyśliła.

W terminie wyznaczonym przez sąd, nastawiona psychicznie na odbycie kary, stanęła przed więzienną bramą.

– Dzisiaj już nie przyjmujemy, zapraszamy w godzinach pracy administracji – oznajmił funkcjonariusz Służby Więziennej, odprawiając ją z kwitkiem.

A ona stała przed tamtą koszmarną bramą jak słup soli, bo uparła się, że wejdzie teraz albo nigdy. Strażnik nie miał ochoty na dalszą wymianę uprzejmości, więc zamknął jej przed nosem okienko, przez które rozmawiali.

– Jak wy ze mną tak, to ja was pierdolę! – wykrzyczała Magda, patrząc w oko kamery. – Sami będziecie mnie szukać. Ja już z własnej woli się tu nie stawię. Jak zechcecie mnie posadzić, to najpierw będziecie musieli mnie złapać. A tymczasem BYE!

Pokazała środkowy palec i wróciła z walizką na dworzec. Złapali ją dopiero po pół roku, chociaż określenie „złapali" nie jest najszczęśliwsze. Policja nie musiała specjalnie się gimnastykować – Magda przez cały czas przebywała w miejscu zameldowania. Stróże prawa mieli nakaz doprowadzenia jej do aresztu, lecz najwyraźniej się do tego nie palili. Policjanci rzadko sami inicjują procedury poszukiwawcze.

Działają dopiero wtedy, gdy sąd na nich naciska. Liczą na szczęśliwy traf, że osoba poszukiwana sama się znajdzie, na przykład podczas kontroli drogowej, sprawdzania dokumentów, ewentualnie w związku z wezwaniem do awantury domowej lub zakłócania porządku publicznego. Wtedy funkcjonariusze mają sprawę z głowy.

Po Magdę przyszli do jej domu.

– Jestem zatrzymana? – spytała, a oni przytaknęli. – Dobrze, dajcie mi tylko chwilę, panowie.

Wyciągnęła z szafy od dawna spakowaną walizkę, chwyciła kule i stanęła w przedpokoju gotowa do wyjścia.

– Skąd pani wiedziała, że po nią przyjdziemy? – nie mogli się nadziwić policjanci.

– Kochani, ja od pół roku jestem gotowa, żeby pójść do więzienia, tylko wam się nie spieszyło – odpowiedziała zgodnie z prawdą.

W walizce miała wszystko, co potrzebne, by przetrwać pierwsze tygodnie za kratami: środki higieny osobistej, coś do pisania, do czytania. Tylko jedzenia nie zapakowała, bo przez tyle czasu w szafie by się zepsuło.

Narzeczonemu powiedziała, że nie wymaga od niego wierności po grobową deskę.

– Jesteś młody, a młodość musi się wyszumieć – stwierdziła, ocierając mu łzy. – Oczekuję od ciebie, że będziesz odwiedzał mnie w więzieniu i przywoził mi syna. I że będziesz wpłacał pieniądze na moje wypiski [zakupy w więzieniu – przyp. aut.]. Nie przysyłaj Bóg wie jakich paczek. Odbędę karę i wrócę do domu, to będę sobie żyła jak wielka pani. Za kratami potrzebuję wyłącznie tego, co jest mi niezbędne: papierosów, kawy i zupek chińskich. Reszta mnie nie interesuje.

Narzeczony odwiedzał ją co dwa tygodnie, ale po kilku miesiącach sam trafił do aresztu. Wdał się w jakąś bójkę w tramwaju i Magda została bez wsparcia.

Nie od razu znalazłyśmy się w jednej celi – ja byłam jeszcze przed prawomocnym wyrokiem, a jej sprawa w sądzie już się zakończyła, zatem przebywałyśmy na innych oddziałach.

– Proszę mnie nie sadzać z żadnymi lesbijkami i dzieciobójczyniami, bo nie ręczę za siebie i którejś wpierdolę – wymusiła na administracji.

W tych sprawach nie przewidywała kompromisów. Miała przez to sporo problemów, lecz nigdy nie ustąpiła.

Warto było czekać pół roku, żeby wreszcie ją spotkać.

Ucho od śledzia

Magda miała naturalną urodę. Nie musiała się malować, żeby olśniewać – fantastycznie zbudowana, strzelista, z ciemnymi oczami i kasztanowymi włosami. Myślałam, że jest Cyganką, ze względu na śniadą karnację, ale widać czystej krwi Polki też bywają egzotyczne.

– Byłabyś królową Cyganów – żartowałam, nie wiedząc jeszcze, że jej fach też może się kojarzyć z Romami.

– Jestem złodziejką z krwi i kości – mówiła o sobie. – Nic innego poza grą w siatkę i złodziejstwem nie potrafię w życiu robić.

– Madzia, przecież ty w ogóle nie wyglądasz na złodziejkę – mówiłam naiwnie.

– I dlatego byłam taka dobra. Nie ma pod słońcem takiego faceta, któremu nie ukradłabym portfela. Nie ma na świecie takiego sklepu jubilerskiego, którego nie ogołociłabym z kosztowności. Potrafiłabym to zrobić nawet w samym Nowym Jorku. Byłam najlepsza.

– To dlaczego wpadłaś?

– Dobra passa w życiu też się kiedyś kończy.

Podobno wyszkolił ją najlepszy specjalista w złodziejskim fachu. Drugiego takiego w Polsce nie było i długo nie będzie – przekonywała z dumą. Tajemniczy mistrz był w jej opowieściach jakby żywcem wzięty z filmu *Vabank* Juliusza Machulskiego. Nigdy nikomu nie powiedziała – ani podczas przesłuchania, ani w luźnej rozmowie – jak się nazywał. Śledczy wiele jej obiecywali w zamian za ujawnienie jego tożsamości, lecz ona nie poszła na żaden układ. Nie wydała też swojej wspólniczki, z którą przez lata pracowała. Policja deptała im po piętach, ale wciąż brakowało twardych dowodów. Tymczasem one kursowały między Śląskiem i Pomorzem, często wyjeżdżały za granicę, głównie „na roboty" do Niemiec.

Magda zaczynała jako kieszonkowiec. Była specjalistką od portfeli. Z czasem rozszerzyła zawodowy repertuar i miała swoich paserów, którzy od ręki pozbywali się gorącego jeszcze towaru. Kierowała się zasadą, żeby ciuchów i butów nie kraść w celach handlowych, za to fatałaszki dla siebie i adidasy dla syna wynosiła ze sklepów w ilościach hurtowych. Żaden, nawet renomowany dom handlowy nie wymyślił takich zabezpieczeń, które by ją powstrzymały. Bez trudu pozbywała się kodów kreskowych oraz innych pikających pułapek na złodziei. Mówiła, że dla fachowca (a za takiego się uważała) nie stanowią one najmniejszego problemu. Nie bawiła się w kradzieże detaliczne. Ciuchy dla siebie i syna wynosiła ze sklepów w torbach podróżnych.

Nie miała telefonu stacjonarnego, komórki z abonamentem, konta w banku ani znajomych na Facebooku. Złodziejskie pieniądze wkładała do słoików i zakopywała w ogródku. Wystrzegała się podpisywania jakichkolwiek umów, w których musiałaby podać swój PESEL, adres i nazwisko. Uważała, że jest całkowicie anonimowa, a jej dane znał tylko klub sportowy, w którym grała, i… policja.

Nie mam pojęcia, w jaki sposób wpadła. Ona sama nigdy o tym nie opowiadała, a informacje z innych źródeł kompletnie mnie nie interesowały. Wiem jedynie, że całą winę wzięła na siebie i że dostała ponad cztery lata więzienia.

– Ta kobieta nie może być złodziejką, to niemożliwe – przekonywał przed sądem taksówkarz, który przez trzy lata woził Magdę i jej wspólniczkę do pracy. – Dałbym głowę, że to świetnie sytuowane bizneswomen, takie były eleganckie i pachnące. Dawały wysokie napiwki, jadały w najlepszych restauracjach, zatrzymywały się przy najlepszych sklepach i posługiwały się najpoprawniejszą polszczyzną. Ktoś taki miałby okradać sklepy jubilerskie? Wykluczone!

Złodziejskie patenty

– Skąd ty jesteś, Beata? – zapytała mnie na spacerniaku, gdy nasza znajomość jeszcze raczkowała.

– Ze Świnoujścia, a co?

– Lubię to miasto, ludzie tam bogaci. Na ulicy [tu nazwa] był taki jubiler. Piękną miał biżuterię.

– To sklep przyjaciół moich rodziców. Pamiętam, że kilka lat temu mieli włamanie. Bardzo to przeżyli, podupadli na zdrowiu.

– To nasza robota, to znaczy moja i wspólniczki. – Westchnęła. – Szkoda, że nie znałyśmy się wcześniej. Nie kradłabym w twoim mieście.

W Świnoujściu zawsze były pieniądze – kiedyś amerykańskie dolary, szwedzkie korony i niemieckie marki, dzisiaj głównie euro. Rzeczywiście mieszkają tam bogaci ludzie i coraz liczniejsza grupa krezusów, do których należą hotele, pensjonaty i gastronomia. Miasto jest położone na 44 wyspach, więc żyje się tam inaczej niż w głębi kraju. Połączenia promowe z Danią, Szwecją i Norwegią sprawiły, że ten kawałek Polski zawsze był oknem na świat. W Świnoujściu nawet za komuny było dobrze. Port dawał pracę, ludzie pływali na statkach dalekomorskich i promach, zarabiali w dewizach. Kiedy w Polsce było szaro i siermiężnie – u nas kwitło życie, szczególnie nocne. Dzisiaj więcej tam kuracjuszy niż cinkciarzy i prostytutek, jak dawniej.

– Beata, jak wy możecie tam żyć, skoro zamiast jechać do miasta, musicie pływać promami? – dziwiła się Magda.

– Jesteśmy wyspiarzami, lubimy mieć dystans do lądu. – Śmiałam się. – Nie dusimy się we własnym sosie, bo tuż obok jest granica. Handel z Niemcami kwitnie od lat, więc nudy nie ma. U nas zawsze było inaczej niż w głębi kraju, chociaż drożej. Mieliśmy więcej nowości ze świata i fajnych ciuchów.

– Wiadomo, portowe życie – powiedziała z nostalgią.

– Madzia, powiedz mi, jak to robiłyście – zmieniłam temat.

– Co? – udawała, że nie wie, o co pytam.

– Jak kradłyście biżuterię?

– Szczegółów nie mogę ujawniać. Wiesz, tajemnice zawodowe.

– Ale ja znam ten sklep w Świnoujściu, wiem, jaki jest rozkład pomieszczeń. Ekspedientka nigdy nie wychodzi na zaplecze, jeśli na miejscu nie ma zmiennika. Przecież jakoś musiałaś odwrócić ich uwagę. Potem wyjąć towar spod lady, te wszystkie łańcuszki, pierścionki i bransoletki. Jak to możliwe?

– To było naprawdę proste. Trzeba było mieć patent, wspólnika i być bardzo zgranym.

– Mów konkretnie – ponaglałam.

– OK, no więc było tak…

Magda i jej wspólniczka wchodziły do jubilera, eleganckie i wypachnione, jak to miały w zwyczaju. Zawsze oddzielnie, jakby się nie znały. Magda wpatrywała się w gabloty i po chwili zastanowienia prosiła o pokazanie jakiejś błyskotki. W tym momencie wspólniczka skutecznie odwracała uwagę ekspedientki, na przykład udawała, że wypadł jej portfel albo że coś zgubiła i trzeba tego poszukać. Mogła też udawać, że zobaczyła przez szybę, jak ktoś z przechodniów staje się ofiarą kradzieży. „Co za bezczelność! W biały dzień, i to na deptaku, wyrwał starszej kobiecie torebkę!" W tym momencie wzrok ekspedientki wędrował za szybę, a ręce Magdy pod ladę. Wystarczyła chwila nieuwagi sprzedawczyni, aby wyszły ze sklepu z łupem za kilkadziesiąt tysięcy.

– Najskuteczniejszy był patent na omdlenie lub zasłabnięcie w ciąży – opowiadała Magda. – Czasami wystarczyło nadepnąć klientowi na nogę i już robiło się zamieszanie. Ludzie mają naturalny odruch niesienia pomocy i złodzieje na tym bazują. To czysta psychologia. Wszyscy biegną, żeby pomóc kobiecie w ciąży lub dziecku, a ty spokojnie robisz swoje. W takich chwilach mogę nawet wejść za ladę i wszystko zgarnąć.

– I nikt tego nie widzi?

– Najwyżej kamera, ale od czego jest charakteryzacja? W ciągu kilku sekund już mnie nie było.

– A wspólniczka?

– Zostawała w środku, żeby nikt nie nabrał podejrzeń. Nie znałam wcześniej osoby tak silnej psychicznie jak Magda. Przysięgam, że nie chciałabym być jej wrogiem. Kroczyła własną drogą, a za błędy odpowiadała bez użalania się nad sobą. „Damy radę" to jej powiedzenie, które na zawsze sobie przyswoiłam. Ani wcześniej, ani później nie miałam w życiu tak życzliwej koleżanki. Widać musiałam pójść do więzienia, żeby kogoś takiego spotkać.

Kipisz przez ćpunkę

W naszej ośmioosobowej celi zakwaterowano ćpunkę, na którą mówiłyśmy Szyjka. Przeniesiono ją z innego miejsca po tym, jak w balsamie do ciała próbowała przemycić środki psychotropowe. Paskudne dziewuszysko, sprzedajne i niedomyte. Odstawienie narkotyków spowodowało u niej wilczy apetyt. Nic innego by nie robiła, tylko jadła. Oddawałyśmy jej swoje porcje, bo wciąż było jej mało. Od pierwszej chwili Magda miała ją na oku. Przez Szyjkę miałyśmy każdego dnia kipisz w celi. Skoro raz przemycała tabletki, to było pewne, że znów spróbuje ukryć je na przykład w sandałach lub we włosach.

Kipisz polega na tym, że Służba Więzienna przeszukuje wszystko, co nadawałoby się na skrytkę: szafki, reklamówki, pościel i materace. Sprawdzają wszędzie, aż coś znajdą lub niczego nie znajdą. Po kipiszu trzeba sprzątać, bo wszystko jest wywrócone do góry nogami. Sporo z tym zachodu – szczególnie wtedy, gdy na małej powierzchni mieszka osiem kobiet i rzeczy z założenia jest za dużo.

Tamtego dnia nasza cela wyglądała jak po trzęsieniu ziemi. Wróciłyśmy z godzinnego spaceru i przecierałyśmy oczy ze zdziwienia, że funkcjonariuszki włożyły w swoją pracę tyle serca. Na podłodze kawa i cukier wysypane ze słoików, jedzenie zmieszane z tytoniem i odzieżą, z trudem zdobyte kosmetyki w totalnym chaosie: wylany tonik, płyn do demakijażu, moje maseczki od mamy powyciągane z opakowań i rzucone na linoleum. Do tego wszystkiego środki higieny osobistej, podpaski, wysypany z pudełka proszek do prania. Materace pozrzucane z łóżek, pościel i koce skotłowane.

W więzieniu jeszcze wielokrotnie widywałam cele po przeszukaniu. Mieszkałam później z pewną zabójczynią, która notorycznie paliła trawkę. Nie miałam pojęcia, jak załatwiała sobie te skręty. Znacie zapach marihuany? Jest specyficzny, nie można go pomylić z żadnym innym. Kiedy strażniczki zlokalizowały jego źródło, robiły nam kipisz. Takie są procedury i istnieje ryzyko, że siedząc z narkomanką lub alkoholiczką, trzeba będzie przez to przechodzić. Ale czegoś takiego jak wtedy nie zobaczyłam już nigdy. Służba Więzienna przeszła samą siebie, pozbawiając nas wszystkiego, co zgromadziłyśmy.

Nie wiedziałyśmy, od czego zacząć sprzątanie. Tymczasem Szyjka sprawiała wrażenie, jakby jej to w ogóle nie dotyczyło.

– Gady zasrane – burknęła tylko pod nosem, po czym beztrosko wskoczyła na swoje łóżko.

Ogarnęła mnie niemoc i żal, szczególnie z powodu tych maseczek do twarzy od mamy. W ogóle wszystkiego było mi żal, bo do zakupów w więziennej kantynie pozostało jeszcze kilka dni. Zostałam bez kawy, a to już był koniec świata, więc usiadłam w kucki i się rozpłakałam.

– Czego one szukały w kawie, cukrze? – nie mogłam zrozumieć.

– Jak to „czego"? Wiadomo, że tabletek tej ćpunki – skwitowała Magda.

– Skoro tak, to powinny grzebać w jej rzeczach, nie w naszych.

– Beatka, nie płacz – Magda na to. – Ja ci pomogę wszystko pozbierać.

– Co tu zbierać? To wszystko trzeba pozamiatać i wyrzucić!

Szyjka głupio się zaśmiała i skomentowała we właściwym sobie stylu:

– Jebać to.

W Magdę jakby grom z jasnego nieba strzelił.

– Słuchaj, ty zawszona wywłoko – wycedziła przez zęby. – Jak jeszcze raz wrócimy ze spacerniaka i będzie taki kipisz przez ciebie, to cię zajebię. Tak ci przypierdolę, że będą cię zeskrobywać ze ścian. A teraz idź pod furtę [metalowe, okratowane drzwi przed dyżurką oddziałowych – przyp. aut.] i na kolanach błagaj wychowawcę, dyrektora albo samego Pana Boga o przeniesienie, bo cię, kurwo, zabiję jedną ręką.

Uniosła dłoń, czym wprawiła Szyjkę w dygot. Ćpunka podkurczyła nogi, bojąc się zejść z łóżka. Tymczasem w Magdę naprawdę wstąpił diabeł.

– Wypierdalaj z celi, bo cię złamię jak zapałkę! – ryknęła.

– Nie dotykaj mnie, ja jestem w ciąży – zapiszczała Szyjka.

– No to tak cię pierdolnę, że prędzej poronisz, niż ginekologa zobaczysz! – Magda aż zacisnęła szczęki. W tej furii wydawała się jeszcze większa niż w rzeczywistości. – Nie zniosę dłużej tej gnidy w naszym otoczeniu – powiedziała nieswoim głosem. – To wszystko przez nią. Żebym już nigdy więcej nie widziała, że pani Beatka płacze przez ciebie! – krzyknęła do Szyjki.

– Daj spokój, Madzia – poprosiłam, chwytając ją za rękę. Ale ona miała pięści zaciśnięte jak bokser gotów do wyprowadzenia lewego sierpowego.

– Beata, ty nie widzisz, że to ją dowartościowuje, że przez nią ryczysz?! Nie dawaj tej gnidzie satysfakcji! Nie pozwolę, żebyś przez sukę płakała!

Ćpunka zeskoczyła z łóżka, podbiegła do drzwi celi i wcisnęła domofon przywołujący strażniczkę. Wyglądała jak siedem nieszczęść. Była przerażona.

– Pani oddziałowa! Pani oddziałowa! – krzyczała.

Tymczasem Magda zbliżała się do niej jak kot do wróbla. Blady strach padł na nas wszystkie.

– Gadaj sobie, kurwo, gadaj do tego domofonu – rzuciła złowrogo.

Zamarłyśmy. Dziewczyny nie odezwały się słowem. Jedno uderzenie pięścią i Szyjka nie żyje, przemknęło mi przez myśl. Magda chwyciła ćpunkę za fraki i rzuciła nią w powietrze. Raptem czterdzieści kilogramów uzależnionego od psychotropów ciała szybko pozbierało się z podłogi i znowu przykleiło do domofonu.

W tym momencie oddziałowa otworzyła drzwi.

– Co jest? – zapytała.

– A bo ja chciałabym zmienić celę – wydukała ćpunka.

– No jasne! – ryknęła kpiąco funkcjonariuszka. – Może jeszcze zakład karny zmienimy, co? Czego jeszcze sobie pani życzy? – ironizowała.

Niemożliwe, żeby strażniczka nie słyszała, co się wcześniej działo. Na naszym oddziale było tylko sześć cel, a drzwi nieszczelne, więc dźwięki się niosły. Oddziałowa nie musiała nawet podsłuchiwać, aby słyszeć każde nasze słowo. Nie interweniowała, ponieważ słusznie założyła, że to my same, a nie Służba Więzienna, musimy zrobić z Szyjką porządek. Spojrzała porozumiewawczo na Magdę, potem z niechęcią na ćpunkę i powiedziała:

– Jak przyjdzie wychowawca, to mu przekażę.

Służba Więzienna nie ma obowiązku spełniania wszystkich próśb osadzonych. Czasami musi minąć kilka dni, zanim wychowawca zainteresuje się sprawą. Znacznie szybciej interweniuje psycholog, który potrafił przyjechać po godzinach, gdy z dziewczynami działo się coś złego. Wtedy jednak nie wydarzyło się nic szczególnego. To była lekcja wychowawcza, albo raczej przysposobienie do życia w celi. Jakkolwiek by to zajście nazwać, afery po nim nie było.

Szyjkę wywieziono do więzienia dla kobiet w Grudziądzu – największego i najsłynniejszego w Polsce. Po roku też tam trafiłam. Spotkałyśmy się, ale na jej widok odwróciłam głowę z niechęcią. Matka trójki dzieci pozbawiona władzy rodzicielskiej, zupełne zero, patologia. W więzieniu znalazła sposób na przetrwanie – narkotyki zastąpiła romansami z podobnymi do niej kobietami. Chodziła wiecznie zakochana, czyli też na haju.

Magda okazała się nie tylko silną, ale też honorową i dumną kobietą. Właściwie nie miała żadnych słabości, poza bezgraniczną tęsknotą za synem, który robi dziś karierę sportową jako młody piłkarz. Ona też została wywieziona do Grudziądza. Wiem, że ubiegała się o warunkowe zwolnienie, ale nie darowano jej ani dnia kary. Nie płakała z tego powodu jak większość dziewczyn, tylko waliła pięścią w ścianę, pozbywając się złej energii. Ogólnie nie miała w sobie agresji, lecz jakąś królewską godność, której nie pozwalała nikomu zdeptać.

Gdyby kilka lat temu ktoś mi powiedział, że złodziejka będzie dla mnie autorytetem i przyjaciółką, pewnie umarłabym ze śmiechu. Nigdy w życiu! Takie rzeczy się nie zdarzają – powiedziałabym lekceważąco. A jednak życie płata figle, więc „nigdy nie mów nigdy".

Dzisiaj Magda jest innym człowiekiem. W więzieniu wydarzyło się coś, co na zawsze odmieniło jej życie. Teraz to ja jestem silna, a ona słaba i zdana na innych. Pora, abym jej wynagrodziła wszystko z nawiązką, podziękowała za wsparcie i pomoc w więzieniu. Nie przypuszczałam tylko, że ten czas nadejdzie tak szybko i że będą to smutne okoliczności.

Ale o tym jeszcze nie teraz.

Rozdział 2

Aferzystka ze SKOK Wołomin

Joanna P. była wiceprezesem niewielkiego banku, z którego wyłudzono wielkie pieniądze. Aresztowano ją w miejscu pracy, skuto kajdankami i wyprowadzono na oczach klientów, a potem wieziono w policyjnym konwoju przez pół Polski. Rodzina szukała jej przez trzy dni, wydzwaniając po wszystkich aresztach i więzieniach w kraju. Funkcjonariusze słowem nie zdradzili, dokąd jechał konwój. Nie było w tym zresztą nic nadzwyczajnego. Procedury wymagają, aby w trakcie zatrzymania podejrzanych nikogo postronnego nie informować. Rodzice i mąż Joanny szaleli z niepokoju. Niemowlę bez matki płakało dniami i nocami. Joanna trafiła za kraty z pokarmem w piersiach, bardzo cierpiała, ściągając go w celi. Pielęgniarka przynosiła jej leki na zahamowanie laktacji. Za kratami nie ma sentymentów.

Przyjechała do aresztu śledczego w Kamieniu Pomorskim w atmosferze rodzącego się skandalu. W śledztwie było już siedemnastu podejrzanych, a ona miała co najmniej przymykać oko na gigantyczne przekręty. O Banku SKOK Wołomin mówiono we wszystkich wiadomościach.

– Od razu trafiła do mojej celi – opowiada nasza przewodniczka po więziennej rzeczywistości. – Sprawiała wrażenie kobiety z klasą. Była uczynna, miła, inteligentna, ale dziewczyny jej nie lubiły. Nie potrafię powiedzieć, z jakiego powodu. Może dlatego, że początkowo nie rozmawiała z byle kim. Wydawała się przebiegła i niedostępna, jakby ulepiona z innej gliny.

Poznałyśmy się w czasie, gdy czekałam na uprawomocnienie się mojego wyroku. Śledztwo w jej sprawie było dopiero w początkowej fazie. Joannę często wożono do prokuratury w Gorzowie Wielkopolskim, gdzie była przesłuchiwana na okoliczność wielomilionowych wyłudzeń bankowych. Wracała przybita, totalnie przygnębiona, milcząca. Pamiętam, że któregoś dnia zapytała, czy mogłaby wyciąć niektóre artykuły z tygodników dostarczanych mi regularnie przez mamę. Widziałam, że nie było jej łatwo o to prosić. Była niezmiernie speszona.

– To artykuły o sprawie, w której zostałam aresztowana, nie chcę, żeby dziewczyny przeczytały i komentowały – tłumaczyła. – Wszystko, co zostało napisane, jest dla mnie po prostu fatalne. Zostałam przedstawiona jako oszustka i złodziejka.

– Jasna sprawa, bierz, co chcesz, i najlepiej nie baw się w wycinanki, tylko wyrzuć wszystko do kosza – poradziłam jej, oddając nieprzeczytane jeszcze gazety.

Chwilę potem „Newsweek" i „Wprost" z artykułami o SKOK Wołomin zostały „zneutralizowane".

PRZEGLĄD PRASY:

„Sąd Rejonowy w Gorzowie Wielkopolskim aresztował wiceprezes SKOK Wołomin Joannę P. w związku z wyłudzeniami wielomilionowych kredytów z tego banku.

«Usłyszała zarzut działania na szkodę swojej firmy i wyrządzenia jej szkody wielkich rozmiarów», powiedział PAP zastępca Prokuratora Okręgowego w Gorzowie Wielkopolskim Roman Witkowski.

W sprawie chodzi o zaciągnięcie co najmniej 200 pożyczek na łączną kwotę ponad 300 mln zł. Zabezpieczeniem, które przyjmował SKOK, były grunty i działki warte wielokrotnie mniej niż pożyczki. Z informacji Radia RMF FM wynika, że jednemu z klientów wypłacono kilka milionów złotych kredytu, biorąc pod zastaw działkę na Mazowszu wartą zaledwie 30 tys. zł. Pieniądze nigdy nie zostały oddane. Przypomina to klasyczne wyłudzenia, jakie były na porządku dziennym w bankach pod koniec lat 90. Jeszcze niedawno wiceprezes SKOK-u z Wołomina zaprzeczała, by jej bank udzielał ryzykownych kredytów.

«Pożyczki są spłacane», powiedziała i zapewniła, że SKOK jest w doskonałej kondycji finansowej, zaś pieniądze ulokowane przez klientów są bezpieczne.

Joannie P. grozi kara pozbawienia wolności do lat 10".

(PAP, „Newsweek", listopad 2014)

Joanna kojarzyła mi się z aktorką Kate Winslet. Obie mają piękne blond włosy i krągłe kształty. Wciąż mam ją przed oczami – w dopasowanych dżinsach i białej koszulce, z wdziękiem kroczącą po spacerniaku. Wyróżniała się z tłumu, chociaż z natury jest cicha i skromna. Nie traktowała innych z góry, a mogłaby z uwagi na swój status materialny na wolności, a także bogate zakupy w więziennej kantynie. Paliła najlepsze papierosy, którymi zawsze nas częstowała. Kupowała truskawki i rzodkiewki, a następnie zapraszała nas do stołu. Chciała, żebyśmy wszystkie w celi jadły to, co najlepsze w warunkach, w jakich żyłyśmy.

– Panie wychowawco, załatwiłby pan dla nas lody? – pytała z rozbrajającym uśmiechem.

– Drogie panie, zrobiłbym to z przyjemnością, gdyby nie sanepid, który wlepiłby nam słoną karę – odmawiał z wdziękiem. – Ale świeże drożdżówki mogę dostarczyć bez problemu.

Wychowawca zbierał od nas zamówienia, w których najczęściej pojawiały się farba do włosów i dobra kawa. Następnie robił zakupy na zewnątrz, bo w kantynie więziennej tych produktów nie było, a jeśli nawet, to znacznie droższe. Na koniec pakował wszystko w kartony, a należność odpisywał z wypiski, czyli z tego, co miałyśmy na „więziennym koncie".

Kiedy rarytasów nie było i podawano nam podłe żarcie, Joasia pochylała się nad swoją miską i płakała.

Niewiele o sobie mówiła. Wiedziałyśmy jedynie, że ma kochającego męża i dwoje dzieci: dziesięcioletnią córkę i malutkiego synka, którego musiała odstawić od piersi. I jeszcze to, że jest osobą majętną, stać ją było na dwa domy – w Wołominie i na Mazurach, a po aresztowaniu na trzech adwokatów: z Poznania, Gorzowa Wielkopolskiego i Szczecina. W chwili zatrzymania miała przy sobie trzy tysiące złotych, które oczywiście trafiły do depozytu. Zanim ją zamknęli, była osobą znaną i szanowaną. Podobno dużo mogła, miała znajomości w Warszawie, głównie wśród ministrów i wiceministrów. Wymieniała czasami ich nazwiska, jednak nie po to, żeby zrobić na nas wrażenie, ale przy okazji rozmów o tak zwanych ważnych sprawach, czyli o polityce.

Moja nowa koleżanka miała wykształcenie ekonomiczne, ale śmiało mogłaby robić karierę jako śpiewaczka operowa. Była niesamowicie uzdolniona muzycznie. W świetlicy dawała nam koncerty sopranowe. Alеż to było wydarzenie!

Kiedy w murach aresztu rozbrzmiewał jej głos, okratowana forteca dosłownie drżała w posadach. Na samo wspomnienie dostaję gęsiej skórki. To było naprawdę coś pięknego. Śpiewać w takim miejscu, w takim załamaniu psychicznym, jakiego wówczas doświadczała – to dopiero była prawdziwa sztuka. Niektóre dziewczyny śmiały się pod nosem, ponieważ nie rozumiały takiej muzyki, słuchały wyłącznie disco polo. Ale zdecydowana większość podczas koncertów Joasi miała łzy w oczach i dreszcze na całym ciele.

Odległość pomiędzy Wołominem, gdzie mieszkała jej rodzina, a Kamieniem Pomorskim to ponad siedemset kilometrów, co nie przeszkadzało mężowi naszej sopranistki w przyjeżdżaniu do aresztu każdej niedzieli. Odwiedzali ją także i podnosili na duchu rodzice. Widziałam, jak siedzieli przy stoliku z pochylonymi głowami. Nie dopuszczali do siebie myśli, że ich ukochana córka mogła uczestniczyć w oszustwach i wielomilionowych wyłudzeniach. Jej ojciec wyglądał jak cień. Mijały tygodnie, a on wciąż nie mógł wyjść z szoku, że mu dziecko aresztowano. Jedynie siostry zakładały, że prokurator nie mógł wyssać z palca tak poważnych zarzutów. Joanna nie lubiła, gdy ją odwiedzały. Pouczały ją i biadoliły, że całe miasteczko o niej plotkuje i że przyniosła wstyd rodzinie.

W tamtym czasie nawet nie wiedziałam, że sprawa, w której ją aresztowano, miała mafijny charakter i urosła do rangi największej afery bankowej w Polsce. Byłam zbyt przybita własną sytuacją, aby interesować się losem innych. W areszcie nie ma zwyczaju, aby na „dzień dobry" opowiadać szczegółowo o swoich zarzutach karnych. Dopiero po jakimś czasie nasza śpiewaczka napomknęła, że pracowała w banku w Wołominie.

Kiedy o sprawie informują media, a tak było w przypadku Joasi, w areszcie czy więzieniu nie można pozostać anonimowym. O tym, co się działo w Banku SKOK Wołomin, dowiedziałam się jednak nie z gazet czy telewizji, lecz od dziewczyny o imieniu Marita, z którą przez jakiś czas dzieliłam celę.

Pora o niej opowiedzieć nie tylko dlatego, że jej losy krzyżują się ze sprawą Joanny.

Sam na sam z zabójczynią

Marita zabiła swojego chłopaka i nawet tego nie pamiętała, bo jak zwykle była pijana. Dostała trzynaście lat. Jak na młodą osobę wyglądała kiepsko – zaniedbana, bezzębna alkoholiczka w wieku mojej córki, przekreślona przez rodzinę, bez pieniędzy i bez przyszłości.

Poznałam ją wcześniej niż sopranistkę. Było to w areszcie śledczym w Szczecinie, dokąd przywieziono ją transportem więziennym z Kamienia Pomorskiego na obserwację sądowo-psychiatryczną. W normalnym życiu nasze drogi zapewne nigdy by się nie przecięły. Ona i ja to dwa różne światy, przynajmniej teoretycznie. Więzienie jest jednak takim miejscem, gdzie spotyka się ludzi, o których istnieniu wiedziało się dotąd wyłącznie z filmów i książek.

– Zgodziłaby się pani dzielić celę z zabójczynią? – zapytał mnie któregoś dnia wychowawca.

– A mam jakiś wybór?

– Owszem, może pani odmówić. Jeśli ma pani jakiekolwiek obawy, nikt nie zmusi pani do takiego towarzystwa.

– Jeśli pyta pan, czy się boję, to odpowiadam, że nie.

– Zatem rozumiem, że nie ma przeszkód – ucieszył się wychowawca, a ja przytaknęłam bez entuzjazmu.

O to samo zapytali mnie lekarz i psycholog. Widać takie są procedury. Towarzystwa zabójczyń nikomu się nie narzuca. W tamtym czasie przebywałam w jednoosobowej, monitorowanej celi i przechodziłam totalne załamanie. Życie nie miało dla mnie większego sensu. W depresji i rozpaczy po utracie wolności przeszło mi przez myśl, że każde towarzystwo dobrze mi zrobi.

Dla porządku należy wyjaśnić, że to ja wprowadziłam się do celi Marity, a nie ona do mojej. Przebywałyśmy razem na oddziale dla „czubków", gdzie nie trafia się przez przypadek.

– Dzień dobry. Jestem Beata. Od dziś będziemy tu razem – przywitałam się w depresyjnym nastroju.

– Cześć, a ja Marita. Razem będzie raźniej. – Posłała mi bezzębny uśmiech.

Nie paliłam się do rozmowy, tymczasem Marita wręcz przeciwnie.

– Jesteś na obserwacji? Zabiłaś kogoś? – wypytywała, zerkając na moją torbę przy łóżku.

– Nie zabiłam, jestem na leczeniu.

– Bo widzisz, ja jestem za łeb – oznajmiła z wyższością.

„Siedzieć za łeb", czyli za przestępstwo z paragrafu 148 kodeksu karnego (zabójstwo), to duża sprawa, znacznie większa niż rozboje i pijackie awantury, za które Marita wcześniej dwukrotnie trafiała za kraty. „Łeb" był w jej mniemaniu nobilitacją i wybawieniem z alkoholowego piekła, w którym żyła od zawsze. Wyrok dla takich jak ona to w – pewnym sensie – przymusowa terapia odwykowa i wyjazd na wakacje z meliny.

Marita była na świecie sama jak palec, do tego biedna jak mysz kościelna. Nie miała w celi niczego swojego: ziarnka kawy, paczki herbaty czy papierosów. Wszystko, co posiadała – łącznie z bielizną – było służbową wyprawką od państwa.

Tymczasem ja miałam na wolności dom i kochającą rodzinę, a w torbie przy łóżku – kawę Gevalię, aromatyczną herbatę i czajnik, który za kratami uchodzi za towar absolutnie luksusowy. Serce Marity zabiło z radości, gdy zobaczyła, że do jej celi wprowadził się także oryginalnie zapakowany telewizor. Miałam go od jakiegoś czasu, lecz nawet nie wyciągnęłam z kartonu.

– Pani Beato, pomogę pani podłączyć antenę do telewizora i go zaprogramuję – proponował mi parokrotnie oddziałowy.

– Nie potrzebuję telewizora – mówiłam i nakrywałam głowę kocem.

– Co pani opowiada, każdy potrzebuje telewizora. Przyda się pani trochę rozrywki, rozpędzi pani złe myśli.

Odwracałam głowę do ściany i czekałam, aż wyjdzie. W końcu zrozumiał, że i tak nie będę włączać odbiornika.

– Widzę, że nic tu po mnie – powiedział zrezygnowany. – Nie mogę uszczęśliwiać pani na siłę.

Całymi dniami patrzyłam w sufit. Niczym nie potrafiłam się zainteresować. Leżałam na pryczy jak kłoda i chciałam umrzeć. Telewizor nie był mi do niczego potrzebny.

Wszystko się zmieniło, gdy w moim więziennym życiu pojawiła się Marita.

– Kobieto, masz nowy telewizor?! Co za miła niespodzianka! – Przecierała oczy z niedowierzaniem. – Kto by pomyślał, że spotka mnie tyle szczęścia! Mogę rozpakować?

– Jasne – przytaknęłam szczerze zdumiona, że ze zwykłej rzeczy cieszy się jak dziecko.

Tymczasem ona podskakiwała i piszczała z radości. Wyciągnęła sprzęt z kartonu, wetknęła kabelki gdzie trzeba, a następnie przystąpiła do najważniejszego punktu – podłączania anteny. W więzieniu nie było to wcale takie proste. Wszystko przez hurtowe ilości żelastwa: kraty w oknach, kraty w drzwiach oraz zasieki i druty kolczaste pod prądem. Zakład karny jest kłębowiskiem metalu, przez które sygnał telewizyjny nie może się przebić. Znalezienie zasięgu bywa wręcz niemożliwe, nawet ze specjalistyczną anteną.

Moja antena była nowoczesna, nasza cela przestronna, a sygnału ani widu, ani słychu.

Marita podjęła wyzwanie. Przemieszczała się z kąta w kąt, wymachiwała anteną z góry na dół, z prawa na lewo. W końcu wskoczyła na kraty jak małpa na drzewo, a ja z trudem powstrzymywałam się przed krytyką jej zachowania.

– Dziewczyno, co ty wyprawiasz? Skręcisz sobie kark! – próbowałam ją strofować, gdy ta gimnastyka zaczęła zagrażać jej zdrowiu i życiu.

– Albo się z tej kraty spierdolę, albo złapię sygnał – odkrzyknęła, ocierając pot z czoła.

– Odpuść – prosiłam.

– Ani myślę! Przecież słyszę, że w celi obok cały czas gra telewizor, więc nie ma chuja we wsi, znajdę sygnał.

Trochę czasu minęło, zanim trafiła na jedno, jedyne miejsce, w którym antena współpracowała z odbiornikiem. Nie oznaczało to jednak końca jej akrobacji. Antenę trzeba było do czegoś przymocować, a nie miałyśmy żadnych narzędzi.

Moja współlokatorka popadła w chwilową zadumę. Sądziłam już, że zrezygnuje, lecz ona wkrótce ze zdwojoną energią przystąpiła do budowy piramidy. Wykorzystywała wszystko, co miała pod ręką: karton od telewizora, materace, chociaż ich przesuwanie jest zabronione i karane. Mocowała się z szafkami i łóżkami, lecz nadaremnie: meble ani drgnęły. W celach dla „czubków" wszystko jest przykręcone do podłogi.

Miotała się tak ze trzy kwadranse. W końcu opadła z sił i uznała, że tym razem przegrała. Postanowiła postawić na nogi męską część personelu.

– Panie oddziałowy! Ja tu pomocy potrzebuję! – nawoływała przez zamknięte drzwi.

– Pali się czy co? – zareagował błyskawicznie strażnik.

– Przynieś mi, kochanieńki, parę niezbędnych rzeczy, bo ja tu pracy twórczej nie mogę ukończyć.

Funkcjonariusz okazał zrozumienie, na Oddziale Obserwacji Sądowo-Psychiatrycznej Aresztu Śledczego w Szczecinie zapewne niejedno widział i słyszał. Pomocy udzielił ochoczo. Zorganizował kołek i haczyk, a kiedy antena znalazła się już we właściwym miejscu, na ekranie pojawił się upragniony obraz. Marita zasiadła przed telewizorem odurzona szczęściem. Oferta programowa nie była może bogata, ale ona cieszyła się nawet z reklam. Najpierw bawiła się pilotem, aż w końcu zainteresował ją program dla rolników o ekologicznych paszach dla zwierząt hodowlanych.

– Zobacz, Beatko, jaki świat bez krat jest piękny – powiedziała, gdy emitowano napisy końcowe. – Jak to dobrze, że się tu wprowadziłaś z tym telewizorem.

Marita już pierwszego dnia odkryła przede mną swoje prawdziwe, zaskakujące oblicze. Chociaż kiedyś piła i zabiła człowieka, w rzeczywistości okazała się optymistką o szczerym sercu, dużej wrażliwości i ogromnym poczuciu humoru. Na wolności wszystkie te cechy zabijał w niej nałóg. Pobyt za kratami wymusił na niej abstynencję, ale ona każdej nocy śniła o powrocie do meliny.

– Co będziesz robić, jak już stąd wyjdziesz? – zapytałam kiedyś, gdy rozmawiałyśmy o marzeniach.

– Będę pić na umór! – wykrzyknęła, a oczy rozbłysły jej jak iskierki.

Właśnie ta dziewczyna sprawiła, że znów zaczęłam się śmiać.

Z meliny do notariusza, czyli metamorfoza za dwa tysiące

Pewnego dnia po Maritę przyjechali funkcjonariusze i zabrali ją na rozmowę. Nie byłoby w tym nic dziwnego, gdyby nie to, że akt oskarżenia o zabójstwo był już prawie gotowy i żadne przesłuchania nie były konieczne.

Wróciła z tamtej rozmowy niezwykle tajemnicza.

– Ty wiesz, kto u mnie był? – zagaiła z miną agenta specjalnego.

– Oddziałowy mówił, że policja.

– Jaka policja?! – wykrzyknęła. – Gorzej niż policja! To służby od ochrony państwa czy jakieś tam inne biura śledcze. Nie zrozumiesz, zanim ci coś opowiem.

– No to nawijaj.

– W tamtym czasie, jak chlałam z moim Arturem, którego potem nie wiem dlaczego zabiłam, do naszej meliny schodziły się same lumpy. Przez cztery lata nie trzeźwieliśmy i myśleliśmy jedynie o tym, jak zdobyć pieniądze na kolejną flaszkę. I wyobraź sobie, że pewnego dnia w progu stanął elegancki mężczyzna o imieniu Jacek. Przyjechał czarnym porsche, jak James Bond albo jeszcze ktoś lepszy. Wszyscy oniemieliśmy, bo skąd taki pan w naszych skromnych progach.

Pan Jacek, o którym opowiadała Marita, zaproponował uczestnikom biesiady – a było ich ośmiu czy dziesięciu – po pięć tysięcy złotych na głowę za wyjazd do Wołomina. Postawił tylko jeden warunek – wszyscy mieli być trzeźwi, przynajmniej do czasu zakończenia misji. „Potem będziecie mogli pić, ile dusza zapragnie i organizm przyjmie", żartował. Kiedy przytaknęli, pomocnicy pana Jacka zorganizowali transport. Wszyscy wsiedli do komfortowego busa, po drodze postawiono im obiad i zabrano na zakupy w sklepie z markową odzieżą i kosmetykami. Wystrojeni i wyperfumowani stawili się w Banku SKOK Wołomin.

– Wiedziałaś, po co konkretnie tam jedziesz? – zapytałam Maritę.

– Nie wnikałam w szczegóły, liczyła się tylko kasa. Przecież żadne z nas nie miało stałej pracy, a na flaszkę trzeba było jakoś zarobić. W tym banku było nas dziesięcioro.

– Znałaś tych ludzi?

– Niektórych, ale to nie miało znaczenia. Mieliśmy tylko ładnie wyglądać i podpisywać kwity, a przede wszystkim nie zadawać pytań i najlepiej w ogóle się nie odzywać. Wzięliśmy wtedy kredyt na osiem milionów. Podpisaliśmy stertę dokumentów.

– Co to były za dokumenty?

– Wszystkie lewe: zaświadczenie o zatrudnieniu i zarobkach, rozliczenia roczne i coś tam jeszcze. Beatka, kto by to wszystko czytał!

– Nikt was nie zapytał, dlaczego wy, mieszkańcy Szczecina, bierzecie kredyt aż w Wołominie?

– Nikt o nic nie pytał. Podpisaliśmy i pojechaliśmy do notariusza. Tam też coś podpisywaliśmy.

– Przecież notariusz zawsze odczytuje akt notarialny, musiałaś wiedzieć, co podpisujesz.

– Kto by tego słuchał? Beatka, mówisz jak ci agenci specjalni. Oni też pytali, ale im nie powiedziałam.

– Ale ta wasza rozmowa trochę trwała – zauważyłam.

– No tak, bo oni urządzili mi prowokację. Powiedzieli: „My wszystko wiemy, mamy grafologa, to pani podpis. Niech nam pani powie, jak to wszystko wyglądało".

– I co, powiedziałaś?

– Kochana, jakbym to zrobiła, tobym jutra nie dożyła. Ten Jacek, co mnie zaprosił do swojego porsche, zapowiedział, że jeśli pisnę słowo, to będzie po mnie i po mojej rodzinie. A ja nie chcę, żeby zabił mi matkę. Sama widzisz, że nie mogę nic powiedzieć. Idę w zaparte, a oni niech mnie w dupę pocałują.

– Marita, to było oszustwo, wyłudzenie! Możesz za to kilka lat wyroku dostać – próbowałam obudzić w niej świadomość prawną.

– Pieprzę to! – powtarzała buńczucznie. – Niech się martwią ci, którzy kasę wzięli, i ten Jacek, bo to on wszystko zorganizował. Ja nawet tych obiecanych pięciu tysięcy nie zobaczyłam. Dostałam dwa, podobnie jak inni, ale i tak mieliśmy niezłą zabawę. Postawili nam trunków, ile dusza zapragnie! Przez dwa dni wszystkie restauracje były nasze. Ciuchy plus kosmetyki to też był nasz zysk. Po powrocie do domu chlaliśmy cały miesiąc. Pięknie było.

– Marita, ty mi lepiej powiedz, po co zaprowadzili was do notariusza.

– Ziemię kupowaliśmy, jakieś lasy i łąki. Domki też. Czy to takie ważne? Przecież wszystkiego się wyparłam.

Nie miałam wątpliwości, że proceder w Banku SKOK Wołomin był świetnie zorganizowany. Ktoś to wszystko sprytnie wymyślił, realizował, kompletował dokumenty. Ktoś inny zatwierdzał lewe kredyty i robił wielomilionowe przelewy. Tego, że organizatorzy działali jak mafia, domyśliłam się jakiś czas później, widząc strach Joanny.

„Te, lalunia, ja cię znam"

Po trzech tygodniach obserwacji psychiatrycznej w areszcie śledczym w Szczecinie Marita wróciła do Kamienia Pomorskiego. Niebawem ja też tam trafiłam. Pamiętam, że gdy tak stałam pod tą straszną furtą, usłyszałam z oddali głos Marity.

– Beatuś! Moja kochana przyjechała! – krzyczała z jakiegoś okna.

Nie widziałam jej, ale serce waliło mi z radości jak oszalałe. Odkrzyknęłam coś pełna entuzjazmu, lecz oddziałowy momentalnie sprowadził mnie na ziemię.

– To nie plac zabaw przed blokiem, tu się nie krzyczy – powiedział chłodno. – Jeszcze raz to pani zrobi, a będą problemy. Nawiązywanie kontaktu jest zabronione.

Przeprosiłam, spuściłam głowę i karnie pomaszerowałam do celi.

Maritę spotkałam dopiero na spacerniaku i chociaż nie siedziałyśmy razem, widywałyśmy się regularnie.

W maju 2014 roku do mojej celi trafiła Joanna. Kiedy po kilku dniach powiedziała, że pracowała w Banku SKOK Wołomin, od razu przypomniała mi się historia Marity. Pomyślałam, być może naiwnie, że dwie osoby związane z jedną sprawą karną nie powinny przebywać w tej samej jednostce penitencjarnej. Mogłyby ustalić wspólną wersję wydarzeń i mataczyć w śledztwie. Nawet gdyby siedziały w innych celach, to przecież taki kontakt był możliwy, na przykład w łaźni, na zajęciach angielskiego, w świetlicy albo na warsztatach fryzjerskich czy kursach masażu. Możliwości naprawdę jest mnóstwo. Dziwiła mnie zatem niefrasobliwość administracji, chociaż najzwyczajniej mogli nie wiedzieć o całej sytuacji. Marita miała przecież sprawę o zabójstwo. W śledztwie dotyczącym SKOK Wołomin prokuratura powinna przedstawić jej zarzut poświadczenia nieprawdy w dokumentach, ale w tamtym momencie jeszcze tego nie zrobiła. Pomyślałam, że to nie może być przypadek. Zaczęłam podejrzewać Maritę o współpracę z organami ścigania. Sądziłam, że w zamian za łagodne potraktowanie zgodziła się wyciągnąć od Joasi jakieś informacje.

Szybko doszło do konfrontacji obu pań. Miejscem akcji okazał się spacerniak. Joanna zaliczała właśnie codzienną porcję kilometrów, maszerowała w tych swoich dopasowanych dżinsach i białej koszulce. Świetnie się prezentowała. My z Maritą siedziałyśmy na ławeczce, paliłyśmy sobie i gadałyśmy o niczym.

– Kurwa! Przecież ja ją znam! – wrzasnęła znienacka Marita.

– Kogo?!

– A tę bladź z dużymi cyckami, co tu chodzi w tej białej koszulce.

– Oj tam – niedowierzałam. – Przecież niedawno ją przywieźli, z daleka przyjechała.

– Ona jest z Wołomina, widziałam ją w banku.

– Zgadza się. Mówiła, że tam pracowała.

– Beata, ona jest z tej samej kliki co tamten elegancik w porsche, który mi groził! – powiedziała, krzywiąc się z niesmakiem. Wstała z ławki i stanęła w rozkroku. – Te, lalunia, pamiętasz mnie? – krzyknęła do Joanny.

Asia rzuciła na nią przelotne spojrzenie.

– Przepraszam, nie znam pani – odpowiedziała z salonową uprzejmością.

Zauważyłam, że była wyraźnie speszona. Przeczesała palcami włosy, zasłaniając nimi twarz, jakby nie chciała zostać rozpoznana.

– Tak, nie znasz, nie pamiętasz… – przedrzeźniała ją Marita. – Kredyt u ciebie brałam na osiem milionów.

Aśka zrobiła się czerwona po czubek głowy, jednak nie zmieniła tonu.

– To musi być jakaś pomyłka. Ja już od dawna nie pracuję w banku.

– Cha, cha, cha! Zobacz, Beatuś, jakie niewiniątko – drwiła Marita. – Przecież to nie woźna z Wołomina, ale prawdziwa gruba ryba! Dyrektorką była albo prezeską, bo wszystkie dokumenty do niej znosili. Pamiętam ją, miała na sobie granatową spódniczkę i pantofelki jak księżniczka.

Marita nie kłamała. Niebawem się wyjaśniło, że w sprawie Banku SKOK Wołomin nikt jej grzechów nie darował. Tamtego dnia, gdy przyszli do niej policjanci z Centralnego Biura Śledczego, nie rozmawiano z nią, lecz przesłuchiwano w charakterze podejrzanej, postawiono jej zarzuty.

Od spotkania na spacerniaku Joanna unikała Marity, chociaż ta już więcej nie wracała do wydarzeń w banku. Czasami opowiadałam dziewczynom w celi o Maricie, ponieważ bardzo ją lubiłam, a ona wciąż dostarczała powodów do śmiechu. Joanna nigdy nie podejmowała tematu lub ostentacyjnie wychodziła z celi. Nawet nie próbowałam naciągać jej na zwierzenia.

Strach pani wiceprezes

– Wspomniała pani, że Joanna P. się bała. Kogo i z jakiego powodu? – pytam narratorkę tej książki.

– Na pewno nie bała się prokuratora i policji, chociaż za każdym razem, gdy jechała do Prokuratury Okręgowej w Gorzowie Wielkopolskim na przesłuchania, była kłębkiem nerwów. To był inny strach. Wiem, o czym mówię, bo sama to przeżyłam. Ona mafii się bała, bo SKOK Wołomin to była mafia.

– W białych kołnierzykach.

– Tylko z pozoru. Dostawała od nich w areszcie kartki z pozdrowieniami z różnych miejsc znad morza, z Poznania, z gór. Czytała i momentalnie drżała. W rzeczywistości to nie były pozdrowienia z wakacji, lecz sygnały z całej Polski, że oni o niej pamiętają i dobrze wiedzą, gdzie jej szukać.

– Mury aresztu nie gwarantują bezpieczeństwa?

– W więzieniu nie można się schronić. Ci, którzy szukają, zawsze znajdują. Dotrą do człowieka nawet wtedy, gdy Służba Więzienna schowa go w pojedynczej celi. Mają na to swoje sposoby. Więzienie to jeden wielki bazar, gdzie wszyscy o wszystkich wiedzą. Jeśli chce się pani dowiedzieć czegoś konkretnego o jakimś skazanym, to proszę pytać nie na wolności, lecz w więzieniu. Tam się pani dowie, kto kogo sprzedał i za ile.

– Kogo sprzedała Joanna?

– Przez długi czas konsekwentnie odmawiała współpracy z prokuraturą. Mówiła: „Nie wiem, nie znam, nie mam z tym nic wspólnego". Widziałam, że ma poważny dylemat, co dalej robić: mówić czy milczeć. Tęskniła za dziećmi i zdawała sobie sprawę, że milcząc, traci szansę na powrót do domu. Któregoś dnia nie zniosła tych rozterek i poprosiła mnie o radę. Namawiałam ją do złożenia zeznań w ABW i Centralnym Biurze Śledczym. Tłumaczyłam, że w śledztwach zawsze jest coś za coś – my chcemy wrócić do domu, a oni potrzebują sukcesów, czyli kolejnych aresztowań, nowych zarzutów, surowych wyroków.

– Musisz dbać o swój interes – mówiłam – o swoje dobro. Jak będziesz uparcie powtarzać, że nic nie widziałaś, nie słyszałaś, nie rozumiałaś, że nikt podejrzany nie przyjeżdżał do banku, nie było lewych dokumentów, słupów i kredytów, to będziesz działać przeciwko sobie.

– Muszę być lojalna wobec tamtych ludzi – tłumaczyła.

– W takim razie prokurator kolejny raz zawnioskuje o przedłużenie ci aresztu i nie wypuści cię z rąk. Taka jest cena lojalności wobec twojego prezesa i ludzi, którzy to wszystko rozkręcili.

– To co ja mam zrobić? – pytała bezradnie.

– Jeżeli masz w perspektywie dziesięć lub piętnaście lat pozbawienia wolności i konfiskatę mienia, to chcąc wrócić do domu, musisz im opowiedzieć, jak wyglądał mechanizm przestępstw i kto brał w nich udział. Innej opcji nie ma.

– Pani Beato, a może ona się bała, bo tym wszystkim kierowała? Przecież była na wysokim stołku.

– Nie oszukujmy się: skoro z prowincjonalnego banku mogły wypływać miliardy, bo przecież o takich kwotach już się mówi, to bank musiał mieć akceptację „góry". Żadna, nawet najbardziej inteligentna pani wiceprezes nie miałaby takiej mocy sprawczej. Tam działała świetnie zorganizowana grupa przestępcza i mam nadzieję, że prokuraturze uda się dotrzeć do samej góry.

– Czy Joanna P. posłuchała dobrej rady?

– Nie wiem, czy to była moja zasługa czy funkcjonariuszy ABW i CBŚ, ale w końcu przerwała milczenie, dlatego uchylono jej areszt. Wyobrażam sobie, jak ogromny lęk musiała pokonać, żeby zacząć zeznawać przeciwko nim. Kiedy dotarła do niej wiadomość, że po trzech latach aresztu wyjdzie na wolność prezes SKOK Wołomin, wpadła w panikę, była przerażona. Jej były szef ostatecznie pozostał w areszcie, ponieważ sam minister sprawiedliwości był przeciwny uchyleniu sankcji wobec niego.

– Któregoś dnia ten człowiek wyjdzie na wolność, a ona nie może przez całe życie uciekać.

– To samo powiedział jej adwokat, ale lęk nie tak łatwo pokonać. Próba generalna dopiero przed nią, kiedy rozpocznie się proces. Będzie musiała stanąć z nimi twarzą w twarz. A to gorsze niż demony, które dręczyły ją po nocach.

PRZEGLĄD PRASY:

„Zatrzymana w kwietniu wiceprezes SKOK Wołomin Joanna P. wyszła na wolność. Prokuratura Okręgowa w Gorzowie Wielkopolskim zgodziła się na zamianę aresztu na poręczenie majątkowe.

Według nieoficjalnych informacji dzięki zeznaniom Joanny P. możliwe było zatrzymanie prezesa SKOK-u Mariusza G. Pani wiceprezes wychodzi z aresztu za poręczeniem majątkowym w wysokości 100 tysięcy złotych. Informację potwierdza jej adwokat Roman Giertych.

«Analiza materiału dowodowego wskazuje na to, że nawet jeżeli Joanna P. popełniła jakieś przestępstwa, nie powinno to skutkować bezwzględną karą pozbawienia wolności», mówi mecenas".

(„Dziennik Gazeta Prawna", autor: Mariusz Gierszewski, 7 listopada 2014)

Afera SKOK Wołomin w pigułce

Zorganizowana grupa przestępcza związana z Bankiem SKOK Wołomin działała od lutego 2009 r. do października 2014 r., ustalili śledczy z Prokuratury Okręgowej w Gorzowie Wielkopolskim, Warszawie-Pradze oraz Białymstoku. Specgrupy powołane do tej sprawy zasilono najlepszymi analitykami z Agencji Bezpieczeństwa Wewnętrznego, Centralnego Biura Śledczego Policji, a także kilku komend wojewódzkich.

W sierpniu 2017 roku podano do wiadomości publicznej, że szkody z tytułu niespłaconych kredytów i pożyczek zaciągniętych w Wołominie wynoszą ok. 3 mld złotych. Zarzuty postawiono 723 osobom, a wobec 64 podejrzanych zastosowano areszt tymczasowy. Prokuratorzy skierowali akty oskarżenia przeciwko 225 osobom. Prawomocnie skazano 90.

Mózgiem grupy okazał się niejaki Piotr P., emerytowany oficer WSI z kontrwywiadu wojskowego PRL. Człowiek ten był do 2012 roku wiceprzewodniczącym Rady Nadzorczej SKOK w Wołominie. Ściśle współpracował z kadrą kierowniczą banku: prezesem Mariuszem G., wiceprezesem Mateuszem G. oraz Joanną P., której śpiew sprawiał, że drżały mury więzienia. Jej przełożonemu, którego tak się bała, przedstawiono 539 zarzutów związanych z doprowadzeniem do niekorzystnego rozporządzania mieniem na ponad 660 mln zł.

Byłemu oficerowi kontrwywiadu wojskowego PRL Piotrowi P. przedstawiono 679 zarzutów oszustwa na łączną kwotę ponad 1 mld 353 mln zł, a także 87 zarzutów dotyczących prania brudnych pieniędzy na ponad 161 mln zł.

Przyjaźń

– Sprawę i proces Joanny pozna cała Polska, a ona sama zostanie napiętnowana, odsądzona od czci i wiary, zwyzywana od najgorszych – przewiduje narratorka tej książki. – Środowisko, w którym żyje, odwróci się do niej plecami.

– Wierzy pani w jej niewinność?

– Nawet nie dociekam, czy była współautorką oszustw, czy też sama została oszukana. Podejrzewam, że z jej inteligencją i sprytem nie można było tkwić latami w nieświadomości.

– Wiceprezes banku nie jest szeregowym pracownikiem. Odpowiedzialność za nieprawidłowości ma wpisaną w obowiązki służbowe.

– Niewykluczone, że godziła się na wszystkie przestępstwa w obawie o swoje bezpieczeństwo i życie bliskich. Kobieta, o której opowiedziałam, interesuje mnie wyłącznie jako człowiek i przyjaciółka. Państwo polskie powinno mądrze wykorzystać ją jako świadka przeciwko mafii.

– W charakterze świadka koronnego?

– Możliwości jest kilka, ale najważniejsze, aby ją skutecznie chronić. Żeby nie doznała krzywd za współpracę z prokuraturą.

Poznałam Joannę w więziennej biedzie, a tam weryfikuje się ludzi, zatem wiem, jaka jest. Mnie nie interesują jej grzechy, mam to gdzieś. Dla mnie liczy się jej dobro. Inni mnie nie obchodzą.

Rozdział 3

Droga do piekła

Każde więzienie ma swoje tajemnice. Mniejsze i większe, osobiste i służbowe. Niektóre rodzą się w celach, inne w pokojach wychowawców, więziennych zakamarkach lub dyrektorskich gabinetach. Skrzętnie skrywane przed światem są na przykład pozasłużbowe kontakty funkcjonariuszy z osadzonymi (mówiąc oględnie), mobbing w Służbie Więziennej czy samobójstwa skazanych. Tego typu zdarzenia rzadko przebijają się przez mury, nie docierają do normalnego świata. Ale tam, w okratowanej rzeczywistości, niewiele może się ukryć. Strzeżone informacje prędzej czy później przestają być tajemnicami. Stają się pożywką rozmów w celach jak Polska długa i szeroka. Roznoszą się po więzieniach niczym wpisy udostępniane na Facebooku.

Jest jednak coś, o czym nikomu nie wolno głośno rozmawiać. Transporty więźniów, bo o nich mowa, są – zdaniem naszej narratorki – najpilniej strzeżoną tajemnicą w aresztach i w zakładach karnych.

Podróż w nieznane

Moją celę otworzono o szóstej rano. Zerwałam się na równe nogi, czując w żołądku dziwny ucisk. W drzwiach stanęła oddziałowa Katarzyna, na której widok zawsze cierpła mi skóra. Mówiono w celach, że to „najgorsza suka wśród oddziałowych, podły człowiek", i było w tym dużo prawdy. Nie weszła do środka.

– Pani Krygier, proszę spakować wszystkie swoje rzeczy – oznajmiła służbiście. – Ostre przedmioty, takie jak pilnik do paznokci i nożyczki, należy zapakować oddzielnie – dodała, a ja już wiedziałam, że nie przeprowadzam się do innej celi, lecz jadę w Polskę.

Ten standardowy tekst „proszę spakować wszystkie swoje rzeczy" zawsze oznacza jedno – transport. Nikt mi o tym wcześniej nie mówił, ale wyczułam to intuicyjnie. Nie wiedziałam tylko, dokąd mnie wywiozą i jak daleko od rodziny. Już wcześniej domyślałam się, że mogę trafić do Krzywańca, bo tam najczęściej kursowały kobiece transporty, ewentualnie do Grudziądza. Panicznie bałam się tego drugiego, lecz pocieszałam się, że tam trafia najgorszy element, a ja się za taki nie uważałam. I nie chodzi bynajmniej o subiektywną samoocenę, lecz o moje poprawne do bólu zachowanie w dotychczasowym miejscu pobytu. Udzielałam się w konkursach i quizach, które za kratami zastępują wiele innych, niedocenianych na wolności rozrywek, jak choćby wystawy i wernisaże. Prowadziłam radiowęzeł, co przy moim tubalnym, nieco męskim głosie wydawało mi się początkowo poronionym pomysłem, lecz się myliłam. Dziewczyny podobno bardzo lubiły moje audycje, a Służba Więzienna uważała, że wykonuję dobrą robotę.

Skoro wszyscy mnie chwalą, jestem nagradzana dodatkowymi widzeniami z rodziną, to dlaczego mieliby mnie odesłać do najgorszego więzienia? – mówiłam sobie w myślach. A jednak odesłali.

W Grudziądzu znajduje się największy w Polsce zakład karny dla kobiet. Trafiają do niego słynne aferzystki i morderczynie z najdłuższymi wyrokami. O więzieniu w Grudziądzu krążą legendy niczym o Alcatraz. Wśród najczęściej powtarzanych określeń są: „piekło na ziemi" i „koszmar osadzonych". Do dziś nie daje mi spokoju pytanie bez odpowiedzi, komu zawdzięczałam najgorszą przeprowadzkę w moim życiu, do tej twierdzy skazańców. Tylko chwila dzieliła mnie od tego, by ze sobą skończyć.

PRZEGLĄD PRASY:

„Aby opisać Zakład Karny nr I w Grudziądzu, należy użyć wielu «naj». To największe, najsłynniejsze, najcięższe, a do tego najbardziej nietypowe więzienie dla kobiet w Polsce. Jedyny w swoim rodzaju eksperyment penitencjarny.

Musi trzasnąć wiele par zakratowanych drzwi, zanim sprzed bramy grudziądzkiego Zakładu Karnego nr I dotrzemy na główny dziedziniec. Budynki sprawiają raczej przygnębiające wrażenie. Niektóre z nich funkcję więzienną pełnią już od 200 lat. Część jest obecnie remontowana, pozostałym remont z pewnością by nie zaszkodził.

Zakład Karny nr I to przede wszystkim więzienie dla kobiet, chociaż przebywają tu również mężczyźni. Oddział męski różni się jednak charakterem od kobiecej części więzienia, uważanej, z racji swojego zamkniętego charakteru, za najcięższe w kraju. Wyroki odsiadują tu zbrodniarki znane z pierwszych stron gazet.

«Przebywa u nas pięć kobiet skazanych na dożywocie – informuje [...], wychowawca z oddziału dla kobiet z najwyższymi wyrokami. – Pracując z tymi osobami, staram się nie myśleć o tym, co zrobiły. Inaczej trudno byłoby mi zachować niezbędny w mojej pracy dystans».

W grudziądzkim zakładzie karnym jest podstawówka, gimnazjum oraz zawodówka dla kobiet, które chciałyby nadrobić braki edukacyjne. Więzienna szkoła dla pań jest jedyną taką placówką w Polsce".

(„Nowości – Tygodnik Toruński", autor: Adam Luks, *Ślub naprawdę, seks tylko na migi*, 31 sierpnia 2006)

Dziewczyny, które tam przebywały albo mieszkały w celi z tymi, które tam siedziały, opowiadają, że pod oknami więzienia rosną wielkie drzewa. Przesiadują na nich ogromne stada gawronów. W ciągu dnia ptaki skrywają się wśród liści, a kiedy zrywają się do lotu – przesłaniają słońce i niebo. Podejrzewałam, że w nocy ich krakanie musi być istną torturą. Zapewne rujnuje ciszę, przewierca bębenki i torpeduje mózg. Pocisz się wtedy jak w gorączce, nie możesz opanować drżenia ciała i złych myśli. Zatykasz uszy, ale wciąż słyszysz krakanie.

Poranna wizyta oddziałowej sprawiła, że oczami wyobraźni zobaczyłam tamte drzewa i gawrony. Nie miałam jednak czasu na dogłębne rozmyślania. I dobrze, bo już na starcie pogrążyłabym się w depresyjnym nastroju. Słanie łóżka, szybka toaleta, upychanie rzeczy osobistych do torby z brezentu i po kwadransie byłam gotowa, aby opuścić areszt w Kamieniu Pomorskim. Teoretycznie gotowa, gdyż nogi trzęsły się pode mną, jakbym miała *delirium tremens*. Pakowaniu towarzyszyła dręcząca świadomość, że jedynie zamieniam jedne kraty na drugie.

Bałam się zmiany otoczenia, nowej celi i ludzi, których tam spotkam. Najchętniej zostałabym na starych śmieciach, chociaż szczerze nienawidziłam tych murów. Każdego dnia i każdej nocy myślałam głównie o tym, żeby wydostać się z celi. A jednak – w pewnym sensie – zżyłam się z tym miejscem, osiadłam.

Wsiadając do zaparkowanej na dziedzińcu nyski z napisem Służba Więzienna, nie mogłam opanować gonitwy myśli.

– Dokąd jadę? – spytałam podszyta strachem.

– Nie wiem – ucięła krótko oddziałowa Katarzyna, ponaglając mnie gestem, żebym nie blokowała wejścia.

– Niech pani będzie człowiekiem, po co te tajemnice? – próbowałam poruszyć jej sumienie.

Byłam jednak bez szans.

– Pani Krygier, to transport więzienny, a nie wycieczka krajoznawcza. – Oddziałowa Katarzyna zmroziła mnie spojrzeniem. – Regulamin nie przewiduje pogadanek.

Rozpaczliwie szukałam dobrych stron sytuacji, w której się znalazłam. Jedynym plusem była nadzieja, że znienawidzonej oddziałowej Katarzyny być może już nigdy w życiu nie zobaczę. Usiłowałam powstrzymać łzy, żeby nie dać jej satysfakcji, lecz kiedy nyska przejeżdżała przez bramę, rozpłakałam się jak dziecko. Kłębowisko najczarniejszych myśli potęgowało migrenę, a ciśnienie rozsadzało mi czaszkę.

Wtedy jeszcze nie rozumiałam, że powodem, dla którego transporty są tajne przez poufne, jest przede wszystkim bezpieczeństwo jadących w nich osób.

W Polsce zdarzają się ucieczki więźniów, i to nierzadko, najczęściej z komisariatów, prokuratury lub sądów. Podejrzani wyskakują przez okno podczas przesłuchania albo zrywają się z policyjnego konwoju, pokonując – co wydawałoby się niemożliwe – zabezpieczenia włazu w suficie więźniarki. Pomysłowość zbiegów nie zna granic, szczególnie gdy mają wsparcie kompanów na wolności.

Gdyby aresztowanemu gangsterowi powiedziano: „Proszę się przygotować do drogi, jutro po śniadaniu transportujemy pana do zakładu karnego w Nowogardzie", to jego kumple już od bladego świtu staliby na rogatkach w policyjnych mundurach. Myślicie, że odbicie więźnia odbyłoby się pokojowo? Członkowie zorganizowanych grup przestępczych od dawna nie przebierają w środkach. Padłyby strzały, wybuchłaby bomba, zginęliby ludzie. To nie przelewki.

PRZEGLĄD PRASY:

„Mężczyzna odbywający karę w tarnogórskim areszcie śledczym uciekł strażnikom, gdy wraz z dwoma innymi osadzonymi był konwojowany na badania lekarskie. Nie wiadomo, dlaczego to zrobił. W styczniu miał zakończyć wyrok. Szukają go teraz policjanci i pracownicy Służby Więziennej. 31-letni mężczyzna odsiadujący 1,5-roczny wyrok w areszcie śledczym w Tarnowskich Górach w tej chwili jest poszukiwany".

(„Dziennik Zachodni", *Tarnowskie Góry: więzień uciekł z konwoju. Szuka go policja i służba więzienna*, 9 września 2014)

„Strzelanina podczas konwoju. Policjanci ranili więźnia, który uciekł im, gdy po zatrzymaniu odwozili go do więzienia. Policja informowała, że więzień miał broń i pierwszy strzelał do funkcjonariuszy. Postępowania prowadzi Prokuratura Rejonowa w Chełmie (lubelskie). «Dotyczą czynnej napaści więźnia na policjantów oraz ewentualnego niedopełnienia obowiązków i przekroczenia uprawnień przez funkcjonariuszy», poinformowała we wtorek rzeczniczka Prokuratury Okręgowej w Lublinie Beata Syk-Jankowska. Okazało się, że więzień był uzbrojony w ręczny miotacz gazowy w kształcie pistoletu Glock. Jak ustaliła prokuratura, wyciągnął go i skierował w stronę policjantów, gdy radiowóz podjechał pod bramę więzienia. Policjanci dopadli uciekiniera po kilkuset metrach. Mężczyzna z postrzelonym lewym ramieniem i udem trafił do szpitala. Rzecznik lubelskiej policji poinformował, że mężczyzna skazany był za rozboje i pobicia, a jego pobyt w więzieniu miał się zakończyć w połowie 2011 roku".

(Kontakt TVN24, tvn24.pl, 21 lipca 2009)

Załóżmy, że więzienną nyską transportowany jest bezcenny świadek ujawniający prokuraturze przekręty gospodarcze na wielką skalę. Albo skruszony przestępca zeznający przed komisją sejmową o powiązaniach mafii z politykami. To oczywiste, że jego mocodawcy zrobią wszystko, by uniemożliwić złożenie takich zeznań. Pamiętajmy, że transporty Służby Więziennej poruszają się publicznymi drogami. Zorganizowanie blokady lub zasadzki na trasie przejazdu to nie czarnowidztwo, ale realne zagrożenie. Zrozumiałam to po jakimś czasie, gdy obserwowałam strach Joanny, właśnie tej z Banku SKOK Wołomin. Upublicznienie informacji o transporcie, którym miałaby jechać do prokuratury czy sądu, mogłoby ściągnąć na nią śmiertelne zagrożenie. Mafia zrobiłaby wiele, aby uniemożliwić jej złożenie wyjaśnień przed śledczymi. Właśnie dlatego wszystkie służby dmuchają na zimne.

Ktoś mi kiedyś powiedział:

„Nawet jeśli jesteś zwykłym więźniem, a o przestępczości zorganizowanej wiesz tyle co z filmów, to i tak poufne procedury chronią twój tyłek. Nie musisz być bossem mafii, aby znaleźć się na linii ognia".

Ten ktoś miał rację.

Tylko jednego do dziś nie mogę pojąć – jak to możliwe, że pomimo wszystkich tych tajemnic dziewczyny w więzieniu od razu wiedzą, kogo przywieziono w transporcie. Oddziałowi prowadzą nową korytarzem, a w celach słychać: „To ta, co męża zamurowała pod podłogą", „Przywieźli nam dzieciboja, wrzuciła niemowlę do pieca", „Patrzcie, dziewczyny, to żona tego aferzysty, co pół Polski nabrał na złote sztabki".

Osadzona wchodzi do nowego miejsca i na dobrą sprawę nie musi się przedstawiać.

Świński transport

Tamtego dnia, gdy wyjeżdżałam za bramę aresztu śledczego w Kamieniu Pomorskim, nie myślałam racjonalnie. Byłam przerażona. Skąd mogłam wiedzieć, że małomówność oddziałowej była przejawem troski o moje bezpieczeństwo?

– I tak miałaś wiele szczęścia, że nie jechałaś świńskim transportem – dowiedziałam się niebawem od mojej nowej towarzyszki niedoli, Patrycji.

– Wożą dziewczyny ze świniami?! – Wytrzeszczyłam oczy ze zdumienia.

– Gorzej, bo z facetami! To są duże transporty, które jadą trzy, nawet cztery dni, i to przez całą Polskę. Nie mają z góry obranego kursu z punktu A do punktu B, nie obierają najkrótszej trasy. Kluczą od więzienia do więzienia, od aresztu do aresztu. Jednych przywożą, drugich wywożą. Taka jest ekonomia transportu.

– Co z noclegami?

– Przecież nie w hotelach! Śpisz w celach, rano dają ci śniadanie i dalej w drogę.

– Skąd nazwa „świński transport"?

– Świński, bo jest najgorszy z możliwych! Jedziesz całymi godzinami bez przerwy na toaletę czy papierosa. Skręca cię, masz z nerwów rozwolnienie i mdłości, ale musisz czekać na planowy postój. Przez całą drogę dziewczyny trzymane są w klatkach, żeby nie mieć kontaktu z mężczyznami. A faceci siedzą sobie na ławeczkach! Rozumiesz to?!

– Nie rozumiem. – Pokręciłam głową z niedowierzaniem.

– Ja też nie mogę pojąć, dlaczego nie może być na odwrót – oni w klatkach, my na ławeczkach. Rzekomo to dla naszego bezpieczeństwa, ale sama przyznasz, że to marne wytłumaczenie. Ja, Bogu dzięki, nigdy nie jechałam świńskim transportem, dziewczyny mi opowiadały. Mówiły, że to masakra jakaś i że będą miały traumę do końca życia.

– Ile osób jedzie takim transportem?

– Ze dwadzieścia, a może więcej. Sama wiesz, że faceci bywają różni: ordynarni, ohydni, mówią o seksie tak, że aż cię mdli. Ja to może dałabym sobie z takimi radę, ale weź sobie wyobraź dziewczynę z dobrego domu, porządną, która uprawiała seks jedynie z kimś, kogo kochała.

– Ja jestem z dobrego domu – napomknęłam nieśmiało.

– No właśnie – przytaknęła. – To wyobraź sobie, Beatka, że siedzisz w takiej klatce, wiozą cię świńskim transportem ze Świnoujścia do Krakowa, a jakiś spocony typ z tatuażami ślini się i opowiada, jak by sobie z tobą pofiglował.

– Co na to funkcjonariusze? Przecież oni też jadą tym transportem.

– Jasne, że jadą, ale nie reagują, bo co oni mogą? Musisz to znosić, nikt się za tobą nie wstawi.

– Wiesz... – Zamyśliłam się. – Tak sobie myślę, że wtedy w Kamieniu oddziałowa mogła mi powiedzieć, gdzie jedziemy. Nie miałam komórki, nikogo bym nie powiadomiła, nie uciekłabym ani też nikt by mnie z tego transportu nie odbił.

– Może się bała, że straci pracę. Dziewczyny z magazynu pewnie by ci powiedziały. Muszą odpowiednio wcześniej przygotować listę twoich rzeczy, więc wiedzą o transporcie. Dziewczyny w kuchni też wiedzą. Wieczorem podpisują jadłospis na następny dzień i widzą z rozpiski, komu trzeba podać zupę na śniadanie. Normalnie nie dostajesz na śniadanie zupy, ale jak jedziesz z transportem, to regulamin przewiduje ciepły posiłek. Ta, która rano je zupę, jedzie w świat. Dziewczyny z kuchni przygotowują też suchy prowiant na drogę, więc muszą wiedzieć albo przynajmniej się domyślać.

– Jeśli wiedzą, to dlaczego nie uprzedzają? Przecież to jedne z nas.

– Oj, Beatka, jak posiedzisz, to zrozumiesz. Jakby powiedziały, od razu wyleciałyby z kuchni. Siedziałyby w celach bez możliwości wyjścia. Nie tylko oddziałowe boją się o pracę.

– Patrycja, skąd ty o tym wszystkim wiesz?

– Ty się tym nie interesuj – skwitowała stanowczo.

Tamtego dnia, gdy wyjechałam z Kamienia Pomorskiego, nyska z napisem Służba Więzienna dotarła do celu po siedmiu godzinach. Stanęła przed wielką, rozsuwaną bramą. Więzienne wrota wszędzie wyglądają tak samo.

– Witamy w Grudziądzu – usłyszałam głos funkcjonariusza.

Zaszumiało mi w uszach. Już po mnie, pomyślałam. Nie mogłam gorzej trafić. Tylko patrzeć, jak rozdziobią mnie kruki i wrony.

ZAKŁAD KARNY W GRUDZIĄDZU

(fragment opisu ze strony internetowej Służby Więziennej):

Jednostka podlega Okręgowemu Inspektoratowi Służby Więziennej w Bydgoszczy. Karę pozbawienia wolności odbywają tu osadzeni młodociani, odbywający karę pozbawienia wolności po raz pierwszy, a także w przypadku kobiet – recydywistki penitencjarne. Pojemność jednostki to 1426 osadzonych, w tym 26 miejsc w Domu dla Matki i Dziecka i 13 miejsc na oddziale ginekologiczno-położniczym.

W jednostce funkcjonują: oddział terapeutyczny dla skazanych kobiet uzależnionych od alkoholu, oddział terapeutyczny dla skazanych z zaburzeniami psychicznymi lub upośledzonych umysłowo, oddział ginekologiczno-położniczy, Dom dla Matki i Dziecka i Centrum Kształcenia Ustawicznego.

Realizowane są tu programy sprzyjające readaptacji społecznej. Osadzeni korzystają z bardzo szerokiej oferty zajęć kulturalno-oświatowych i sportowych na terenie zakładu karnego i poza więziennymi murami, uczestniczą w zajęciach Klubu Pracy, biorą udział w kursach współfinansowanych ze środków unijnych.

Od dziesięciu lat jednostka organizuje Ogólnopolskie Seminaria Naukowe – cykl pt. „Kobieta w izolacji", w których uczestniczą środowiska naukowe z terenu całego kraju oraz praktycy – więziennicy.

Zakład Karny Nr 1 w Grudziądzu zatrudnia 405 funkcjonariuszy oraz 44 pracowników cywilnych, w tym lekarzy i nauczycieli.

(autorzy: ppłk Helena Reczek, mjr Tomasz Trzebiatowski)

Jaśnie Wysoka Komisja

Każda nowa osadzona staje przed komisją penitencjarną. Zasiadają w niej same ważne figury, z dyrektorem zakładu karnego na czele. Komisja analizuje akta personalne i szuka odpowiedzi na wiele pytań:

- dlaczego delikwentkę przeniesiono z poprzedniej placówki,
- jak się dotychczas sprawowała,
- jakie ma grzechy na sumieniu i w końcu
- czy rokuje nadzieję na resocjalizację.

Te parę osób, które znają cię jedynie z przesłanych dokumentów, decyduje o twoim losie na najbliższe lata – do jakiej celi trafisz, z kim będziesz odsiadywać wyrok i na jakim oddziale. Możesz spędzać życie pod kluczem albo na „półotworku", czyli w celi zamykanej jedynie na noc. Różnicy tłumaczyć nie trzeba.

Stałam przed wysoką komisją spłoszona i przybita. Wpatrywałam się w czubki butów, nie mając śmiałości spojrzeć komukolwiek w oczy. Legenda Grudziądza totalnie mnie przybiła. Snułam czarne scenariusze.

– Dlaczego w ogóle panią do nas przywieziono? – zapytał dyrektor, jakbym umiała na to odpowiedzieć. – Przecież ma pani tyle wniosków nagrodowych z poprzedniego miejsca! Dawno nie widziałem tak imponującej kolekcji, naprawdę jestem pod wrażeniem.

Udało mi się oderwać wzrok od butów. Ze zdumieniem stwierdziłam, że na twarzy dyrektora maluje się szczere zaskoczenie. Był chyba bardziej zdziwiony moją obecnością w Grudziądzu niż ja sama nieoczekiwanym dla mnie obrotem sprawy.

Mój nowy wychowawca, który przyprowadził mnie przed oblicze szanownej komisji, sam także w niej zasiadał. Wertował akta i z równym niedowierzaniem jak dyrektor kręcił głową. Na twarzach pozostałych osób zobaczyłam życzliwość, która po ludzku mnie wzruszyła i dodała mi odwagi.

– Patrzę i oczom nie wierzę, ma pani taką opinię, że nie wiem, co powiedzieć – kontynuował dyrektor, wyciągając z akt personalnych jeden z dokumentów. – Pani Krygier, czy zna pani swoją opinię?

– Nie znam – wykrztusiłam z trudem.

– To ja pani przeczytam...

Gdyby nie bicie serca zagłuszające głos dyrektora, pewnie mogłabym dzisiaj przytoczyć, co wtedy odczytywał. Emocje robią jednak z człowiekiem dziwne rzeczy, co w moim przypadku przełożyło się na szum w uszach o sile wodospadu. Dotarły do mnie jedynie końcowe słowa.

– Reasumując: wzór do naśladowania – przeczytał dyrektor i odłożył opinię.

Moja nieśmiałość uleciała jak powietrze z balonu.

– Dziwnie to trochę zabrzmiało, panie dyrektorze, jak pochwała wygłoszona na apelu – zaśmiałam się, nie wierząc, że naprawdę to powiedziałam.

Widać mój mózg nie miał kontroli nad tym, co mówiłam.

– Zabrzmiało to dokładnie tak, pani Krygier, że już na wstępie naszej znajomości daję pani kredyt zaufania. Rekomenduję panią wysokiej komisji, żeby dostała pani pracę, i to poza murami więzienia.

– Panie dyrektorze, nie wiem, co powiedzieć...

– Wszystko zostało już powiedziane. – Wstał.

– To dla mnie wielkie wyróżnienie. Dziękuję.

Dyrektor podszedł do mnie i uśmiechnął się serdecznie, by chwilę później zmrozić mnie swoją powagą.

– Tylko bardzo proszę panią o jedno – powiedział, spoglądając mi głęboko w oczy. – Niech mi pani nie ucieknie.

PRZEGLĄD PRASY:

„Jak można było do tego dopuścić? W wyniku nieudolnych działań strażników doszło do masowej ucieczki polskich więźniów. Na wolności znalazło się całe mnóstwo kryminalistów.

Rządowy program o nazwie «Praca dla więźniów» został zainicjowany przez wiceministra sprawiedliwości Patryka Jakiego. Chociaż polityk był bardzo dumny z jego działania, przyniosło ono także niespodziewane skutki. Dzięki pracy poza zakładem karnym ponad 100 polskich więźniów... po prostu uciekło.

«Praca dla więźniów» umożliwia osadzonym zarabianie pieniędzy, które mogą następnie przeznaczyć na spłatę swoich długów. Na skorzystanie z projektu zdecydowało się już w Polsce 30 tysięcy skazanych. Opłaca się to także wielu przedsiębiorcom, gdyż otrzymują dofinansowanie w wysokości 35 proc. kosztów zatrudnienia każdego skazanego. Jak się jednak okazuje, system ma luki. Zaledwie w ciągu pół roku, korzystając z pracy poza więzieniem, udało się uciec aż 118 więźniom.

«Nigdy w historii III RP tylu więźniów nie pracowało. To oczywiście obniża koszt dla obywatela i poprawia resocjalizację», powiedział Patryk Jaki na temat kontrowersji wokół projektu swojego pomysłu.

Jak się okazuje, więźniowie najczęściej decydują się na ucieczkę, ponieważ w miejscu pracy nie są odpowiednio pilnowani i są bez konwoju. Na przykład udało się zbiec skazanym zatrudnionym na Cmentarzu Komunalnym we Włocławku oraz firmy Dawtona w Lipnie. Niektórzy już zostali złapani, inni wciąż są ścigani przez policję. Żadna ze 118 ucieczek nie przekonała jednak Patryka Jakiego oraz rządu Prawa i Sprawiedliwości do wycofania się z kontrowersyjnego projektu.

(pikio.pl, *Masowa ucieczka więźniów w Polsce! Mnóstwo kryminalistów na wolności*, 5 listopada 2017)

Przyjechałam do Grudziądza 20 sierpnia, a już 1 września spotkał mnie największy w więziennej rzeczywistości przywilej – poszłam do pracy. Oczywiście fizycznej, bo tylko taka wchodziła w grę, ale trafiła mi się jedna z najlepszych fuch – Powiatowy Urząd Pracy. Otrzymałam stałą przepustkę, podpisywaną codziennie o siódmej rano przez dowódcę. Do piętnastej trzydzieści pozostawałam bez kontroli i bez konwoju. Wychodziłam za bramę i szłam przed siebie.

– Nie miała pani pokusy, aby zboczyć z drogi, wsiąść do pociągu byle jakiego?

– Nie, nigdy. Nawet przez myśl mi to nie przeszło. To by było bez sensu i działałabym przeciwko sobie.

– Dlaczego? Wielu więźniów ucieka podczas pracy na zewnątrz i wcale nie tak łatwo ich złapać.

– Bez trudu by mnie namierzyli i złapali. Chyba naoglądała się pani zbyt dużo filmów więziennych i seriali w stylu *Skazanego na śmierć* [śmiech]. Podczas całej swojej odsiadki robiłam wszystko, żeby zapracować na przedterminowe zwolnienie warunkowe. Dowiedziałam się, że najskuteczniejszym sposobem na wcześniejszą wolność są wnioski nagrodowe, dlatego właśnie prowadziłam radiowęzeł, organizowałam konkursy, familiady, quizy. Za to wszystko byłam premiowana. Przez dwa lata statystyczna osadzona może uzbierać dziewięć–dziesięć wniosków nagrodowych. Ja uzbierałam trzydzieści osiem. Próbą ucieczki wszystko bym przekreśliła.

Serweteczki, falbaneczki

Uwierzyłam, że los się do mnie uśmiechnął – trafiłam do najlepszej celi w Grudziądzu. Trzyosobowa, przestronna, ze ścianami w kolorze słońca i nowymi, zielonymi łóżkami. Położyłam się na białym, pachnącym świeżością materacu, nie mogąc uwierzyć, że spotkało mnie tyle szczęścia. Po doświadczeniach w Kamieniu Pomorskim, gdzie cele przypominały średniowieczne lochy, a prycze łoża tortur, miałam wrażenie, że chwyciłam Pana Boga za nogi.

– Mamo, tu są firanki w oknach i cerata na stole! – krzyczałam do słuchawki podczas pierwszego telefonu do domu, jaki stamtąd wykonałam.

– Jak to: firanki? – dziwiła się mama. – Przecież mówiłaś, że wszelkie ozdoby na okna są zakazane.

– Bo są, ale ta dziewczyna z celi, Patrycja, musi mieć jakieś chody u pani kwatermistrz. Nawet rośliny w doniczkach ma, a przecież też nie wolno. Zrobiła na szydełku serwetki, falbaneczki! Mówię ci, mamo, tu jest tak… – zawiesiłam głos, szukając odpowiedniego słowa – domowo!

– Możesz otwierać okno?

– Tak! Jest ogromne, z szerokim parapetem. Wyjrzałam przez nie i co zobaczyłam? Drzewa, tulipany i trawę, a nie same mury jak w Kamieniu Pomorskim. I jeszcze coś, nie uwierzysz!

– Co takiego?

– Zobaczyłam piaskownicę i zjeżdżalnię, jak na placu zabaw na normalnym osiedlu. Słychać radosny śmiech! Tu jest tyle dzieci, matek z wózkami i najprawdziwszy żłobek. Moja współlokatorka tam pracuje.

– Patrycja?

– Tak, o niej mówię.

– Co to za dziewczyna?

– Wydaje się normalna – odpowiedziałam wymijająco. – Dała mi swoją kartę, żebym mogła do was zadzwonić. Tu jest inny operator, karta z Kamienia nie działa.

– Zabójczyni?

– Chyba tak, na razie jest za wcześnie na takie rozmowy.

– Ty to masz, dziecko, szczęście do tych zabójczyń. Martwię się o ciebie.

– Jest dobrze, mamo. Niczym się nie przejmuj. Odbywam karę na oddziale półotwartym, mogę wychodzić z celi do świetlicy. Mam miłego wychowawcę i tyle kwitów nagrodowych, że na pewno dostanę dodatkowe widzenia. Przyjedziecie z tatą? – zapytałam z lekkim niepokojem. – Teraz macie do mnie strasznie daleko.

– Przyjedziemy, Beatuś, przyjedziemy. Pewnie będziemy widywać się rzadziej, ale przecież możesz dzwonić do domu codziennie, prawda?

– Tak, mamo – przytaknęłam, lecz humor wyraźnie mi się zwarzył.

– Co ci przywieźć, dziecko?

– Szlafrok! – wykrzyknęłam. – Wreszcie mogę mieć swój szlafrok! Muszę tylko napisać podanie do dyrektora, ale dziewczyny powiedziały, że nie odmawia. Patrz, mamuś, w Kamieniu było tak zimno, a nie pozwalali, bo regulamin zabraniał.

– A jak te kruki i wrony?

– Co?

– Przecież tak się ich bałaś.

– Nie są takie straszne – odpowiedziałam z opóźnieniem, bo nie od razu przeskoczyłam z tematu na temat. – Rzeczywiście jest ich sporo, ale przylatują i odlatują. Ptaki jak ptaki, można się przyzwyczaić. Gołębie też są, więc równowaga w przyrodzie zostaje zachowana.

– Uważaj na siebie, Beatko. Bardzo cię kochamy.

– Ja też bardzo was kocham.

Odłożyłam słuchawkę, wróciłam do celi, padłam na łóżko i... płakałam do rana.

Płakałam, bo chociaż w Kamieniu Pomorskim panowały fatalne warunki socjalne, to po roku i czterech miesiącach odsiadki nabyłam prawo do przepustek, które zawsze wykorzystywałam na wizyty u rodziców. Bywałam u nich co dwa tygodnie, spędzałam w Świnoujściu soboty i niedziele. W zakładzie karnym wszyscy mnie chwalili i nagradzali, a jednak zesłali do więzienia o zaostrzonym rygorze, oddalonego od mojego domu o kilkaset kilometrów. Nie rozumiałam, dlaczego Służba Więzienna mi to zrobiła. Ogarnął mnie przenikliwy strach i przekonanie, że w Grudziądzu spotka mnie coś strasznego. Tak strasznego, że nie pomogą mi żadne firanki w oknach, domowe serwetki i falbanki. Znów się rozsypię na drobne kawałki i nie pozbieram do kupy.

– Patrycja, ja chcę do domu – zachlipałam.

– Wszystkie chcemy do domu – odpowiedziała, nie przejawiając chęci do dalszej rozmowy na ten temat.

Szlochałam w poduszkę przez miesiąc. W końcu zabrakło mi łez i przestałam. Dopiero wtedy poczułam się częścią wielkiego kombinatu, jakim jest Zakład Karny dla Kobiet w Grudziądzu. To miejsce zmieniło mnie na zawsze.

Ono zmienia każdego.

Rozdział 4

Dziewczyna z tatuażem

Podobno pierwsze sekundy spędzone z nowo poznaną osobą decydują o tym, czy ją polubimy, czy nie. Tak zwana chemia sprawia, że ludzie odbierają się pozytywnie lub negatywnie. Na pierwsze (decydujące) wrażenie składa się cała mieszanina odczuć i doznań. Wiodącą rolę odgrywają wrażenia estetyczne oraz intuicja, która niestety często nas zawodzi.

– Jestem życiową optymistką, większość ludzi odbieram pozytywnie – opowiada nasza przewodniczka po okratowanym świecie. – Wolę dawać zaufanie na kredyt, niż zamykać się przed światem. Już nieraz płaciłam za to wysoką cenę, a wiara w drugiego człowieka odbijała mi się czkawką.

Po wyroku postanowiłam do końca życia dmuchać na zimne. Z takim nastawieniem powitałam moją nową towarzyszkę niedoli. Tym razem los zaskoczył mnie pozytywnie, a intuicja myliła po stokroć.

„Patrycja jestem"

Drobna, krótko ścięta blondynka około trzydziestki, z wszechobecnymi tatuażami i o przeciętnej urodzie, była pierwszą skazaną, którą spotkałam w Grudziądzu.

– Patrycja jestem. – Wyciągnęła rękę na powitanie.

Tatuaże pokrywające znaczną część jej ciała były, mówiąc wprost, wstrętne, zrobione zapewne pokątnie, w warunkach więziennych. Głos Patrycji kompletnie nie pasował do wyglądu. Był dziewczęcy i ciepły, dźwięczny jak dzwoneczek (tak ją z czasem zaczęłam nazywać – Dzwoneczek).

– Dostałam dwadzieścia pięć lat, z czego odsiedziałam trzynaście – powiedziała już na wstępie, przyłapując mnie na studiowaniu wydzierganej mapy jej ciała.

– Beata – odpowiedziałam, nie czując potrzeby ujawniania, za co siedzę i jaki mam wyrok.

Przez moment przyglądała mi się badawczo, a zaraz potem oznajmiła władczo:

– To moja cela i ja tu rządzę.

– OK. – Kiwnęłam głową, odwracając się do niej tyłem. Zajęłam wolne łóżko i zaczęłam rozpakowywać rzeczy.

– Czyli się zgadzasz?

– OK, czyli przyjęłam do wiadomości – sprecyzowałam.

– A jaka jest różnica pomiędzy „zgadzam się" a „przyjmuję do wiadomości"? – spytała, wydymając usta.

– W sumie niewielka.

Dziewczyna z tatuażem wydała mi się napastliwa. Zapaliła mi się czerwona lampka, podskórnie wyczuwałam kłopoty.

– Rozumiesz, że skoro jestem szefową, to ja ustalam grafik sprzątania – oznajmiła. – W każdą sobotę mamy tu generalkę. Wszystko ma się błyszczeć: podłoga, ściany, okna.

Nie odpowiedziałam. Chemia, czy jak ją zwał, wyraźnie zasygnalizowała mi, że przyjaciółkami nie zostaniemy. Patrycja krążyła po celi jak natrętna mucha, uniemożliwiając mi wyznaczenie granic własnej przestrzeni życiowej.

– Tak już mam w życiu, że lubię, jak się błyszczy – świergotała tym swoim dziewczęcym głosikiem. – Jestem pedantyczna i w tych sprawach nie znoszę sprzeciwu. Porządek ponad wszystko, rozumiesz?

Chciałam jeszcze chwilę pomilczeć, lecz błyskawicznie dotarło do mnie, że muszę się postawić. Jej warunków wstępnych nie dało się skwitować ciszą. Chciałam zyskać na czasie, aby pozbierać myśli. Bez pośpiechu rozkładałam koc i ustawiałam w szafce kosmetyki.

– Ty, nowa – warknęła. – Nie odwracaj się do mnie plecami, jak do ciebie mówię.

– Beata jestem – powtórzyłam, stając z nią twarzą w twarz.

Zapadło kłopotliwe milczenie. Zdawało się przeciągać. Dziewczyna na trzecim łóżku śledziła rozwój wydarzeń z lekkim niepokojem.

– Słuchaj, Patrycja – zaczęłam. – Szanuję twoje umiłowanie porządku, ale nie wpisuj mnie w grafik. To nie jest mój dom, a tylko w domu tak sprzątam. Tutaj nie będę robić żadnej generalki.

– Będziesz – odpowiedziała Patrycja, złowrogo mrużąc oczy.

Nie wiem dlaczego, ale skojarzyła mi się ze złośliwą Małą Mi z kreskówki o Muminkach. Brakowało tylko, żeby tupnęła tą swoją chudą, wytatuowaną nóżką. Groźną miną bardziej mnie rozbawiła, niż przestraszyła.

Nie takiego efektu się spodziewała. Roześmiałam się serdecznie, a ona zacisnęła wytatuowane piąstki, aż jej knykcie zbielały.

– Wchodzisz do mojej celi i od razu chcesz rządzić? – uniosła się, nerwowo przestępując z nogi na nogę.

– Nic podobnego, przecież ty jesteś szefową.

– To o co ci, kurwa, chodzi?

– Nie zamierzam rządzić, tylko nie chcę sprzątać jak przed Wielkanocą – wyjaśniłam asertywnie. – Szmaty się nie boję, bo nie jestem wielką panią. Jak wypadnie moja kolej, zrobię swoje i umyję podłogę. Ale zapamiętaj sobie, bo nie lubię się powtarzać: w żadną generalkę mnie nie wkręcisz. – Zdębiała, a ja mówiłam dalej: – Przez pięć dni w tygodniu będę wstawać rano do pracy. W soboty chcę odpoczywać, czytać gazety i książki. Nie przekonasz mnie, ani tym bardziej nie zmusisz, żebym marnowała weekend na mycie okien i szorowanie ścian. Ty, Patrycja, identyfikujesz się z celą, traktujesz ją jak dom, ale mój dom jest na zewnątrz. Trafiłam tu na chwilę. Muszę przetrwać, a nie wrastać w mury. Jeżeli chcesz zapierdalać ze szmatą, to zapierdalaj. Mnie do tego nie mieszaj.

Spodziewałam się ciosu w nos albo przynajmniej ciętej riposty, ale – ku mojemu zaskoczeniu – nic takiego się nie wydarzyło. Oczy Patrycji stały się okrągłe. Jej wzrok powędrował w stronę reklamówki, w której trzymałam czajnik i kawę.

– Masz gevalię! – ucieszyła się jak dziecko na widok lizaka. – To moja ulubiona kawa rozpuszczalna! Mleczko też masz?

– Skondensowane, słodzone.

– Poczęstujesz?

– No jasne!

Roześmiała się i wyjęła mi z rąk czajnik.

– Mów mi Pati – zaproponowała, skracając dystans. – Wstawię wodę.

Po kilku minutach piłyśmy naszą ulubioną kawę i nie wracałyśmy do tematu porządków. Szybko się zorientowałam, że Patrycja była mistrzynią pozorów i tylko wydawała się nieprzystępna. W rzeczywistości miała radosną naturę i szczenięce marzenia. Nie zgorzkniała, jak inne osadzone z długimi wyrokami. Nie przestała wierzyć, że jeszcze spotka ją w życiu coś dobrego.

– Jak tylko stąd wyfrunę, to polecę w świat, poznam ciekawych ludzi – snuła marzenia. – Nigdy nie byłam za granicą. Mam wiele do nadrobienia.

Patrycja siedziała od kilkunastu lat, a nigdy nie dostała listu czy paczki. Na wolności miała brata, który się jej wyparł, i schorowaną matkę, która nie byłaby w stanie przyjechać. Do innych dziewczyn zjeżdżali się mężowie, kochankowie, dzieci i rodzice. Kobiety stroiły się i malowały, odliczały dni i godziny do kolejnego widzenia z bliskimi. Patrycja widziała ich radosne przygotowania i chociaż do niej nikt nie przyjeżdżał, potrafiła cieszyć się cudzym szczęściem. Sama nie czekała na sobotę i niedzielę, bo niby dlaczego miałaby czekać.

Myślę, że całe to generalne sprzątanie było dla Patrycji wybawieniem. Inne się szykowały, ona szalała ze szmatą. Inaczej zwariowałaby od nicnierobienia.

W więziennym życiu przyjęła bojową postawę, zapewne w myśl zasady, że najlepszą obroną jest atak. Stawiała się oddziałowym, pyskowała wychowawcy, nie przebierając w słowach. Nie zabiegała o niczyją sympatię. Patrzyło się na nią i myślało, że tej dziewczynie na niczym nie zależy, a już najmniej na opuszczeniu zakładu przed końcem kary. Prawie każdemu zależało na zwolnieniu warunkowym, ale jej nie. Przynajmniej takie sprawiała wrażenie.

Z drugiej strony nigdy przedtem ani też nigdy potem nie spotkałam tak zdyscyplinowanej – jeśli chodzi o wykonywaną pracę – osoby.

Patrycja była kucharką w więziennym żłobku. Wstawała o 5.30, podczas gdy my jeszcze spałyśmy. Myła się, malowała i ubierała niemal bezszelestnie. Nikogo nie budziła.

O szóstej, gdy oddziałowa włączała światło w celach, Patrycja już szykowała maluchom śniadanie. Nigdy słowem się nie poskarżyła, że jest zmęczona, chociaż notorycznie cierpiała z powodu braku snu. Wiem, że wśród dzieci czuła się najszczęśliwsza. Często miałam wrażenie, że sama jest dużym dzieckiem. Większość buńczucznych zachowań Patrycji kojarzyła mi się z kłótniami przy trzepaku, popisywaniem się przed koleżankami. Niedojrzała, zawadiacka dziewczyna. Ale nie wszyscy tak ją odbierali.

Na przykład Anita, która mieszkała z nami, bała się Patrycji do tego stopnia, że oddawała jej swoje posiłki, żeby ta miała dobry humor i nie wybuchała gniewem. Nie potrafiłam zrozumieć tego strachu, dopóki sama nie zobaczyłam, do czego jest zdolna Pati. Lęk Anity przed nią wydawał mi się przesadzony. Dziś myślę, że wynikał głównie z jej uzależnienia od heroiny. Pozwolę sobie na dygresję, ponieważ nigdy wcześniej, ani też nigdy potem, nie spotkałam kogoś tak chorego jak ona.

Anita skończyła w więzieniu w wieku czterdziestu lat i kiedyś musiała być piękną kobietą. Wysoka i smukła jak gazela, brunetka o śródziemnomorskiej urodzie, miała tylko jeden defekt – sinofioletowe (od wieloletniego wkłuwania się w żyły) nogi i ręce. Jej siniaki wyglądały gorzej niż blizny po samookaleczeniach u innych dziewczyn. Całe więzienne życie Anity kręciło się wokół codziennej dawki metadonu, czyli leku podawanego osobom uzależnionym od heroiny. Zastrzyki robiono jej w ambulatorium medycznym. Czekała na nie jak na zbawienie. Nic innego się nie liczyło. W świecie żywych była jakby jedną nogą, fizjonomią i zachowaniem przypominała zombi. Wszystkie jej wspomnienia, marzenia i plany na przyszłość odnosiły się do heroiny. Czekała na moment, aż da sobie w żyłę, śniła o tym.

Patrycja pomiatała Anitą. Mówiła, że ćpunami w ogóle nie warto się przejmować.

– Po co z taką gadać, skoro ona ma pole makowe zamiast mózgu? – komentowała. – Ty się, Beatka, do niej nie przyzwyczajaj. Zobaczysz, że jak ona wyjdzie na wolność, to od razu wpakuje sobie złoty strzał. Własną matkę i ojca oddałaby za działkę.

Wspominam Anitę, ponieważ ją polubiłam. Żal mi jej było, gdy oddawała Pati swoje papierosy, tytoń i obiady, bo tylko w taki sposób zyskiwała na chwilę jej przychylność. Nigdy wcześniej nie podejrzewałam, że tacy ludzie jak ona w ogóle istnieją.

Kulinarne szaleństwa i nerwy jak postronki

Kwadrans przed szóstą, czyli tuż przed wyjściem do pracy, Pati szeptała mi do ucha:
– Beatka, trzeba wstawać.

W całej celi pachniało świeżo zaparzoną dla mnie gevalią.

– No to lecę – mówiła, wichrząc mi włosy, i już jej nie było.

Polubiłam Pati za szereg pozornie drobnych rzeczy, jakie dla mnie robiła. Szczególnie za tosty, które przyrządzała... żelazkiem. Nie, to nie żart – gorące, chrupiące, z roztopionym serem i ogóreczkiem konserwowym tosty smażyła na zwykłym żelazku lub prostownicy do włosów. W życiu smaczniejszych nie jadłam. Normalnie palce lizać!

– Ależ tu pachnie. Jak ty to robisz, kobieto? – nie mogłam się nadziwić.

– Cicho, Beatka, konspiracyjnie podchodź do sprawy. – Śmiała się szelmowsko. – Po co dziewczyny mają sobie włosy psuć, skoro prostownicę można wykorzystać w lepszych celach, nieprawdaż?

Ta dziewczyna mnie rozbrajała. Nawet jak coś do niej miałam, to po takiej kolacji wszystko wybaczałam. Dzięki niej jadłam też kiełbaskę pieczoną na żarówce (sic!) i ciasto robione więziennym patentem. Gospodynie domowe wiedzą, że wyczarowanie ciasta bez piekarnika jest nie lada wyzwaniem. Przecież w celi nie ma nawet stolnicy, wszystko trzeba robić „na patencie", jak mawiała Pati. Co ona wyprawiała ze składnikami, tego się nie da opisać! Ubaw z niej miałam po pachy. Serki homogenizowane rozrabiała z galaretką, a żeby składniki się związały, moczyła je w misce. Następnie kładła masę na biszkopty, dodawała owoce z puszki, a gotowe frykasy serwowała na więziennym zielonym talerzu.

– Podane do stołu – wołała i podskakiwała z radości. Siadała jak przed telewizorem i obserwowała, jak trzęsą mi się uszy, gdy zajadałam.

O „wypiekach" Patrycji głośno było we wszystkich celach. Najlepsze frykasy przygotowała na swoje urodziny. Zaprosiła na nie cztery koleżanki, w tym mnie.

– Ale macie farta, do Patrycji idziecie – zazdrościły inne dziewczyny.

Zrobiłyśmy zrzutkę na prezent dla niej. Oczywiście nie pieniężną, bo żadna z nas kasy nie miała, lecz z tego, co miałyśmy pod ręką. Uzbierało się całkiem sporo produktów „najpilniejszej potrzeby": balsam do ciała, lakier do paznokci, szampon i odżywka do włosów. Jak ona się cieszyła!

W kwestii generalnych porządków jeszcze nieraz wymieniałyśmy kontrargumenty. Patrycja łatwo nie odpuszczała, próbowała mną rządzić. Nieskutecznie. W końcu, Bogu dzięki, zrezygnowała. Ale co sobie tymi dyskusjami krwi napsułyśmy!

Nasza cela znajdowała się tuż przy dyżurce. Przy otwartych drzwiach słychać było niemal wszystko, co działo się na oddziale. W tym upatrywałam źródło wszelkich informacji więziennych, których Patrycja była skarbnicą. Niestety miała zaskakujące zmiany nastroju, była kompletnie nieprzewidywalna. Pewna część jej duszy pozostawała mroczna. Sama dla siebie była największym wrogiem. Dla innych bywała niebezpieczna.

Spośród wszystkich oddziałowych moja wytatuowana koleżanka upatrzyła sobie drobną, niepozorną funkcjonariuszkę. Przywoływała ją pod byle pretekstem i nękała. Największa awantura wybuchła w dniu, gdy wszystkie miałyśmy wyjść na zewnątrz w ramach akcji „Sprzątanie świata". Poszło o worek na śmieci, zresztą nieważne o co, liczy się to, jak zareagowała Patrycja.

Zaczęło się niewinnie.

– Pani oddziałowa, pani mi wymieni worek – zawołała przez otwarte drzwi.

– A co, ten, który dałam, jest dziurawy? – spytała oddziałowa, nie wchodząc do celi.

– Nie o to chodzi.

– A o co? Coś się pani nie podoba w tym worku?

– Wszystko mi się nie podoba, bo to nie jest worek na śmieci – oznajmiła złowrogo Patrycja.

– Pani się myli – stwierdziła zgodnie z prawdą funkcjonariuszka.

W Patrycję jakby demon wstąpił.

– Nosi pani mundur i nie wie, jak wygląda worek na śmieci?! – wrzasnęła.

– Wiem, jak wygląda, i TO JEST WOREK NA ŚMIECI – upierała się oddziałowa. – Mamy tylko takie worki, innego pani nie wyczaruję. – Cały czas mówiła spokojnie. Chyba nie wyczuła, że Patrycja potrzebuje egzorcysty, bo zrobiła dwa kroki i schyliła się po czarny foliowy worek walający się po podłodze.

– Gdzie mi tu włazisz! – ryknęła na nią dziewczyna. – Wypierdalaj z mojej celi, ale już!

Oddziałowa zdębiała.

– To niedopuszczalne zachowanie, ma pani kwit karny – próbowała ratować swój autorytet, lecz trafiła jak kulą w płot.

– W dupie mam twój kwit karny! Takich kwitów to ja mam ze trzysta albo i więcej! – wrzeszczała Patrycja.

Jej twarz zrobiła się sinopurpurowa, a ręce podrygiwały, jakby opędzała się od chmary owadów. Bałam się, żeby nie rzuciła się do bicia, bo za przemoc fizyczną przewidziane są naprawdę surowe kary. Oddziałowa zagotowała się w środku i trzęsła się z wściekłości, nie była w stanie wydobyć z siebie słowa. Ochłonęła dopiero po chwili.

Za samo pyskowanie poza wypisaniem karnego kwitu nie mogła Patrycji nic zrobić.

– Czy panie to słyszały? – zapytała, patrząc na mnie i na Ankę, kolejną dziewczynę w naszej celi.

Zapadła grobowa cisza, co tylko pogłębiło stres oddziałowej. Wiedziałyśmy, o co jej chodzi. Zamierzała zameldować o sprawie przełożonym i chciała wiedzieć, czy potwierdzimy jej słowa. Obie z Anką wzruszyłyśmy ramionami, udając, że nic nie słyszałyśmy. Wtedy bezsilność w oczach oddziałowej przybrała niemal fizyczny kształt. Poruszyło to moje sumienie, lecz w żadnym razie nie dałabym tego po sobie poznać.

– Pani oddziałowa – odezwała się wreszcie Anka. – Co się pani głupio pyta, przecież wszyscy słyszeli. Zresztą trudno byłoby tego wrzasku nie słyszeć. Ale jak to sobie pani wyobraża? Że będziemy źle na koleżankę mówić?

– Nikt pary z gęby nie puści – przytaknęłam.

W tamtym starciu z Patrycją, podobnie jak w paru innych, oddziałowa nie miała żadnych szans. Kiedy dotarło do niej, że nie znajdzie świadków, skapitulowała i wycofała się z celi.

Odczekałyśmy z Anką chwilę i wzięłyśmy Patrycję na dywanik.

– Na głowę upadłaś? Po co takie rzeczy wygadujesz? – spytałam, nie kryjąc wzburzenia.

– Przecież to porządna kobieta, co się tak na nią uwzięłaś? – włączyła się Anka.

Spodziewałyśmy się dalszej pyskówki, ale Patrycja usiadła w kucki, chowając twarz w dłoniach. Zaczęła się kiwać, jak sierota w domu dziecka. Wbiła wzrok w podłogę i pociągała nosem.

– Beatka, ja od rana jestem taka wkurwiona. – Załkała. – Aż mnie to boli i rozsadza. Wstałam dzisiaj lewą nogą, nie miałam co zapalić i jeszcze ta chuda dziwka z drugiej celi mnie zdenerwowała. I do tego wszystkiego oddziałowa udaje, że nie wie, jak wygląda worek na śmieci! Chuj z takim sprzątaniem, skoro nawet porządnych worków nie załatwili.

Wyczułam, że znów się nakręca, więc musiałam to przerwać.

– A jak wygląda porządny worek na śmieci? – zapytałam, bo sama byłam ciekawa.

– Musi mieć pasek na końcu folii, ściągany jak gumka w majtkach, żeby można było zawiązać. Inaczej wszystko wypierdoli się z worka. Dziewczyny, przecież wy wiecie, że dla mnie generalne porządki to podstawa egzystencji. Nie mogę sprzątać świata ze zwykłą reklamówką.

– Czy to było warte takiej awantury? Kolejnego wpisu do akt? Przecież ty, Pati, jesteś mistrzynią świata w gromadzeniu karnych kwitów. Nie wstyd ci? – grzmiałam.

Spojrzała na mnie szklistymi oczami i odpowiedziała głosem dziecka:

– No w czymś trzeba być najlepszą, prawda?

I jak tu z taką gadać.

Krew Patrycji

Tylko ja nazywałam ją Dzwoneczkiem. Inni mówili o niej Żyleta, bynajmniej nie z powodu nienagannej sylwetki. Pierwsze pięć lat swojej długiej kary Patrycja spędzała na „eskach" – specjalnych oddziałach terapeutycznych, gdzie trafiają osoby z zaburzeniami psychicznymi. Ona notorycznie się cięła, nie tylko nadgarstki. Doszła do prawdziwej perfekcji w wykorzystywaniu przedmiotów codziennego użytku. Z uporem maniaka przecinała sobie skórę i żyły wszystkim, co się nawinęło pod rękę. Kiedy rany się zagoiły, robiła nowe lub pogłębiała stare.

Uchodziła za przypadek nieuleczalny.

– Pati, dlaczego to sobie robisz? – zapytałam, gdy znów musiała nosić opatrunki. – Po co się tak oszpecasz?

– Beatka, tego się nawet nie da opowiedzieć.

– Spróbuj – zachęcałam.

– Nie zrozumiesz nigdy, co czułam, kiedy ogłaszali wyrok. Nie wiesz, jak to jest, gdy masz siedemnaście lat, stoisz przed sądem i słyszysz, że idziesz do więzienia na dwadzieścia pięć lat. Wtedy już nie żyjesz, umierasz dla świata. Ja właśnie tak umarłam. Jak mnie zamknęli pod kluczem, to pomyślałam, że zwariuję. I widzisz, że zwariowałam.

– Popełniłaś straszną zbrodnię, musiałaś liczyć się z karą.

– Byłam wtedy pijana i naćpana, niewiele pamiętam.

– To nie zwalnia z odpowiedzialności.

– Stałam w tym sądzie i liczyłam w myślach, ile będę miała lat, jak wyjdę. Jak ja to przeżyję? Tyle lat zamknięta w klatce, czy dam radę?

– Ech...

– Czułam ulgę za każdym razem, gdy się cięłam, jak schodziła ze mnie krew. Chciałam umrzeć, bo po chuj mi takie życie.

– Pati, nie cofniesz tego, co się stało.

– Za każdym razem, gdy mnie ratowali, byłam wkurwiona, że nie dają mi umrzeć.

Kiedy to mówiła, jej ciałem wstrząsały dreszcze. Słuchałam tylko i milczałam. Słowa na nic by się zdały.

Krew taksówkarza

Człowiek, którego Patrycja zabiła, miał na imię Józef. Był taksówkarzem z Rydułtów na Śląsku, lubianym przez sąsiadów, kolegów po fachu i klientów. Miał sześćdziesiąt dwa lata, szczęśliwą rodzinę i zasady w życiu. Jedną z nich było ograniczone zaufanie do obcych. Józef wolał odmówić kursu i nie zarobić, niż ryzykować podróż z kimś, kto wydawał mu się podejrzany. Przestrzegał innych przed rabusiami, mówił, że w tej branży trzeba być ostrożnym. Wybierał stałych klientów, żeby nie dać się zaskoczyć złoczyńcom. Dlatego jego śmierć była dla wszystkich szokiem.

PRZEGLĄD PRASY:

„W ostatnim pożegnaniu Józefa [...], zamordowanego taksówkarza z Rydułtów, uczestniczyło kilkaset osób. Mieszkańcy regionu są wstrząśnięci bestialstwem sprawców.

W kondukcie pogrzebowym prócz najbliższych, przyjaciół i znajomych znalazło się około stu taksówkarzy. Na pogrzeb kolegi stawili się z całego regionu: z Rybnika, Raciborza, Wodzisławia Śląskiego, Knurowa, Żor, Radlina, a nawet Katowic. Jechali powoli. Każde auto miało przytwierdzoną czarną wstążkę – na znak żałoby.

Choć od zabójstwa minęło kilka dni, okoliczności śmierci nadal wzbudzają wielkie poruszenie, żal i strach wśród mieszkańców.

«To był bardzo dobry człowiek. On i jego żona zawsze kupowali u mnie gazety. Taki ostrożny, uważny. Nie mogę uwierzyć, że jego to spotkało. I to jeszcze tak okrutnie się nad nim znęcali», mówi kioskarka.

Gdy trumnę składano do grobu, z parkujących przy cmentarzu taksówek rozległ się głośny sygnał klaksonów.

Do tragedii doszło w drugi dzień świąt Bożego Narodzenia, 26 grudnia 2003 r. Około 18.00 Józef [...] wyjechał z domu na telefoniczne wezwanie. Wychodząc, obiecał synowi, że zjawi się przed 20.00. Gdy zbliżała się umówiona godzina, a on nie wracał, zaniepokojona rodzina zgłosiła policji zaginięcie.

Funkcjonariusze dostali zgłoszenie, że w miejscowych dyskotekach od kilku dni bawi się Marek S., 22-letni mieszkaniec

Rydułtów, który handlował z taksówkarzami częściami samochodowymi. Chwalił się znajomym dokonanym rozbojem i jeździł białym mercedesem Józefa [...]. Razem z nim była Patrycja F. z Pszowa, która – jak się wkrótce okazało – brała czynny udział w zabójstwie taksówkarza. Zabili człowieka, bo byli mu winni około 150 zł.

Morderstwo zaplanowała Patrycja F., drobna siedemnastolatka. Zadzwonili do Józefa [...], którego byli częstymi klientami. Nie chciał jechać. Nakłonili go do kursu pod pretekstem przewiezienia telewizora. Zaatakowali go w domu i bijąc po głowie, pozbawili przytomności. Następnie przeszukali kieszenie, a z saszetki wyciągnęli 500 zł.

Taksówkarz odzyskiwał przytomność, więc Marek S. usiadł mu na plecach, wykręcił ręce do tyłu i zaczął obwiązywać taśmą. Taśma pękała, bo mężczyzna próbował się bronić. Wtedy do walki przyłączyła się Patrycja F. Sięgnęła po metalową rurkę i uderzała ofiarę w głowę. Katowali go różnymi narzędziami, także nożem.

W piwnicy domu, gdzie zaciągnięto taksówkarza, dokończono zbrodni. Założono mu pętlę na szyję i zaciśnięto za pomocą trzonka od młotka. Na koniec młodzi zabójcy położyli na nim dwudziestolitrowy kanister. Potem pojechali mercedesem na dyskotekę. Na drugi dzień, gdy skończyły im się pieniądze, przypomnieli sobie, że taksówkarz miał na palcu złotą obrączkę. Przyjechali do domu. Chcieli ją ściągnąć, ale to się nie udawało, więc obcięli palec nożem".

(„Nowiny – Tygodnik Regionalny", autor: Beata Kopczyńska, *Ostatni kurs*, 7 stycznia 2004)

– Beatka, ja nie odcięłam mu tego palca, nie zdjęłam obrączki – płakała. – Tamten kumpel mnie namówił, wszystko zaplanował i zrealizował. Ja mu tylko pomagałam.

Wypieranie złych zdarzeń z pamięci jest mechanizmem obronnym, lecz daje pozorne ukojenie. W ciemnych zakamarkach podświadomości wspomnienia kłębią się i pulsują, jak wulkan przed erupcją. Dziewczyna z tatuażem, obdarzona głosem Dzwoneczka, prawdopodobnie nigdy nie uwolni się od przeszłości. Każdej nocy podświadomość przypominała jej, że w bestialski sposób zabiła człowieka.

Wiele razy słyszałam, jak płakała w poduszkę. Koszmary nie pozwalały jej zasnąć. Rankiem, o 5.45, była już radosna i jak zawsze szeptała mi do ucha:

– Dzień dobry, pora wstawać.

W celi pachniało świeżo parzoną kawą.

Rozdział 5

Biuro spraw nie do załatwienia

Areszt i więzienie to dwie różne przestrzenie życiowe, które tylko wyglądają podobnie. Oba miejsca są terenem zamkniętym, z celami, kratami i wieżyczkami, na których stoją uzbrojeni funkcjonariusze. Laik nie widzi różnicy, dla niego areszt i więzienie są takie same. Trzeba tam być i żyć, aby zobaczyć kolosalne różnice. Chcąc je zrozumieć, musimy na chwilę cofnąć się wraz z naszą narratorką do Kamienia Pomorskiego.

– Podczas pobytu w areszcie, gdy nie miałam jeszcze kontaktu z rodziną, mój adwokat Michał Marszał starał się dodawać mi otuchy – wspomina Beata Krygier. – Skończy się okres tymczasowego aresztowania, wyrok się uprawomocni i z oddziału śledczego trafi pani na oddział karny, a tam będzie inaczej, lepiej – pocieszał mnie, jakbym miała wyjechać na Bora-Bora.

– Co pan za bzdury opowiada! – Wybuchałam płaczem, nie mogąc pojąć, o czym on mówi. – Więzienie to więzienie. Tu siedzę i tam siedzę, wielka mi różnica! Co może mnie spotkać w więzieniu lepszego niż w areszcie?

Areszt to jakby przedpokój zakładu karnego. Trafiają tam dwie grupy osadzonych: osoby, które dopiero czekają na rozprawę, oraz te, których wyroki się jeszcze nie uprawomocniły. Nie zadomawiają się tam, ponieważ docelowo trafią gdzie indziej. W areszcie czas upływa na ciągłym oczekiwaniu na transport – najpierw do prokuratury na kolejne przesłuchanie lub rutynowe czynności procesowe (na przykład konfrontacje, okazania świadkom), a potem na rozprawy. Można mieszkać pod Przemyślem, a trafić do aresztu nad morzem. Wszystko zależy od miejsca, w którym toczy się śledztwo. Właśnie dlatego Joannę ze SKOK Wołomin przywieziono spod Warszawy do odległego Kamienia Pomorskiego (sprawę lewych kredytów badała prokuratura w Gorzowie Wielkopolskim). Nyska z panią wiceprezes Banku SKOK Wołomin pokonywała nawet setki kilometrów tygodniowo, co i tak nie było rekordem. Na przykład transporty „białych kołnierzyków" z mafii paliwowej wożono regularnie przez całą Polskę do dwóch odległych miejsc: Krakowa i Szczecina, ponieważ właśnie tam toczyły się śledztwa, a następnie procesy. Każdego roku z kieszeni podatników idą na więzienne konwoje grube miliony, a to przecież tylko jeden z wydatków na szeroko pojętą sprawiedliwość.

Na terenie aresztu śledczego w Kamieniu Pomorskim wydzielono kilka cel na strefę więzienną. Przebywały w niej kobiety z prawomocnymi, długimi wyrokami. Teoretycznie można by tam odsiedzieć nawet całą karę dwudziestu pięciu lat – najpierw w areszcie, potem w więziennej celi – ale to byłaby istna mordęga.

– Dlaczego? Przecież nie wszyscy lubią przeprowadzki, a miejscowość jest piękna, nadmorska.

– Może i piękna, ale przecież skazane nie wypoczywają na plaży, tylko siedzą w cuchnących wilgocią celach. Co im z morza, skoro warunki bytowe mają fatalne, a świetlicę małą? Więzienna nuda aż boli, a od nicnierobienia można oszaleć.

– Poza porami roku nic się tam nie zmienia?

– Nawet pracownicy Służby Więziennej od lat są ci sami: wychowawca, psycholog, kierownik penitencjarny, ten sam dyrektor. Jeśli dziewczyny nie wybłagają sobie u nich sprzątania korytarzy czy mycia okien, to wbijaniem wzroku w ścianę mogą przedziurawić mury. Dopiero jak któraś przetnie sobie żyły, to atmosfera się ożywia. Tak to można przetrwać rok, ale nie ćwierć wieku.

– Areszt to nie sanatorium.

– Jedyną atrakcją jest codzienny spacer. Trwa godzinę, podobnie jak w każdym innym miejscu za kratami. Osadzone nigdy nie wiedzą, kiedy i w jakiej grupie wyjdą na powietrze. Po spacerniaku chodzi się parami, na rozkaz, pod czujnym okiem funkcjonariuszy.

– Można chodzić z ulubioną koleżanką?

– Generalna zasada jest taka, że dziewczynom z aresztu nie wolno się spotykać ze skazanymi. Aresztantki nie mogą również telefonować. Jakikolwiek kontakt ze światem jest zabroniony – trwa śledztwo i procedury są zaostrzone. Tymczasem dziewczyny po wyrokach taki kontakt ze światem mają. Na prośbę aresztantek mogłyby przekazywać instrukcje dla świadków lub pośredniczyć w zastraszaniu pokrzywdzonych. Dlatego te grupy nie mogą się widywać. Z podobnych względów w areszcie zakazane są odwiedziny rodziny i znajomych.

– Kiedy można się zobaczyć z bliskimi?

– Czasami po trzech miesiącach, czasami nawet po dwóch latach. Zgodę na widzenia wydaje prokurator, kiedy uzna, że nie ma już obawy o prawidłowy przebieg śledztwa.

– Co to znaczy?

– Że nikt nie będzie wpływał na świadków, zastraszał ich lub uzgadniał, kto i co ma powiedzieć. Reguły totalnej izolacji są święte i egzekwowane z pełną surowością, a wszelkie próby porozumiewania się tych grup, na przykład przez okna, są karane.

– Uwierzyła pani adwokatowi, że w więzieniu będzie lepiej niż w areszcie?

– Przekonał mnie argument, że będę mogła codziennie korzystać z telefonu.

Pani magister rozmawia

Prawo do telefonowania nabyłam już w Kamieniu Pomorskim. Każdego dnia zapisywałam się do społecznej kolejki. Było nas kilkadziesiąt, a telefon jeden. Czas na rozmowy też był ograniczony – od piętnastej trzydzieści do osiemnastej. Aby uniknąć kłótni i sporów, same robiłyśmy listę, kiedy która może skorzystać z aparatu. Skrupulatnie pilnowałyśmy regulaminowych dziesięciu minut przysługujących na rozmowę. Wyrażało się to w bezustannym spoglądaniu na zegarek oraz wykrzykiwaniu epitetów pod adresem dziewczyn nadużywających cierpliwości kolejkowiczek. Krzyczały osadzone z otwartych cel. Wychylały głowy na korytarz, pokazując wymownie, że czas się kończy. Nie pozwalały gadułom choćby na dodatkową minutę. Dziewczyny na dole, w zamkniętych celach, nie miały wpływu na rozwój wypadków w kolejce. Rano przekazywały oddziałowej pisemną prośbę o możliwość skorzystania z aparatu, a potem – niekiedy godzinami – czekały, aż oddziałowa przyjdzie po nie do celi i odeskortuje do telefonu.

W Grudziądzu było pod tym względem o niebo lepiej. Na ścianach korytarza mojego oddziału zamontowano aż trzy aparaty. Można było dzwonić bez czasowych ograniczeń. Już od samego rana dziewczyny stały i gadały, aż do godziny dwudziestej. Dla wielu z nich był to sposób na nudę, szczególnie gdy non stop siedziały w celach, bo nie miały pracy. Rozmawiały długo i często, chociaż połączenia operatora obsługującego więzienne linie są znacznie droższe niż na wolności. Karta kosztowała dziesięć złotych, wystarczała na krótko. Dziewczyny kombinowały jak mogły, robiły przekierowania na „tanie gadanie" i dzięki temu plotkowały godzinami niemal za darmo. Ja nie znałam takich sztuczek i chociaż mama regularnie doładowywała mi kartę, to przez długi czas nie miałam możliwości, aby z niej skorzystać.

Ze względu na wykonywaną pracę mogłam telefonować dopiero po powrocie, czyli około szesnastej. Problem w tym, że o tej porze wszystkie chciały dzwonić, nie mogłam się dopchać do telefonu! Sześćdziesiąt kobiet na oddziale i każda akurat wtedy musiała pilnie rozmawiać.

– Dziewczyny, błagam was, przestańcie blokować aparaty! – prosiłam niemal każdego dnia. – Nie macie obowiązków, możecie dzwonić przed południem i nagadać się do woli. Zostawcie popołudnia dla dziewczyn, które pracują.

W swoich nawoływaniach byłam odosobniona. Pozostałe pracujące dziewczyny wykonywały obowiązki w systemie zmianowym, więc jakoś dawały sobie radę z kolejkami do telefonu. Niestety, miałam zdecydowanie mniejszą siłę przebicia.

Któregoś dnia wróciłam z pracy potwornie zrezygnowana. Miałam taki dołek, że żyć mi się nie chciało. Weszłam do celi i padłam na łóżko. W tym czasie Patrycja wyginała się przed oknem, prezentując swoje tatuaże przed męską widownią – naprzeciwko naszego budynku, chociaż w oddali, mieścił się oddział dla mężczyzn. Pati się prężyła, a oni gwizdali, symulując te swoje śmieszne ruchy, czym wywoływali jej śmiech i zadowolenie.

– Czego ryczysz? – spytała niespodziewanie.

Zachlipałam, nie wychylając głowy spod koca. Żal we mnie wzbierał, emocje schodziły.

– Mam wszystkiego dość, Pati – odpowiedziałam z trudem. – Wykonuję ciężką pracę fizyczną, jestem zmęczona, a po powrocie nawet nie mogę zadzwonić do mamy.

– Co mi tu, kurwa, będziesz wyć! – krzyknęła bojowo i wyszła z celi.

Pomknęła tym naszym długim korytarzem, zwanym w żargonie peronką, zobaczyła, że trzy stanowiska telefoniczne rzeczywiście są okupowane. Oparła się o futrynę i ryknęła:

– Ej, wy, kurwy! Won mi od tych telefonów! Pani magister będzie teraz dzwonić! Wypierdalać, ale już!

Nagle na korytarzu zrobiło się pusto. Dziewczyny pochowały się w celach jak myszy pod miotłą. Całą scenę obserwowała na monitorach oddziałowa Karolina, za którą nie przepadałam, ale wtedy akurat mnie rozbroiła. Wytoczyła się z dyżurki, stanęła w rozkroku i zaczęła się tak śmiać, że trzęsły się mury więzienia. Wielka baba na zwalistych nogach i ten ryk, który umarłego postawiłby na baczność.

– No, gratuluję! – krzyknęła do Patrycji. – Czegoś takiego to tu jeszcze nie było.

Od tamtej pory, kiedy wracałam z pracy, peronka już zawsze była pusta. Patrycja stała w drzwiach celi i czekała na mnie.

– Zobacz, Beatka, jak te wszystkie baby wymiotło. – Chichotała. – Proszę dzwonić, telefoniki czekają. Do wyboru, do koloru.

– Pati, nie terroryzuj dziewczyn dla mnie.

– Same poszły. Nauczyły się, miotły, że o szesnastej tylko pani magister rozmawia.

Rzadko dzwoniłam do znajomych. Na towarzyskie pogaduszki szkoda mi było czasu i pieniędzy. Dzwoniłam do rodziny, rozmawiałam z mamą, tatą i Martą. Znałam plan zajęć mojej córki, jej program na studiach, imiona koleżanek i kolegów. Zawsze miałyśmy sobie coś do powiedzenia. Nasze rozmowy podtrzymywały mnie na duchu, pozwalały funkcjonować w miarę normalnie.

Telefony w więzieniu to dobrodziejstwo.

Sen o ułaskawieniu

Czas w odosobnieniu płynie jak krew z nosa. Najbardziej dłuży się w izolatce – jednoosobowej celi, w której tygodniowy pobyt uchodzi za najdotkliwszą karę. Trafia się tam za obrażanie funkcjonariuszy Służby Więziennej, niewykonywanie ich poleceń i bójki w celach. W takim miejscu nie można czytać ani palić. Nie ma radia i telewizora. Są tylko kraty, umywalka i żelazne łóżko. Codziennie przysługuje godzinny spacer, lecz nawet na spacerniaku jest się w pojedynkę.

Pierwsze godziny w izolatce mogą się wydawać odpoczynkiem od więziennego zgiełku. Jednak już następnego dnia samotność i totalne odcięcie od świata wywołują panikę.

Każda z dziewczyn płakała, gdy dostawała taką karę.

Patrycja bywała w izolatce częściej niż ktokolwiek inny. Zmieniało ją to odosobnienie, wysysało z niej życie. Stawała się mroczna, kompletnie wycofana. Kiedy do nas wracała, bałam się, żeby znów się nie pocięła, pilnowałam jej w nocy.

Wiedziałam, że marzeniem Pati był wyjazd z Grudziądza, dlatego kierowałam nasze rozmowy w stronę miejsc, które chciałaby zobaczyć. Miała wtedy rozpromienioną twarz, chociaż nie mówiła o górach, morzu czy jeziorach. Mówiła o innych zakładach karnych dla kobiet. Po kilkunastu latach odsiadki znała niemal każdy centymetr kwadratowy więzienia w Grudziądzu. Marzyła więc, by zmienić otoczenie, poznać nowych ludzi i pooddychać innym powietrzem. Gdyby ktoś z boku wsłuchał się w nasze rozmowy, mógłby odnieść wrażenie, że omawiamy przeprowadzkę do innego akademika albo planujemy wakacje na antypodach. Najbardziej zależało jej na wyjeździe do Czerska, bo tam więzienie jest kameralne i praca dla osadzonych różnorodna. Patrycja męczyła naszego wychowawcę, żeby jej załatwił przeniesienie. Sfinks, bo tak na niego mówiliśmy, to wyjątkowy człowiek. Powiedzieć o nim, że jest uczciwy i życzliwy, to jakby nic nie powiedzieć. Cieszył się zaufaniem osadzonych, ponieważ był dyskretny, nie słuchał plotek i pomagał nam z całych sił. Do tego był przystojny, więc po cichu wzdychałyśmy do niego. Spokój, którym emanował, i optymizm, jakim nas zarażał, uratowały duszę niejednej pogubionej w życiu za kratami dziewczynie.

W przypadku planowanej przez Patrycję przeprowadzki Sfinks nie przejawiał jednak zbytniego optymizmu.

– Do przeniesienia potrzebna jest pozytywna opinia z dotychczasowego zakładu karnego, a ja ci takiej wystawić nie mogę – uprzedził Pati już na wstępie.

– Ale dlaczego? – pytała jak dziecko, które nie dostało lizaka.

– Masz za dużo kwitów karnych.

– Niech mi pan pomoże stąd wyjść – błagała. – Ja tu dłużej nie wytrzymam.

– Dziewczyno, o jakim wyjściu ty mówisz? – denerwował się Sfinks. – Nie pamiętasz, za co siedzisz? Otrząśnij się! Przypomnij sobie, co zrobiłaś i dlaczego tu trafiłaś.

– A zwolnienie warunkowe?

– Nie załatwię ci zwolnienia warunkowego.

– Jak to? Innym pan załatwia.

– W twoim przypadku jest to po prostu niemożliwe.

Patrycja płakała z bezsilności.

– Na co liczysz? ZABIŁAŚ CZŁOWIEKA, więc nie oczekuj cudu – sprowadzał ją na ziemię.

– Panie wychowawco – nie poddawała się. – Zmieniłam się przez te lata odbywania kary i szczerze żałuję tego, co się stało. Jestem teraz kimś zupełnie innym.

– Nie potrafisz spojrzeć na siebie obiektywnie, sąd penitencjarny nie będzie brał pod uwagę twoich argumentów. Skoro naprawdę jesteś kimś zupełnie innym, to skąd te kwity karne w ilościach niepoliczalnych? Przecież już na starcie będziesz w sądzie przegrana.

Sfinks miał rację. Kiedy sędzia otwiera akta i analizuje dokumenty, to nawet jeśli ma dobrą wolę, wnioski karne związują mu ręce. Wystarczą dwa lub trzy, żeby starania o wcześniejsze zwolnienie z więzienia poszły na marne. Przypominacie sobie scenę z filmu *Skazani na Shawshank*, kiedy jeden z głównych bohaterów (grany przez Morgana Freemana) stawał przed komisją penitencjarną rozpatrującą jego wnioski o warunkowe zwolnienie? Przez lata przybijano mu w papierach pieczęć z decyzją „Odrzucone". Obawiałam się, podobnie jak Sfinks, że tak samo będzie z wnioskami Patrycji.

– Każdy człowiek zasługuje na współczucie i na drugą szansę – mówiła, ocierając łzy.

– Patrycja, nie ma cięższej zbrodni niż zabójstwo człowieka, do tego popełnione ze szczególnym okrucieństwem. Współczuć można rodzinie tamtego taksówkarza, którego zabiłaś, a nie tobie. Nikt nie będzie brał pod uwagę argumentu, że „dłużej tu nie wytrzymasz". Bądź realistką.

– W ogóle nie mam szans?

– Tego nie powiedziałem.

– To co mam zrobić?

– Napisz do prezydenta prośbę o ułaskawienie.

Zaraz po Pati z podobnym problemem zgłosiła się do Sfinksa kolejna dziewczyna, z celi na końcu korytarza. Siedziała niecałe trzy lata, też zabiła. Podczas libacji wbiła swojemu facetowi nóż w serce. Dostała tylko sześć lat, ponieważ sąd uznał, że działała w obronie własnej. Nie odbyła jeszcze połowy kary, a już chciała wyjść na wolność. Zachowywała się roszczeniowo: „ja chcę to, ja chcę tamto", jakby przyjechała na wczasy, a nie do więzienia. Suszyła Sfinksowi głowę, żeby poparł jej starania o przedterminowe warunkowe zwolnienie.

– Dziewczyny, co się z wami dzisiaj dzieje? – irytował się nasz wychowawca. – Wszystkie chcecie do domu, a ja mam być cudotwórcą? Kobieto, ciesz się, że sędziowie zakwalifikowali twój czyn jako przekroczenie granic obrony koniecznej, a nie zabójstwo!

– To był drań, bił mnie, dręczył.

– To po co szlajałaś się z nim po melinach, chlaliście razem dniami i nocami? Nie mogłaś odejść od niego, skoro cię dręczył? Nie pomyślałaś, żeby zgłosić się na leczenie, więc do kogo masz teraz pretensje? Chwal Boga, że sąd był dla ciebie łaskawy.

– Ale ja MAM PRAWO, panie wychowawco – oznajmiła protekcjonalnie.

– Tak, masz prawo – odpowiedział spokojnie. – Wszystkie skazane po odbyciu jednej czwartej kary mają prawo do przepustki, a po połowie do starań o przedterminowe warunkowe zwolnienie.

– No widzi pan – ożywiła się kandydatka do szybkiego opuszczenia więzienia. – Siedzę po raz pierwszy, więc mogę dostać warunkowe.

– Masz prawo STARAĆ SIĘ o warunkowe zwolnienie, co wcale nie znaczy, że musisz je dostać.

Kolejna noc była dla mnie ciężka, chociaż to Sfinks, a nie ja, musiał wbijać dziewczynom do głowy, że zabić człowieka to nie to samo co ukraść rower z piwnicy. Myślałam o Patrycji, żeby nic sobie nie zrobiła. Sen nie przychodził. Spojrzałam na zegarek, dochodziła druga. Zarzuciłam koc na głowę, zwinęłam się w kłębek i zaczęłam liczyć barany.

– Beatka – usłyszałam głos Patrycji. – Nie śpisz?

– Jakoś nie mogę zasnąć.

– Ja też – powiedziała, zeskakując z łóżka. – A jak nie śpimy, to zapalimy.

Wstałam i podeszłam do okna.

– Beatka, możesz coś dla mnie zrobić?

– Co?

– Napisałabyś mój wniosek do prezydenta o ułaskawienie? Ty jesteś taka mądra, byłaś sędzią i wiesz, jak to napisać.

– Asesorem.

– Jeden pies. Napiszesz?

– Mogę spróbować – przytaknęłam i tak się zaczęła moja więzienna „kariera" prawnika.

„Kochaniutka, napisz mi pisemko"

Napisałam wtedy do Prezydenta RP, ale uprzedziłam Patrycję, żeby nie liczyła na zbyt wiele: „Nie masz szans, Pati, twoja prośba nawet nie dotrze do prezydenta. Odpadniesz już na pierwszym etapie, kiedy sąd będzie wydawał opinię".

– Skąd ten pesymizm? Przez kwity karne Patrycji?

– Przez procedury, które są zawiłe. Prezydent nie zapoznaje się osobiście z wnioskami skazanych. Ich prośby o ułaskawienie, w tak zwanym zwykłym trybie, zatrzymują się na etapie sądowym, gdzie są negatywnie opiniowane. Trafiają do sądów, w których zapadały wyroki w pierwszej instancji, czyli rejonowych i okręgowych. Jaki sąd przychyli się do prośby o ułaskawienie, skoro skazał człowieka na dwadzieścia pięć lat pozbawienia wolności lub dożywocie?

To mrzonki. Opinie zawsze są negatywne, niezależnie od odbytej już kary.

– Jednak Prezydent RP korzysta z prawa łaski. Jak się na nią załapać, mówiąc kolokwialnie?

– Można skorzystać z krótkiej ścieżki, z pominięciem procedur sądowych, to znaczy opiniowania. Kierowanie wniosków bezpośrednio do prezydenta wynika z Konstytucji Rzeczpospolitej Polskiej. Haczyk w tym, że Kancelaria Prezydenta RP, do której to wszystko trafia, generalnie nie wyraża zgody na ułaskawienia. Trzeba niesamowitego szczęścia, żeby adresat bezpośrednio zapoznał się z prośbą skazanego i wzruszył jego losem.

– Przychylność prezydenta zawsze otwiera drzwi na wolność?

– Tak się powszechnie wydaje, chociaż formy prawa łaski są różne. Można prosić o darowanie lub złagodzenie kary poprzez warunkowe zawieszenie odbywania kary lub warunkowe przedterminowe zwolnienie. Można też prosić o zamianę kary więzienia na mniej dotkliwą, czyli ograniczenie wolności lub grzywnę. Najczęściej działają argumenty zdrowotne, chociaż nie jest to regułą.

– Jest jeszcze inna droga?

– O pominięciu tak zwanej zwykłej ścieżki, czyli sądów, może zadecydować prokurator generalny, ale trzeba mieć do niego dojścia lub możliwość nagłośnienia swojej sprawy przez dziennikarzy lub filmowców.

– Słynny *Dług* w reżyserii Krzysztofa Krauzego.

– Dokładnie. Historia dwóch młodych ludzi, którzy nieopatrznie pożyczyli pieniądze od mafii, aby rozkręcić własny interes, a potem stali się ofiarami szantażysty żądającego od nich spłaty wyimaginowanego długu, poruszyła widzów i prezydenta. Wprawdzie dokonali zbrodni, bo zabili prześladowcę, ale wszyscy im współczuliśmy. Gdyby prezydent miał czas na czytanie tych wszystkich łzawych historii opisywanych w kierowanych do niego wnioskach, to niejednokrotnie – w odruchu serca – ułaskawiłby wnioskodawców w całości lub części.

– Dużo takich wniosków napisała pani osadzonym?

– O ułaskawienie chyba ze dwadzieścia, chociaż wiele przypadków uważałam za beznadziejne. Nie potrafiłam odmówić, gdy była to ostatnia deska ratunku. Prawnikowi najgorzej jest pisać w sprawach z góry skazanych na fiasko. Taka była sprawa Patrycji, dlatego uprzedzałam ją, że szanse są zerowe.

Wielu moim „klientkom" odmówiono warunkowego zwolnienia. W uzasadnieniu sądy pisały, bardzo słusznie zresztą, o braku wniosków nagrodowych, złym zachowaniu w trakcie odbywania kary i braku widocznych efektów resocjalizacji. Identyfikowałam się ze stanowiskiem sądu, ponieważ widziałam, z kim mam do czynienia. Mówiłam wtedy: „Niestety, sąd ma w tym względzie rację. Żeby chociaż w stanie faktycznym było coś nie tak, to miałabym punkt zaczepienia".

– W stanie faktycznym?

– Muszę mieć powód, by podważyć argumenty sądu i wskazać, że coś błędnie ocenił. Jeśli na przykład uznał, że starająca się o złagodzenie kary skazana nie utrzymuje kontaktów z rodziną, to udowadniam, że w więzieniu odwiedzają ją matka, ojciec i syn, a ona telefonuje do domu kilka razy w tygodniu. Albo gdy sąd ocenił, że osadzona nie rokuje nadziei na poprawę, a w rzeczywistości jej zachowanie jest nienaganne, o czym świadczą opinia wychowawcy i wnioski nagrodowe. Wtedy to mogę sądowi coś napisać, ale w przypadku Patrycji, którą przecież szczerze polubiłam, nie miałam żadnych argumentów. „Pati – mówiłam – jak ja mam przekonać sąd, że naprawdę się zmieniłaś, skoro ty ciągle kogoś atakujesz? Wychowawca coś do ciebie mówi, a ty odpowiadasz: wal się, chuju. No to jak ty chcesz wyjść na warunkowe?"

– Miała pani jakieś więzienne sukcesy?

– Pięć dziewczyn wyszło z zakładu karnego po mojej apelacji. Jeden z pierwszych wniosków napisałam jeszcze w areszcie w Kamieniu Pomorskim. Kobieta miała na imię Ewelina, była z Krakowa i siedziała za rozbój. Odbywając karę, pracowała u księdza na plebanii i naprawdę starała się odkupić swoje winy. Jej wniosek o warunkowe zwolnienie najpierw odrzucono, ale apelacja od tej decyzji zakończyła się sukcesem. Zawsze jest mi łatwiej pomagać komuś, kto rzeczywiście zasługuje na szansę powrotu do normalnego życia. Korzystałam z możliwości wyboru „klientek", analogicznie jak w kancelarii. Nigdy jako prawnik nie przyjęłam sprawy od mężczyzny, który starał się o obniżenie alimentów. Odmawiałam bez względu na to, czy miał rację, czy nie. Tak też robiłam w więzieniu – niektóre sprawy przeczytałam i odkładałam.

– Wolno było pani udzielać porad prawnych za kratami?

– Oczywiście, że nie! Wszystko robiłam nielegalnie. Podczas odbywania kary nie wolno mi było wykonywać zawodu. „Pani Krygier, niech pani uważa, bo może pani już nigdy żadnej apelacji nie napisać" – przestrzegał jeden z funkcjonariuszy, chociaż zaraz potem zasłonił sobie oczy i uszy, że niby niczego nie widział i nie słyszał.

– Pomagała pani pracownikom Służby Więziennej? Przecież to też ludzie, mają swoje problemy.

– Nie chcę naruszać niczyjej prywatności, dlatego odpowiem bez zagłębiania się w szczegóły: tak, pomagałam i to bardzo często.

– Jakiego rodzaju to były sprawy?

– Rodzinne, cywilne, a czasami karne. Najchętniej podejmowałam się postępowań z zakresu prawa materialnego, głównie spadkowych. Takie lubiłam najbardziej – swoją pracę magisterską pisałam po łacinie właśnie z prawa materialnego. Ale były też inne sprawy, z ludzką krzywdą w tle. Małżonek pewnej kobiety, która poprosiła mnie o pomoc, był inwalidą, jednak ZUS odmówił mu prawa do zasiłku. Decyzja urzędnika była jawną niesprawiedliwością, należało się od niej odwołać. Tak też zrobiłyśmy z żoną tamtego mężczyzny i zasiłek wywalczyłyśmy.

– Co pani za to dostała?

– Osoba, której pomogłam, codziennie przynosiła mi świeżutką bułeczkę z piekarni, a to prawdziwe szczęście dla kogoś, kto ogląda świat zza krat w oknach.

– Skąd kobiety w więzieniu wiedziały, że jest pani prawnikiem? Chwaliła się pani?

– Szybko się rozeszło, że kiedyś wydawałam wyroki, że miałam swoją kancelarię, chociaż sama nigdy o tym nie mówiłam. Dziewczyny uważały mnie prawie za kosmitkę, przybysza z innego świata. Przychodziły po poradę w sprawach życiowych. Najczęściej pomagałam w odzyskiwaniu prawa do opieki nad dzieckiem i w sporach o alimenty. Od jednej z dziewczyn to mąż chciał alimentów. Ona poszła siedzieć, on został z małym dzieckiem i wszystko było na jego głowie. Nie dawał sobie rady, więc zgłosił się do sądu.

– Jak miała mu płacić, skoro siedziała i pewnie sama nic nie miała?

– Ona też tak zareagowała. Wytłumaczyłam jej, że na własne dziecko trzeba łożyć, ale jej sytuacja przemawiała za wnioskiem do sądu o zawieszenie obowiązku alimentacyjnego. „Kochaniutka, napisz mi pisemko", prosiła, więc się zgodziłam, bo zrobiło mi się jej żal. Dziewczyny, które mieszkały z nią w celi, szybko sprowadziły mnie na ziemię. „To suka, która czwórkę swoich dzieci oddała do domu dziecka, a piąte niemowlę udusiła", uświadomiły mnie. Jej mąż był porządnym człowiekiem, lecz nie potrafił zarobić na taką gromadkę. Chciał odzyskać prawa do opieki nad dziećmi, stąd jego starania alimentacyjne.

– Ale panią wykorzystała.

– Raz i nigdy więcej, załatwiłam sprawę krótko. „Dlaczego nie byłaś ze mną szczera? Twoje życie wygląda inaczej, niż mi je przedstawiłaś", powiedziałam, gdy przyszła po pismo, którego dla niej nie sporządziłam. „Gdybym ci powiedziała, kochaniutka, że własne dziecko udusiłam, tobyś ze mną rozmawiać nie chciała", odpowiedziała, a ja pokazałam jej palcem drzwi. Dzieciobójczynie to najgorszy sort osadzonych, z nimi się nie rozmawia, a już na pewno im nie pomaga. To absolutny margines, szmaty, a nie ma w więzieniu gorszego określenia na człowieka jak „szmata". W tym słowie zawiera się wszystko: pogarda, wykluczenie, wyrzucenie poza nawias. Już nigdy potem nie odezwałam się słowem do dzieciboja. W ogóle od tamtej pory stałam się ostrożniejsza w udzielaniu porad prawnych.

Pożegnanie z Pati

Pewnego dnia poprosiłam Sfinksa, naszego wychowawcę, aby przeniósł mnie z celi Patrycji. Przychylił się do mojej prośby, więc spakowałam tobołek i wypiłam z Pati pożegnalną kawę.

– Ja wiem, Beatka, że wyprowadzasz się przeze mnie – stwierdziła przybita, chociaż kilkakrotnie tłumaczyłam jej, że do Grudziądza przyjechała z transportem moja znajoma i chciałam być z nią.

– To jakaś twoja przyjaciółka, że od razu musisz się do niej przenosić? – pytała z wyczuwalną przyganą w głosie.

– Zwykła znajoma z Kamienia Pomorskiego, siedzi za oszustwa i drobne kradzieże. Ale w tamtym areszcie obiecałam jej, że jeśli się gdzieś w Polsce spotkamy, to spróbujemy załatwić sobie wspólną celę.

– Nie dziwię ci się – kontynuowała Patrycja. – Nie chcesz oddychać tym samym powietrzem co parszywa morderczyni. I tak długo ze mną wytrzymałaś. Ja też mam już siebie serdecznie dość.

– Co ty opowiadasz, dziewczyno! Dorota dostała pracę

jako sprzątaczka w szkole podstawowej. Mój urząd pracy jest nieopodal. Będziemy jeździć razem, no i razem wstawać przed szóstą.

– Ty mnie już nie lubisz, Beatka. Na pewno masz coś do mnie, tylko kultura osobista nie pozwala ci postawić sprawy jasno. Nie chcesz mi robić przykrości.

Był jeszcze jeden powód mojej przeprowadzki, znacznie poważniejszy niż przyjazd Doroty. Wiązał się z Patrycją, ale nie potrafiłabym powiedzieć jej tego w twarz. Naprawdę nie chciałam robić jej przykrości.

– Pati, znasz mnie, jakbym coś do ciebie miała, tobym ci powiedziała – kłamałam. – Zresztą jaka to przeprowadzka, skoro będę tuż obok?

Widywałyśmy się codziennie. Opowiadała mi o swoich życiowych planach, że na wolności będzie fryzjerką lub kosmetyczką i że już nigdy nie będzie piła i ćpała. Zrobiła w Grudziądzu kursy zawodowe, zdobyła kwalifikacje i certyfikaty.

– Może dzięki temu, że się wyniosłam, zmobilizowałaś się do nauki i za dobre zachowanie przeniosą cię gdzie indziej – żartowałam, nie wiedząc, że marzenie Patrycji o wyjeździe z Grudziądza niebawem się spełni.

Przeniesiono ją do Czerska, gdzie zawsze chciała trafić. To chyba jedyna dobra rzecz, jaka przydarzyła się jej za kratami. Patrycja zapewne odsiedzi swój wyrok co do dnia (zapadł w kwietniu 2005 roku w Sądzie Rejonowym w Wodzisławiu Śląskim). Wyjdzie na wolność jako dojrzała, doświadczona więziennym życiem kobieta.

Trafiła do celi właściwie jako dziecko – zepsute, uzależnione od narkotyków i alkoholu, ale jednak dziecko. Kiedy się poznałyśmy, była pyskata i agresywna, wrzeszczała na funkcjonariuszy albo się cięła. Kiedy się rozstawałyśmy, miała za sobą piętnaście lat za kratami. Wydoroślała, uspokoiła się, spokorniała. Zaczęła mądrze walczyć o siebie, pełna wiary w ułaskawienie. Życzę jej wszystkiego dobrego, ponieważ ją znam i wiem, że własne sumienie wymierzyło jej karę znacznie surowszą niż sąd.

Adwokat diabła

W mojej więziennej „kancelarii" wiele się dowiedziałam o metodach pracy niektórych adwokatów. W procesach karnych moich koleżanek obrońcami byli tylko z nazwy. W rzeczywistości bardziej szkodzili, niż pomagali, na przykład nie pilnowali terminu złożenia apelacji, przekreślając tym samym szanse na łagodniejszy wyrok lub uniewinnienie. To nie jedyny grzech na ich zawodowym sumieniu. Opowiem o tym, przytaczając konkretne historie.

Agnieszka – zanim ją posadzili – była kelnerką i prostytutką. Jej twarz nosiła resztki urody, choć generalnie życie bardzo ją zmęczyło. Na skutek nieszczęśliwego wypadku zabiła swojego ojca i chociaż o tym nie opowiadała, widziałam, jak dręczyło ją sumienie. Za nieumyślne spowodowanie śmierci dostała kilka lat, wyszła na wolność po czterech i pół roku.

Ta dziewczyna była sama na świecie jak bezpański pies, choć ona miała jednak swojego pana. Na samą myśl, że znów go spotka, dostawała drgawek jak w ataku febry. Sutener już liczył dni do jej wyjścia. Kiedy opuszczała więzienie, czekał na nią pod bramą. Widziałam, jak pod koniec pobytu w celi chudła z dnia na dzień, jakby ją rak zżerał. Tak się bała tego typa.

– Uciekaj przed nim, a gdyby cię zmuszał do nierządu, idź na policję, to jest bardzo poważne przestępstwo – namawiałam Agnieszkę.

– Pani Beato, pani nie rozumie, że ja muszę odpracować swój pobyt w więzieniu – odpowiedziała. – Skąd miałabym pieniądze na wypiskę, jak nie od niego?

– Nie musisz wracać do prostytucji, skoro...

– Nie mam wyjścia – przerwała mi. – Nie tylko u niego jestem zadłużona. Muszę oddać piętnaście tysięcy adwokatowi, a on przyjmuje tylko w naturze.

Bała się tego adwokata jak diabeł święconej wody. Mówiła o jego nietypowych skłonnościach seksualnych i nadużywaniu narkotyków, po których stawał się nieobliczalny.

– Bronił cię w sądzie? – dociekałam, chociaż ona uciekała od tematu.

– Nie, ale napisał mi prośbę o tymczasowe warunkowe zwolnienie.

– I za to tyle sobie policzył?!

– To jego normalna stawka.

– Dlaczego się na to zgodziłaś, dziewczyno?! – krzyknęłam, bo przecież to był rozbój w biały dzień.

– A co ja miałam do gadania, skoro on się przyjaźni z moim sutenerem? Pomagali mi, przysyłali paczki do więzienia. Bez nich nie miałabym nawet na papierosy. Muszę okazać wdzięczność.

Patrzyłam na nią z przerażeniem. Nie docierała do niej prawda o własnym losie. Była żywym towarem w rękach dwóch równych sobie przestępców, chociaż jeden z nich nosił adwokacką togę.

– Pani Beato, niech mnie pani nie namawia jak nasz psycholog, żebym zawalczyła o siebie. Bo kim ja jestem? Zwykłą kurwą. Na taką to tylko splunąć. Nikogo nie obchodzę. Tylko oni dwaj okazali mi serce.

– Bo mieli w tym interes.

Zacisnęła usta, aż jej wargi zsiniały. Pokiwała tylko głową i machnęła ręką na cały temat. Widać pogodziła się z rolą ofiary, niewolnicy.

Za kratami spotkałam jeszcze kilka dziewczyn z identycznym długiem u tego samego adwokata. Dwie z nich: Aśkę i Rudą poznałam w areszcie w Kamieniu Pomorskim. Obie były narkomankami i prostytutkami. Mecenas napisał im wnioski o warunkowe przedterminowe zwolnienie i chociaż żadna z nich nie wyszła z więzienia – musiały oddać po piętnaście tysięcy, w naturze. Z „adwokatem diabła" współpracowało małżeństwo stręczycieli, Sławek i Mariola. Byli pośrednikami, przynosili dziewczynom paczki, ale przy okazji je zastraszali, aby przypadkiem nie poskarżyły się komuś w mundurze.

– Ty nawet nie wiesz, Beatka, jakie rzeczy musimy z nim robić – opowiadała mi kiedyś Ruda. – Pedofilia i zoofilia to pikuś w porównaniu do tego, co lubi nasz mecenas. Facet potrafi ćpać dwa tygodnie i myśleć tylko o jednym. Chłopcami też nie gardzi.

– Nie możesz przed nim uciec? – spytałam naiwnie.

– On ma czeczeńskich przyjaciół i wszyscy w mieście o tym wiedzą.

– Wszyscy, czyli kto?

– Nie tylko takie szmaty jak ja. Nikt mu nic nie zrobi. Jest sprytny i ma mocnych przyjaciół. Przed nim nie da się uciec.

Ruda jednak uciekła. Dowiedziałam się, że po odbyciu kary znalazła pracę na drugim końcu Polski. Nie wiem, czy udało jej się spłacić dług tak, jak tego pragnęła, to znaczy pieniędzmi.

Co do adwokata, pozwolę sobie na jeszcze jeden przykład, gdyż sprawa wydaje mi się nader ważna. Gdybym mogła cofnąć czas i nosić sędziowską togę, bardzo bym chciała poprowadzić sprawę karną przeciwko takiemu prawnikowi.

Dorota, do której wyprowadziłam się z celi Patrycji, też miała kontakt z panem mecenasem. Nie była ani ćpunką, ani prostytutką, ale skorzystała z jego usług za sprawą swojego faceta, który siedział za narkotyki w Zakładzie Karnym w Buniewicach. W jej przypadku też chodziło o warunkowe zwolnienie. Przyjrzałam się sprawie Doroty i wyrokowi, jaki zapadł w Łodzi, gdzie dostała dwa lata. Składanie wniosku o przedterminowe warunkowe zwolnienie zaledwie po miesiącu odbywania kary było kompletnie bezzasadne! Każdy prawnik wie, że pisanie do sądu w takim momencie jest mydleniem oczu klientce. Oczywiście wnioski można składać zawsze, ale wyjście Doroty z więzienia było nierealne. Mnie jako prawnikowi nikt by takiej bzdury nie wcisnął, ale dziewczyny dawały się nabrać, a pan mecenas widać wyspecjalizował się w tym zakresie.

– Jak się nazywa ten adwokat? – pytam naszą narratorkę.

– Pani Ewo, po co pani wiedzieć? Z tego mogą być tylko same problemy – odpowiada wymijająco.

– Pytam, bo chciałabym zweryfikować informacje. Sprawa wygląda poważnie i nie chodzi o wysokość honorarium, ale o domniemane zmuszanie do nierządu.

– Zapyta pani o niego w okręgowej radzie adwokackiej? Na policji?

– Chociażby.

– Zapewniam panią, że o metodach pracy pana mecenasa wiedzą zarówno dziekan rady adwokackiej, jak i policja.

– Więc w czym problem, żeby go pociągnąć do odpowiedzialności, oczywiście gdyby zarzuty okazały się prawdziwe?

– Mówi pani coś [tu imię i nazwisko adwokata]?

– Tak. Znamy się. Przed laty Centralne Biuro Śledcze chciało go wrobić w zlecenie porwania człowieka z półświatka i spreparowanie dowodów przestępstwa. To wszystko były pomówienia.

– W jakich okolicznościach go pani poznała? – pyta autorkę Beata Krygier.

– Wiele lat temu, w hotelu należącym do człowieka, który miał być bohaterem mojego reportażu śledczego dla „Wprost". Policja i Urząd Ochrony Państwa nieudolnie kojarzyły go z grupą pruszkowską. Podobno lokował mafijne pieniądze w nieruchomościach i gruntach pod autostrady. Ten prawnik, wówczas jeszcze aplikant, był jego pełnomocnikiem.

– Napisała pani tamten tekst?

– Tak, ale tygodnik go nie opublikował, wtedy było jeszcze zbyt wiele znaków zapytania. Dopiero po latach sprawę zbadali i nagłośnili moi koledzy z *Superwizjera* TVN.

– I może dobrze się stało. Po co pani zadzierać z adwokatem diabła, który ma czeczeńskich przyjaciół? Ani pani tego nie radzę, ani dziewczynom, które mi o nim opowiedziały.

Rozdział 6

Witamy w celi zabójczyń

Przerzutki, czyli przeprowadzki do innych cel, nie należały do ulubionych momentów mojego więziennego życia. Zakład karny jest wprawdzie jednym spójnym „ekosystemem", jednak każda cela to odmienne środowisko. Trzeba znów szukać sobie własnego miejsca na małej powierzchni, co wcale łatwe nie jest. Nowe łóżko, nowe twarze i – co najistotniejsze – nowe układy.

W takich chwilach mówiłyśmy, że „trzeba spakować swoją miskę". Otóż każda z nas pierwszego dnia pobytu otrzymała plastikową miskę do prania, higieny osobistej i mycia garów. Trzymało się ją pod łóżkiem i strzegło jak oka w głowie, ponieważ nowa nie przysługiwała. Podczas przerzutki wkładało się do niej swoje plastikowe, zielone sztućce i talerz, kładło na to dwa koce złożone w kostkę i więzienne ręczniki. Z takim ekwipunkiem wkraczało się w nowe progi.

W celach wieloosobowych, jak ta, do której się przeniosłam z powodu Doroty, najtrudniej było zgodnie wybrać program w telewizji. Decyzje rozbijały się o gusta i guściki. Było niemal regułą, że dwie dziewczyny chciały oglądać „coś o gotowaniu", tyle samo teleturniej, a pozostałe serial ciągnący się od czasów, gdy były jeszcze w podstawówce. Czasami łatwiej było wyłączyć odbiornik, niż na coś się zdecydować.

W mojej nowej celi już pierwszego wieczoru padło sakramentalne pytanie: „To co dzisiaj oglądamy, dziewczynki?".

– Na Polsacie jest jakiś film o dwudziestej – zaproponowała któraś.

– Nie wchodzi w grę, mają za dużo reklam i akcja się rozmywa – skontrowała inna.

– To włączmy Jedynkę lub Dwójkę, tam nie ma reklam – szukała salomonowego rozwiązania najstarsza z nas, Anna.

Dorota, która dopiero co przyjechała i rozpakowywała swoje rzeczy, ni stąd, ni zowąd wyjęła Annie pilota z ręki.

– Za pół godziny zaczyna się program *Kobiety, które niosły śmierć* – zapowiedziała entuzjastycznie, skacząc po kanałach. – Niezłe psychopatki, mówię wam, widziałam już kilka odcinków. Zarzynają swoich chłopów albo duszą dzieci i w ogóle tego nie żałują. Z takimi to od razu do celi śmierci, a nie w więzieniu michę im dawać na koszt podatników. To co, oglądamy?

Zapadła grobowa cisza. Dorota nie wiedziała, bo i skąd mogła wiedzieć, że poza nami dwiema wszystkie pozostałe lokatorki celi siedziały za zabójstwa. Kobiety wymieniły spojrzenia, zacisnęły usta i nie odezwały się ani słowem. Wyglądały złowrogo.

Dorota nie patrzyła na ich miny, a brak sprzeciwu przyjęła za dobrą monetę. Tylko jedna z osadzonych, Anna, uśmiechnęła się pod nosem, a gdy nasze oczy się spotkały, mrugnęła do mnie szelmowsko. Wiedziałam, że wraz z synem zabiła swojego męża. Pracowała w więziennej pralni, z nikim nie wchodziła w konflikty, a jej relacje ze Służbą Więzienną były zawsze regulaminowe. Zastanawiało mnie, że nigdy nie zabiegała o wnioski nagrodowe, chociaż dzięki nim mogłaby wyjść przed końcem kary.

Program o morderczyniach był krwisty, a cisza w celi trwała dłużej niż napisy końcowe. Dziewczyny jeszcze dobrą godzinę patrzyły w telewizor bez słowa komentarza. Z każdą chwilą czułam narastający niepokój. Przecież za uwagę o psychopatkach mogą Dorotę zwyczajnie wypatroszyć, zaatakują, gdy będzie spała – pomyślałam, zerkając co rusz, czy już czegoś nie szykują.

Anna jakby czytała w moich myślach.

– Nic jej nie zrobią – wyszeptała niemal bezgłośnie.

Tamtej nocy nie zmrużyłam oka, za to nieświadoma zagrożenia Dorota chrapała w najlepsze.

– Nawet nie wiesz, jak mi się chciało śmiać – powiedziała mi następnego dnia Anna na spacerniaku. – Normalnie to zakrztusiłabym się ze śmiechu, ale nie wiedziałam, jak tamte by zareagowały. To głupie baby, a ta nowa jest niezła – podsumowała i roześmiała się szczerze.

Dorota szła przed nami zamyślona. Dopiero gdy w dalszej rozmowie padło jej imię, zorientowała się, że mówiłyśmy o niej.

– Zrobiłam coś nie tak? – spytała lekko skonsternowana.

– Wszystko w porządku – zapewniła Anna. – Jak się rozniesie po celach, że miałaś „wejście smoka", to będziesz sławna. Te baby to psychopatki. Lepiej z nimi nie żartować, bo raczej nie mają poczucia humoru. Na jedną szczególnie powinnyście uważać. Obie – dodała, patrząc na mnie wymownie.

Sanatorium za kratami

Anna mówiła o zabójczyni z Łodzi, która w pijackim szale zaatakowała siekierą męża. Denerwował ją, więc odrąbała mu głowę.

Obawiałam się jej od pierwszej chwili, gdy ją zobaczyłam. Szpetna baba, złośliwa i niedomyta. Nie mogłam patrzeć na jej tłuste włosy, trzęsące się od alkoholizmu ręce, czarne paznokcie i bezzębne usta wykrzywione w sardonicznym uśmiechu. Mogłaby z powodzeniem straszyć w horrorach. Całą swoją fizycznością wzbudzała we mnie obrzydzenie, szczególnie gdy jadła posiłki. Wychodziłam wtedy na korytarz lub do toalety. Nie znosiłam odgłosów, jakie wydawała. Charakter też miała paskudny, o wszystko się czepiała. Była zła do szpiku kości.

Wzdrygam się na samo wspomnienie o niej.

Zabójczyni z Łodzi z lubością przedstawiała anatomiczne szczegóły zbrodni, za którą trafiła do więzienia na dwadzieścia pięć lat. Była dziwnie pobudzona, opowiadając, jak trzymała między kolanami głowę męża, a następnie precyzyjnie ją odrąbała.

– Potem tak długo siekałam skurwysyna na kotlety, aż w tym, co z niego zostało, trudno było rozpoznać człowieka.

– Daj spokój, kobieto – usiłowała ją powstrzymać Anna. – Po chuj nam to wszystko opowiadasz?

– Korpus to mu zamieniłam w mielonkę – mówiła tamta dalej, udając, że nie słyszy. – Jakby mojego starego wykopano z ziemi, to znów bym go porąbała – powtarzała niemal każdego dnia.

Nie mogłam znieść tych sadystycznych opowieści. Mdliło mnie, więc zatykałam uszy, chociaż nie na wiele się to zdawało. Przebywając w tym samym pomieszczeniu, nawet gdy nie słuchałam, to słyszałam. Prosiłam administrację więzienną o pozwolenie na posiadanie walkmana, gdyż jedynie głośna muzyka (ewentualnie kompletna głuchota) stanowiłaby barierę ochronną przed tą psychopatką. Na wniesienie do celi jakiegokolwiek sprzętu grającego potrzebna jest pisemna zgoda. Zanim takową dostałam i założyłam słuchawki – detale zbrodni na zdekapitowanym nieszczęśniku znałam już na pamięć.

– Mózg jest jak niedosmażona jajecznica, a flaki jak świeżo zrobiona kiełbasa – powtarzała, oglądając popularny program kulinarny na TVN-ie.

Zabójczyni z Łodzi cieszyła się z pobytu w więzieniu jak żadna inna osadzona. Lubiła tam wszystko. Mówiła, że dla niej zakład karny jest lepszy niż sanatorium. Na wolności nigdy nie jadała trzech posiłków dziennie, nie spała w czystej pościeli, nie nosiła wypranej odzieży, nie miała opieki lekarskiej. Tylko w więzieniu czuła się ważna i wolna, bo żaden komornik jej nie nachodził. Nie musiała płacić za prąd i ogrzewanie, a jedzenie podstawiano jej pod nos. Gdyby (nie daj Boże!) ta baba dostała jakimś cudem pracę w kuchni, to przysięgam – nie tknęłabym jedzenia. Na pewno dodawałaby do bigosu posiekanego szczura albo sikała do zupy.

– Mogłabym tu spędzić całe życie – mówiła, wiecznie mlaskając. – Po co wy, dziewczyny, chcecie wyjść na warunkowe, wstajecie przed świtem i biegacie jak głupie do ciężkiej pracy?

– Bo nie zamierzamy zgnić w pudle – odpowiadałyśmy z Dorotą.

– Jakie wy głupie cipy jesteście – rechotała. – Gdzie wam

będzie lepiej niż tu? Wypiorą wam, ugotują i policja was nie nęka. Same plusy z takiego siedzenia.

– Jasne – przytakiwałyśmy, licząc, że zakończy temat.

– Ja już dwanaście lat siedzę i nie narzekam – ciągnęła dalej. – To moje miejsce na ziemi. A teraz, złociutkie, zróbcie mi kawkę z mleczkiem i cukrem. Tylko szybciutko, bo mi ciśnienie spadnie. I jeszcze papieroska mi dajcie, złociutkie.

Zawsze żebrała, żerowała na innych. Każda nowa nabierała się na jej gadanie o niskim ciśnieniu. „Starszej pani trzeba pomóc, ona jest taka biedna", użalały się, zanim zrozumiały, że to podstępna starucha, a nie starsza pani. Zwykły pasożyt, zresztą taka sama była na pewno na wolności. Mieszkała w melinie, nie pracowała, nie sprzątała, tylko chlała. Nieszczęśnik, którego porąbała siekierą, denerwował ją, bo przez niego miała mniej wódki dla siebie.

Kara od dzwona do dzwona

Anna stanowiła przeciwieństwo morderczyni z Łodzi, chociaż były w podobnym wieku i obie zabiły swoich mężów. Lubiłam Annę najbardziej z całego „zabójczego" towarzystwa. Była jedną z nielicznych kobiet, które nie emocjonowały się systemem kar i nagród w więzieniu. Temat tak zwanych kwitów jakby w ogóle dla niej nie istniał. Anna chciała odsiedzieć wyrok co do dnia, od dzwona do dzwona, jak mawiają w więziennym żargonie. Chyba jako jedyna znana mi osoba z wyrokiem pogodziła się z losem i rozumiała sens kary pozbawienia wolności.

Anna miała męża alkoholika i sadystę. Bił ją, kopał, gwałcił, poniżał – i tak przez całe życie. Nie odeszła od niego, chociaż pewnie by mogła. Domyślam się, że chodziło o dzieci i złudne przekonanie, że on się kiedyś zmieni, że wyjdzie z nałogu.

Poraniona przez niego na całym swoim wątłym ciele z trudem się poruszała. Od tamtych strasznych dla niej wydarzeń minęły całe lata, a ona stale chodziła skulona jak pies na mrozie. Krytycznego dnia mąż zgwałcił ją na oczach dzieci. One płakały, a ona leżała nieruchomo. Po wszystkim z trudem stanęła na nogach i dotarła do kuchni. Wyjęła z szuflady największy nóż. Po latach gehenny nie wytrzymałaby kolejnego bólu i upokorzenia. Uderzyła niecelnie, co tylko rozwścieczyło męża. Osiemnastoletni syn stanął w jej obronie i to on zadawał ojcu kolejne ciosy nożem.

Przed sądem Anna wzięła całą winę na siebie, lecz dowody wskazywały na co innego. Oboje zostali oskarżeni o zabójstwo i dostali po dwanaście lat. Anna była wtedy grubo po pięćdziesiątce. Powiedziała mi kiedyś, że gdyby dało się cofnąć czas, zrobiłaby to samo.

– Był draniem – skwitowała. – Nigdy nie spotkałam nikogo gorszego niż on.

– To dlaczego chcesz odsiedzieć karę od deski do deski? Dlaczego nie skorzystasz z szansy warunkowego zwolnienia? – dociekałam.

– Bo był człowiekiem i ojcem moich dzieci, a za zabicie człowieka należy się najsurowsza kara. Do tego wciągnęłam w zbrodnię własnego syna. Zmarnowałam chłopakowi życie.

Właśnie z powodu wyrzutów sumienia Anna nie chciała żadnych ulg ani przerw w odbywaniu kary. Przez cały pobyt za kratami do nikogo nie pisała i sama nie otrzymywała listów. Nie miała ani jednego widzenia z rodziną lub znajomymi, ani jednej przepustki. Tylko raz w roku, przed Bożym

Narodzeniem, wysyłała kartkę z życzeniami i telefonowała do siostry. Pytała o siostrzenicę i o syna, czy jest zdrowy.

Była uosobieniem spokoju, chociaż raz widziałam jej wzburzenie. Szłyśmy wtedy do łaźni, a od strony świetlicy sunęła korytarzem siostra Bernadetta ze zgromadzenia sióstr boromeuszek. Przyjrzymy się jej niebawem, bo to wyjątkowo podła istota. Trafiła za kraty za znęcanie się nad chłopcami z ośrodka wychowawczego, w którym była dyrektorką, przyzwalała starszym wychowankom na praktyki pedofilskie wobec nich. Moralne dno, szkoda nawet splunąć na taką bladź.

Anna na jej widok wpadła w furię.

– Ty szmato! – wrzasnęła pod adresem zakonnicy najgorszą więzienną obelgę. – Suko pierdolona, sadystko z piekła rodem! Won mi stąd, bo jak cię dopadnę, to Bóg mi świadkiem, że cię zajebię! – krzyczała wniebogłosy, a siostra Bernadetta uciekała do swojej celi, aż się kurzyło.

Nigdy wcześniej ani już nigdy potem Anna nie pozwoliła sobie na takie zachowanie. Szanowałam ją i chciałabym, aby kiedyś zaznała szczęścia.

Ta przyprószona siwizną kobieta miała twarz piękną, choć pełną smutku. Oczy duże, ale zgaszone. Była w pewnym sensie przezroczysta – patrzyło się na nią, ale się jej nie widziało. Dwanaście lat to niewiele jak za zabójstwo. Sąd wziął pod uwagę, że przez lata małżeństwa Anna była dręczona i upokarzana. Takich potworów jak jej mąż jest mnóstwo i mnóstwo jest kobiet w więzieniach, które chwyciły za nóż.

– Nawet gdybym dostała piętnaście albo nawet dwadzieścia pięć lat, to też chciałabym odsiedzieć karę co do dnia – mówiła, gdy ją przekonywałam, że ciężką pracą w więzieniu i pełną godności postawą w pełni zasłużyła sobie na warunkowe zwolnienie.

Jednak to ona sama, a nie komisja penitencjarna, wyznaczyła granice kary. Anna była wobec siebie najsurowszym sędzią.

Kara dobiegła końca niebawem po jej sześćdziesiątych szóstych urodzinach. W więzieniu Anna zrzuciła zbędne kilogramy, naprawiła zęby, a tuż przed wyjściem ufarbowała siwe włosy. Za pieniądze zarobione w więziennej pralni kupiła elegancką sukienkę i buty na obcasie. Od rana czekała spakowana, a kiedy oddziałowa wywołała jej nazwisko – wkroczyła na korytarz wyprostowana jak nigdy. Szła spokojnie, z wysoko podniesioną głową, pięknie ubrana i umalowana. Miała świetną fryzurę i błysk w oczach. Na jej widok wszystkim, także oddziałowym, opadły szczęki.

Dziewczyny niosły za nią torby, a ona kroczyła peronką tak dostojnie, jakby zawsze miała na nogach szpilki.

Stałyśmy w drzwiach naszych cel i klaskałyśmy.

– Aniu kochana, powodzenia!

– Niezła z ciebie laska!

– Nigdy tu nie wracaj! – wołałyśmy.

Ktoś puścił cudowną piosenkę: „Szczęśliwej drogi już czas, mapę życia w sercu masz. Jesteś jak młody ptak…".

Wyjście Anny było w Grudziądzu wielkim wydarzeniem.

Burza z fasolką po bretońsku w tle

Nagana z wpisaniem do akt, zwana kwitem karnym, jest najczęściej stosowaną karą za złamanie regulaminu. „Kwita" można dostać za wszystko, nawet za spojrzenie spode łba i wyrzucenie peta za okno. Pomysłowość Służby Więziennej w tym zakresie jest nieograniczona. Jak ktoś się na kogoś uprze, to życie zaśmieci mu kwitami. Wracając z pracy, musiałam uważać, żeby na dnie torebki nie zostawić choćby jednego złamanego papierosa, bo dostałabym „kwita".

Karane jest na przykład nawiązywanie kontaktów przez okno – także w języku migowym, wykrzykiwanie czegokolwiek, bałagan w celi lub odmowa przyjęcia posiłku. Można nie znosić szpinaku albo mieć mdłości na widok kaszanki, lecz posiłek zawsze należy przyjąć. Karmienie skazanych odbywa się jak w szpitalu: pod celę podjeżdża wózek-kuchnia, podaje się plastikowe talerze i bierze wszystko, co nakładają. „Nie, dzisiaj nie będę jadła zupy, bo mam wzdęcia po grochówce" – można tak pomyśleć, ale nie powiedzieć. To, czy osadzona zje swój posiłek, czy nie, to już inna sprawa. Można wyrzucić wszystko do kibla i spuścić wodę, ale przy funkcjonariuszach nie należy komentować, nawet gdyby serwowano gulasz ze szczura.

Odmowa przyjęcia posiłku jest traktowana jako próba buntu. Służba Więzienna eskortuje wtedy delikwentkę do dyrektora, gdzie musi się ona wytłumaczyć ze złamania regulaminu. Oczywiście dostaje „kwita" do kolekcji.

– A pani jaką uzbierała kolekcję?

– Przez dwa lata i osiem miesięcy pobytu za kratami nie dostałam ani jednego wniosku karnego.

– Nie podawała pani dziewczynom papierosów przez okno, nie nawiązywała kontaktów?

– Oczywiście, że podawałam, i to nagminnie. Kontakty też nawiązywałam, ale nie dałam się na tym złapać [śmiech].

Nie nosiłam odznaki „wzorowy uczeń", a to, że kiedyś wydawałam wyroki w imieniu Rzeczpospolitej Polskiej, nie oznacza, że stawiam przepisy ponad wszystko. Zachowałam swoją godność i własne zasady. Pyskować też potrafię.

– Nikt się na panią nie uwziął?

– Owszem, i to akurat najgorsza oddziałowa z Grudziądza.

– Porozmawiamy o niej?

– OK, ale muszę sobie zapalić.

Miała na imię Wiktoria, ale my nazywałyśmy ją szatanem. Sunęła do przodu jak czołg. Przypominała mi Terminatora. W więzieniu nie ma możliwości, aby całkowicie uchronić się przed kontaktem z którymś z funkcjonariuszy. Oddziałowa jest wszechobecna i wszechmocna. Podczas dyżuru jest panią na włościach. My, kobiety w celach, jesteśmy jej wasalami, zależnymi od jej dobrej woli i humoru.

Oddziałowa Wiktoria prowokowała mnie od pierwszego dnia.

– O, pani magister wróciła z pracy – mówiła z tym swoim pogardliwym krzywym uśmieszkiem. – Jak tam, Krygier, było dzisiaj na szmacie? Dużo kibli się wyczyściło?

– A normalnie, pani oddziałowa, dzień jak co dzień – odpowiadałam, starając się zachować spokój.

Korciło mnie oczywiście, żeby jej odpyskować, ale trzymałam nerwy na wodzy. Wystarczyłoby, gdybym powiedziała wtedy: „Pani Krygier", aby rozpętać istną burzę. Regulamin zabrania oddziałowym zwracać się do osadzonych per ty. Mają obowiązek mówić „pani". Gdybym zwróciła jej uwagę, musiałaby mnie przeprosić.

– To dlaczego pani tego nie zrobiła?

– Pamiętałam scenę z poprzedniego miejsca: dziewczyna szorowała na kolanach korytarze i dyżurkę oddziałowych. Robiła to codziennie, więc wszystko błyszczało. Funkcjonariuszki siadały sobie wtedy na krzesełkach pod ścianą, zakładały nóżkę na nóżkę i wskazywały paluszkami:

– O, Kowalska, jeszcze tutaj i tutaj, i tam. Żeby wszystko lśniło, Kowalska, i żeby można było z tej podłogi jeść.

Naśmiewały się, gdy pot spływał z niej strużkami, a na bluzce pod pachami robiły się mokre plamy.

– Dawaj, dawaj, Kowalska, jeszcze masz okna i kwiatki do umycia.

Któregoś dnia dziewczyna się wyprostowała, wrzuciła szmatę do wiadra i powiedziała:

– Ja sobie nie życzę takiego traktowania. Dla pań oddziałowych to ja jestem PANI Kowalska.

Natychmiast się zreflektowały i przeprosiły, bo gdyby sprawa dotarła do dyrektora, mogłyby stracić pracę. Ale życia to już ta dziewczyna nie miała. Ze Służbą Więzienną nie wygrasz, tak samo jak z policją.

Oddziałowa Wiktoria na każdym kroku szukała okazji, aby zademonstrować swoją władzę nad nami. Pretekst, aby uprzykrzyć mi życie, znalazł się sam.

Tamtego popołudnia oddałam skazanej z sąsiedniej celi swoją fasolkę po bretońsku. Przechodziłam załamanie nerwowe i w ogóle nie jadłam przez dziewiętnaście dni, a tamta dziewczyna wciąż była głodna.

– Pani Beatko, skoro pani nie je, to czy mogę się poczęstować? – spytała nieśmiało, a ja ochoczo przełożyłam na jej talerz swoją kolację.

Podobne sytuacje były na porządku dziennym. Jedna lubiła to, druga tamto. Ktoś nie przepadał za twarożkiem, to dostawał na wymianę jabłko. Nic się nie marnowało. Żadna oddziałowa nie robiła z tego problemu.

Żadna, poza Wiktorią.

Nasza siedmioosobowa „cela zabójczyń" była pod specjalnym nadzorem szatańskiej oddziałowej. Bałyśmy się jej, ponieważ stosowała przemoc fizyczną i nękała nas psychicznie. Potrafiła złamać osadzonej rękę i kłamać przełożonym, że wymagał tego dynamiczny charakter interwencji.

Pretekstem do ataku na mnie stała się właśnie fasolka po bretońsku.

– Co ty sobie wyobrażasz, Krygier! – Oddziałowa wpadła do celi z wrzaskiem, pryskając śliną na cztery strony świata. – Nie będziesz na moim oddziale nowych porządków wprowadzać!

– PANI Krygier – odpowiedziałam, ścierając z twarzy pianę, którą toczyła. – Wszystkie tutaj jesteśmy PANIAMI: pani Nowak, pani Krukowska, pani Kowalska.

– Dość tego! – ryknęła, piorunując mnie wzrokiem, jakbym jej ojca i matkę zabiła. Ręce oddziałowej niepokojąco drgnęły, więc dziewczyny odgrodziły mnie od niej, zasłaniając własnymi ciałami. Miały przy tym takie miny, jakby szykowały się do odparcia Krzyżaków pod Grunwaldem. Gdyby któraś straciła panowanie nad sobą – polałaby się krew i wszystkie wylądowałybyśmy w lochach twierdzy grudziądzkiej.

Spodziewałam się najgorszego, lecz oddziałowa Wiktoria zasapała jak lokomotywa, zrobiła w tył zwrot i wybiegła z celi, jakby ją ktoś gonił.

Miałam w dupie, czy poniosę konsekwencje. Chrzanić

te ich kwity karne i niedorzeczny regulamin! Mam prawo dysponować swoim posiłkiem i nie będzie mi tu żadna „klawisza" zaglądać do talerza! Nie będzie mi pluła w twarz ta cholerna, zaśliniona lokomotywa!

Byłam gotowa pójść na wojnę z całym systemem penitencjarnym w Polsce, ale w ostateczności nie musiałam. Kwitu karnego nie dostałam, a oddziałowa Wiktoria już nigdy nie zwróciła się do mnie per ty.

Dylematy Sfinksa

Nasz wychowawca Sfinks, którego już wychwalałam (ponieważ był inteligentny, sympatyczny i przystojny), nie wiedział o impertynencji, jakiej doświadczałyśmy ze strony oddziałowej Wiktorii. Żadna z nas nie chodziła do niego na skargę, chociaż mogłybyśmy. Uważałyśmy, że aniołami nie jesteśmy i do nieba nie trafiłyśmy, zatem z problemami musimy radzić sobie same. Z drugiej strony nie chciałyśmy stawiać Sfinksa w niezręcznej sytuacji – gdybyśmy mu o tym zameldowały, musiałby chodzić z naszymi skargami do dyrektora. A to by oznaczało, że donosi na „swoich". Zbyt go lubiłyśmy, aby narażać go na złośliwe komentarze kolegów i koleżanek z pracy. Tymczasem – dla równowagi w przyrodzie – zasypywałyśmy go lawiną próśb dosłownie o wszystko: gazety, książki, dłuższe widzenia, radio i telewizor, przeprowadzki z celi do celi i o wiele, wiele więcej.

Każda prośba musiała mieć formę pisemną, ponieważ w więzieniu niczego nie załatwia się na gębę.

Wychowawca nigdy nas nie zbywał. Dla każdej miał czas i niemal świętą cierpliwość. O takich jak on mówi się

„człowiek dobrze wychowany". Ceniłyśmy Sfinksa za nienaganne maniery i szczerość. On zawsze stawiał sprawy jasno.

– Drogie panie – tak się do nas zwracał. – Jestem waszym wychowawcą, ale was wychowywał nie będę.

– Dlaczego? Panie wychowawco, ale my chcemy! – żartowałyśmy.

– Wszystkie jesteście dorosłe i dobrze wiecie, jak należy się zachowywać.

– Jak to, panie wychowawco drogi. A niby dlaczego tu jesteśmy, jak nie za złe zachowanie?

– Nie po to tu jestem, żebym was uczył dobrych manier – odpowiadał całkiem poważnie. – Umówmy się, że same będziecie się pilnować, a ja będę jedynie kontrolował sytuację.

Tylko raz widziałam Sfinksa zirytowanego. Niósł wtedy całą stertę naszych podań, rwał sobie włosy z głowy i przeklinał:

– Czy wy, kurwa, powariowałyście? Jak ja mam załatwić widzenie z facetem, skoro ten facet siedzi w więzieniu w Bydgoszczy? Mam go tu sprowadzić czy załatwić obojgu przepustkę na randkę? Dziewczyny, nie możecie żądać ode mnie rzeczy niemożliwych, do tego w ilościach nie do przerobienia!

Lubiłyśmy, gdy przychodził do nas do celi. Nosił dżinsy i koszulę, podobał się dziewczynom. Wiedziałyśmy, że jest żonaty i ma małe dziecko, chociaż o sprawach prywatnych nigdy nie opowiadał. Czasami tylko, gdy miał podkrążone z niewyspania oczy, tłumaczył, że dziecko miało kolkę i całą noc płakało. Wtedy chowałyśmy nasze kartki z prośbami, żeby go nie dobijać.

Sfinks zabierał nas za więzienne mury, kiedy tylko nadarzała się okazja. Jedną z nich była akcja „Sprzątanie świata". Tylko on jeden nie narzucał nam tempa i może dlatego uwijałyśmy się z robotą przed czasem.

– Panie wychowawco, worki nam się skończyły, załatwi pan nowe? – pytałyśmy, oczekując pochwały.

– Skoro już nie ma, to nie ma i nie będziemy się tym martwić – odpowiadał wyluzowany.

– Czas na przerwę?

Przytakiwał, a my przystawałyśmy na to ochoczo.

– Siadajcie na trawce, zapalimy sobie papieroska – proponował i częstował nas ze swojej paczki.

– A butelki w krzakach? – pytałyśmy w poczuciu obowiązku.

– Niech się chłopaki schylają, bo to głównie oni zaśmiecają naszą matkę Ziemię pustymi flaszkami. My odpoczywamy. Zaraz nam zupę przywiozą i będzie jak na pikniku.

Sfinks w każdej z nas widział człowieka, a nie osadzoną. Można było porozmawiać z nim na osobności i liczyć na dyskrecję. Temat rozmowy zawsze pozostawał w czterech ścianach jego służbowego pokoju. Lubiłam, gdy zapraszał mnie do siebie, bo nie był wścibski i trzymał zdrowy dystans. Nigdy nie wypytywał o sprawy dziewczyn. Nie usiłował zrobić ze mnie swojego „ucha" na oddziale. Nie pozwalał też sobie na najdrobniejsze uwagi w stylu „a tamta znów narozrabiała". Zero podtekstów, ukrytych intencji, a przecież wyciąganie przez pracowników Służby Więziennej wiadomości o tym, co się dzieje w celach, jest – w moim odczuciu – nagminne. Funkcjonariusze chcą wiedzieć, co w trawie piszczy, żeby kontrolować sytuację i nie dopuszczać do konfliktów. Dziewczyny dają się podejść i opowiadają, chociaż mają świadomość, że to kablowanie.

Ale ze Sfinksem nie plotkowaliśmy o innych. Nasze rozmowy były odskocznią od więziennej rzeczywistości. Czułam się wtedy wolnym człowiekiem.

– Panie wychowawco, ja muszę stąd wyjść za rok, w lipcu – powiedziałam ze świadomością, że to raczej niewykonalne.

– Dlaczego akurat w lipcu? – zapytał zaciekawiony.

– Bo wtedy przyjeżdża do Polski Deep Purple i chciałabym pojechać na koncert.

– Też lubisz Deep Purple? – ożywił się, a ja nie mogłam uwierzyć, że zapomniał zwrócić się do mnie per pani. Wcale mi to zresztą nie przeszkadzało.

– Kto by nie lubił.

Twarz Sfinksa promieniała i nie musiał dodawać, że jest zagorzałym fanem mojego ulubionego zespołu.

– Nie przegapię takiej okazji – zapowiedział.

– Dla pana to żaden problem, czego niestety nie mogę powiedzieć o sobie w zaistniałej sytuacji.

– Chętnie zobaczyłbym jeszcze Nazareth i Rolling Stonesów, a ty? Może przyjadą do Doliny Charlotty.

– No jasne! Grają muzykę mojej młodości.

Od tamtej pory Sfinks już zawsze zwracał się do mnie po imieniu, ale ja nie mówiłam do niego inaczej niż „panie wychowawco". Na Deep Purple nie byłam, chociaż udało mi się wyjść na wolność niemal w tym samym czasie, gdy trwała ich trasa koncertowa. Oni zagrali na początku lipca, a ja opuściłam mury więzienia pod koniec miesiąca.

Zanim to się stało, nasze relacje, to znaczy moje i Sfinksa, przybrały nieoczekiwany obrót.

– Pani Krygier, do wychowawcy! – wywołała mnie z celi oddziałowa.

Kiedy weszłam do pokoju Sfinksa i spojrzałam na jego zbolałą minę, od razu zorientowałam się, że coś wisi w powietrzu.

– Przychodzi do nas na oddział słynna nauczycielka, która zabiła jedenastoletniego chłopca – powiedział grobowym głosem, czym mnie trochę zaskoczył, bo przecież nie takie już tutaj siedziały.

– Zadała temu dziecku trzydzieści siedem ciosów nożem.

– Jezu... – jęknęłam.

– Beata, mam do ciebie ogromną prośbę, żebyś się nią zajęła.

– Zamieszkała z nią?! – wykrzyknęłam.

Już chciałam odmówić, bo honor by mi nie pozwolił dzielić celi z dzieciobójczynią, ale jego twarz była szarozielona, więc się powstrzymałam.

– Moja prośba jest innego rodzaju – powiedział zrezygnowany i wskazał mi krzesło, żebym usiadła. Uczyniłam to z niechęcią. – Nie zdziwię się, jeśli odmówisz.

Rozdział 7

Księżniczki na zamku

Dzieciobójczynie stanowią wyklętą i znienawidzoną kategorię osadzonych. Kobieta, która zabiła dziecko – najbardziej bezbronną istotę pod słońcem, znajduje się na szarym końcu więziennego łańcucha pokarmowego. Nie podajemy im ręki, nie jemy z nimi posiłków, nie wdajemy się w rozmowy. Cyganki nazywają ten stan wzgardzeniem, ale to coś więcej niż pogarda i odtrącenie. Nikt nie chce dzielić z nimi celi, oddychać tym samym powietrzem.

Dziecioboje raczej nie siedzą razem – chodzi o proces resocjalizacji, żeby wzajemnie się nie nakręcały swoimi opowieściami. Rozmieszczenie takich kobiet w wieloosobowych celach jest dla Służby Więziennej nie lada wyzwaniem. W przypadku tych osadzonych nie można dokonywać przypadkowego zakwaterowania, na przykład tam, gdzie jest akurat wolne łóżko. Podobną zasadę zaobserwowałam w odniesieniu do kobiet skłonnych do agresji. Gdyby pozamykać je w jednej celi, koniec końców by się pozabijały.

Dzieciobójczynie to często osoby zagmatwane, zakłamane, ze skłonnościami psychopatycznymi. Nikt nie przymusza innych osadzonych do takiego towarzystwa. Dziewczyny, które ostatecznie zgodzą się na pobyt z nimi w jednej celi, przed podjęciem decyzji zaliczają szereg rozmów z wychowawcą i psychologiem (umiejętnie je do tego przygotowują, wprowadzają w temat).

Tamtego dnia, gdy Sfinks niespodziewanie wezwał mnie do siebie, zamierzał przeprowadzić ze mną właśnie tego typu rozmowę. Nauczycielka, która zabiła ucznia – to brzmiało jak horror.

– Ma dożywocie? – zapytałam.

– Dostała dwadzieścia pięć lat i siedzi już szesnaście. Sęk w tym, że jest bardzo trudnym więźniem.

– Co pan ma na myśli?

– Podobno jest roszczeniowa. – W tym słowie mieści się cały koszmar Służby Więziennej.

Osoba roszczeniowa bez przerwy czegoś chce i zawsze jest chora albo zmęczona. Domaga się rozmowy z dyrektorem, wizyty u lekarza albo pisze skargi: że ktoś na nią krzywo spojrzał, ziemniaki były za zimne, a zupa za słona. Byle pierdoła, a już zawraca wszystkim głowę. „Ja mam prawo do tego, ja mam prawo do tamtego".

– Nic, tylko same prawa, żadnych obowiązków. I właśnie taka osoba trafi lada moment na nasz oddział – kontynuował zrezygnowany – dlatego proszę cię, żebyś mi pomogła.

– Ale jak?

– Zajmij ją czymś, zainteresuj. Ty masz tyle pomysłów, może zorganizujcie razem jakiś konkurs. To inteligentna kobieta, oczytana, w więzieniu wciąż pogłębia wiedzę. Zamawia same podręczniki naukowe i publikacje z ekonomii. Jakby miała ręce pełne roboty, to może by tyle skarg nie pisała.

– Panie wychowawco, załóżmy, że to zrobię. Ale czy nie rozumie pan, że dziewczyny mnie znienawidzą? One takich sytuacji nie tolerują. Przecież pan o tym wie, więc dlaczego mnie pan wrabia?

– Właśnie dlatego tylko ciebie mogę o to poprosić. Jesteś inna niż wszystkie, one już się z tym pogodziły i nie próbują cię zmieniać. Słuchają się ciebie, masz na nie dobry wpływ, jesteś dla nich autorytetem.

– Bez przesady, panie wychowawco.

– Uwierz, że nie jest mi łatwo zwracać się do ciebie w ten sposób, bo przecież to ja jestem wychowawcą, a ty osadzoną.

– No właśnie.

– Obawiam się jednak, że nie mam wyjścia.

– Spróbuję, ale bez entuzjazmu. Mam ciarki na samą myśl o tym, co zrobiła.

– Nie ty jedna, Beata, nie ty jedna…

Matka małej Madzi

W Grudziądzu odsiaduje karę wiele dzieciobójczyń. Najgorszą sławą cieszyła się Katarzyna W. nazwana przez media matką małej Madzi. Ta młoda spryciara, kochająca kamery telewizyjne, udzielająca wywiadów i pozująca do zdjęć, wmówiła całej Polsce, że ktoś porwał jej dziecko. Rzekomo spacerowała z wózkiem po ulicach Sosnowca, gdy nagle ktoś zaszedł ją od tyłu i uderzył w głowę z taką siłą, że straciła przytomność. Wszystkie stacje telewizyjne w kraju pokazywały ją zapłakaną i opowiadającą, jak to po odzyskaniu przytomności zobaczyła pusty wózek. „Oddajcie mi moje dziecko", apelowała do porywaczy, wzbudzając powszechne współczucie.

Świadkowie potwierdzali, że widzieli leżącą na ulicy kobietę, tymczasem śledczych już wtedy zastanawiało, dlaczego Katarzyna W. nie miała na głowie żadnych obrażeń.

Okoliczni mieszkańcy szukali małej Madzi wraz z policją. Na portalach internetowych trwała zagorzała dyskusja o handlu dziećmi oraz zaostrzeniu kar dla porywaczy. Temat nie schodził z czołówek gazet i serwisów informacyjnych. W wielu domach rozmawiano o nieszczęściu rodziców, obawiając się najgorszego, że Madzia mogła trafić w ręce osoby chorej psychicznie, która dobrowolnie nigdy jej nie odda.

Prawda o zaginięciu dziewczynki oburzyła cały kraj, bo to matka okazała się morderczynią. Udusiła niemowlę, a ciało ukryła pod stertą kamieni.

W poszukiwania dziecka włączył się Krzysztof Rutkowski, znany właściciel biura detektywistycznego. W imieniu zrozpaczonych rodziców zaapelował do kidnaperów, aby dobrowolnie oddali dziecko, bo tylko wtedy unikną odpowiedzialności karnej. Po wzruszającej konferencji prasowej Katarzyna W. wybrała się do kina na horror. Wkrótce wypłakała się na ramieniu Rutkowskiego, przyznając, że Madzia wcale nie została porwana, lecz wypadła jej z rąk i nieszczęśliwie uderzyła główką o próg. Detektyw wszystko nagrał i upublicznił. Usprawiedliwiał młodą matkę, że śmiercią dziecka była przerażona i dlatego upozorowała porwanie. Wkrótce prokuratura przedstawiła jej zarzut nieumyślnego spowodowania śmierci. W trakcie śledztwa okazało się jednak, że dziecko zmarło na skutek gwałtownego uduszenia, a nie od urazu głowy w wyniku upadku.

Katarzynę W. przywieziono do Grudziądza w środku nocy. Zanim do nas dotarła, wszystkie już wiedziałyśmy, kto przyjechał w transporcie. Zawsze podkreślam, że przepływ więziennych informacji był dla mnie zdumiewający i nie do pojęcia. Wieści rozchodziły się z prędkością światła. Tym razem też tak było. Zaaplikowano jej leki i zamknięto w izolatce piętro wyżej, strasznie rozpaczała. Tymczasem emocje w celach sięgały zenitu. Wszystkie jej złorzeczyłyśmy, wykrzykiwałyśmy najgorsze obelgi, kipiałyśmy z nienawiści i najchętniej widziałybyśmy ją na stosie.

Katarzynę W. trzeba było przed nami chronić, dlatego umieszczono ją w wieży, w miejscu dla nas niedostępnym. Wprawdzie jej nie widywałyśmy, za to niemal każdej nocy słyszałyśmy aż za dobrze. Godzinami waliła pięściami w drzwi i wołała:

– Wypuśćcie mnie! Jestem niewinna!

– Akurat, suko! – odkrzykiwały dziewczyny.

– Nam oczu nie zamydlisz, dziecioboju! Zajebiemy cię, głową o podłogę! Oko za oko, za to biedne dziecko!

Milkła jedynie na chwilę, zaraz potem znów bębniła pięściami w drzwi.

– Ludzie, to nie było tak! – krzyczała. – Teraz już wszystko powiem, całą prawdę! Tylko wypuśćcie mnie stąd! Jestem niewinna!

W tamtym czasie Kaśka, bo tak o niej mówiłyśmy, myślała zapewne, że jeszcze nie wszystko stracone. Nie tylko od nas próbowała wyłudzić współczucie. Jej sprawa była jeszcze przed kasacją, zapewne liczyła, że Sąd Najwyższy złagodzi jej wyrok. Ale nas nie mogłaby nabrać na zapłakane oczy. Nienawidziłyśmy jej w dwójnasób za te krzyki po nocach. Wstawałyśmy zmęczone, niewyspane, wściekłe.

– Ciesz się, dziwko, że nie dostałaś dożywocia, powinnaś zgnić w więzieniu!

– Powieś się, szmato, albo my to z tobą zrobimy – słychać było zza ścian.

W końcu Katarzyna W. opadła z sił. Dotarło do niej, że jej łzy na nikogo nie działają. Sąd Najwyższy utrzymał wyrok w mocy. Dopiero wtedy przestała walić w drzwi i krzyczeć po nocach.

PRZEGLĄD PRASY:

„Matka małej Madzi skazana na 25 lat więzienia. To ostateczny wyrok. Sąd Najwyższy oddalił kasację jej obrony, która wnosiła o ponowny proces.

W lutym 2012 r. ciało niemowlęcia znaleziono w zrujnowanym budynku w Sosnowcu.

Według ustaleń poczynionych w trakcie śledztw i procesu skazana zaplanowała zabójstwo córki najpóźniej 19 stycznia 2012. Najpierw próbowała zatruć ją czadem. Gdy to się nie udało, 24 stycznia 2012 rzuciła dzieckiem o podłogę, a gdy przeżyło, udusiła je.

W październiku 2014 r. Sąd Apelacyjny w Katowicach skazał prawomocnie Katarzynę W. na 25 lat więzienia. Zastrzegł, że o zwolnienie będzie się ona mogła ubiegać najwcześniej po 20 latach. Tym samym wydał orzeczenie surowsze od wyroku w pierwszej instancji z września 2013 r., gdy Sąd Okręgowy w Katowicach wymierzył jej karę 25 lat więzienia z możliwością ubiegania się o zwolnienie po 15 latach.

Sądy za najważniejszy dowód uznały opinię lekarzy, którzy stwierdzili, że dziewczynka zmarła na skutek gwałtownego uduszenia. Tym samym odrzuciły wersję obrony, jakoby Magda zmarła po upadku na podłogę na skutek skurczu krtani, tzw. laryngospazmu lub bezdechu afektywnego. Sądy nie miały jednak wątpliwości, że działanie Katarzyny W. było celowe, a motywem zbrodni była niechęć matki do posiadania dziecka".

(PAP, 22 lipca 2015)

Jestem zdumiona, jak wiele uwagi niektóre media poświęcały tej wyrachowanej kobiecie. Informowały, gdzie i z kim chodziła do kina, a nawet o zmianie fryzury. Celebrowanie sprawców zbrodni to najgorsze, co robią dziś dziennikarze. Za kratami takie osoby jak Kaśka bardzo szybko sprowadzane są do parteru. Podczas rozpraw sądowych w Katowicach siedziała na ławie oskarżonych w śnieżnobiałej koszuli, z miną niewiniątka. Patrzyłyśmy w telewizor zdegustowane. Wspominałyśmy jej roznegliżowaną sesję zdjęciową dla jednej z bulwarówek, kiedy w stroju kąpielowym paradowała na koniu. Lansowano ją jak gwiazdę. Nie powtórzę komentarzy, jakie wtedy padały nie tylko pod jej adresem, ale też pismaków, którzy opublikowali jej półnagie zdjęcia.

– Dlaczego wy, dziennikarze, robicie takie rzeczy?

– Nośny temat, gazety się sprzedają, zysk wydawcy rośnie. Dziennikarze nie mają nic do gadania. To decyzje szefów redakcji.

– A to nie są dziennikarze?

– No właśnie, ciekawe pytanie.

– O takich jak Katarzyna W. mówiłyśmy w Grudziądzu „księżniczki na zamku".

– Na zamku, bo były zamknięte w wieży?

– Na zamku, bo siedziały w celach zamykanych na zamek, bez możliwości wyjścia. To absolutnie najgorsza kategoria osadzonych. Wychodzą wyłącznie na godzinny spacer, ewentualnie do wychowawcy lub lekarza, ale zawsze pod eskortą. Naprawdę trudno odbywać karę w takich warunkach. To jest kompletna izolacja, wyrzucenie poza nawias. Księżniczki na zamku nie mają prawa do posiadania własnych rzeczy, na przykład kosmetyków, co dla kobiet stanowi dodatkową karę. Wszystko jest więzienne.

– Ubrania jak w kolonii karnej?

– Dokładnie. Księżniczki noszą zielone mundurki. Kiedy wychodzą na spacerniak, od razu wiemy, z kim mamy do czynienia. Ja sama tak to odczuwałam, że one są inne, gorsze. Nie oceniałam tego, co zrobiły i za co siedziały. Proszę mnie dobrze zrozumieć, do oceny potrzebne są argumenty dwóch stron. Ale to było silniejsze ode mnie, podprogowe. Niektórych księżniczek wręcz się bałam, bo wyglądały jak z amerykańskich horrorów.

– Spacerowałyście razem?

– W Grudziądzu są cztery spacerniaki i nieraz widywałyśmy zielone mundurki. „O, księżniczki idą", mówiłyśmy z pogardą na ich widok. Matka małej Madzi była tak znienawidzona, że trzeba ją było izolować dla jej własnego dobra. Nawet jak mignęła gdzieś daleko, to więzienie pulsowało, jak wulkan przed erupcją.

Sąd Apelacyjny w Katowicach nie dał jej dożywocia, dwadzieścia pięć lat pozbawienia wolności to jej prawomocny wyrok. Ale to i tak dotkliwa kara, dopiero po dwudziestu latach będzie mogła się starać o przedterminowe warunkowe zwolnienie. Wniosek o kasację wyroku został przez Sąd Najwyższy odrzucony. Sędziowie uznali, że Kaśka zabiła z premedytacją. Podobno macierzyństwo jej nie służyło i jako matka czuła się nieszczęśliwa. Wolała zabić, niż oddać dziecko pod opiekę rodziny.

W Grudziądzu matka małej Madzi nie zagrzała miejsca. Przeniesiono ją do Krzywańca, gdzie trafiła do jednoosobowej celi. Słyszałam, że pracuje jako szwaczka, ale tam też jest izolowana od pozostałych osadzonych, szczególnie na spacerniaku i w łaźni. Sama się skazała na totalną samotność. Dopóki świat nie zapomni tego, co zrobiła, jej życie w więzieniu będzie zagrożone.

Miłość i zbrodnia

O nauczycielce, która zabiła syna swojego kochanka, dowiedziałam się dopiero od Sfinksa, chociaż w 2001 roku zbrodnia z jej udziałem nie schodziła ze szpalt gazet. Ja o niej nie słyszałam, a skoro miałam się nią zająć, chciałam bliżej poznać przeszłość tej kobiety. Poprosiłam wychowawcę, aby mi o niej opowiedział.

– Nikt nie widział tej zbrodni, nic nie słyszał, bo trwały lekcje i wszyscy byli w klasach – opowiadał Sfinks. – W gazetach pisano, że strugi krwi wypływające spod drzwi gabinetu lekarskiego zauważyły nauczycielki przechodzące korytarzem. Próbowały dostać się do środka, waliły pięściami w drzwi, ale sforsował je dopiero wuefista. Mariola M. wybiegła z gabinetu jak szalona. Na podłodze leżał chłopiec w kałuży krwi. Zanim pogotowie dotarło, wykrwawił się.

Po zbrodni nauczycielka uciekła ze szkoły. Przez kilka dni błąkała się po okolicy, podobno z zamiarem popełnienia samobójstwa. Była w szoku. Tłumaczyła przed sądem, że nie chciała zabić chłopca, tylko z nim porozmawiać. Ale ją zdenerwował, więc wyciągnęła nóż i stała się tragedia. Ukarała w ten sposób kochanka za to, że nie odszedł od żony, chociaż jej to obiecywał.

Byłam wstrząśnięta tym, co usłyszałam od wychowawcy. Obawiałam się, że Sfinks oczekuje ode mnie rzeczy niemożliwych. W pierwszej chwili pomyślałam nawet, że będę miała do czynienia z osobą niepoczytalną, bo przecież normalny człowiek nie może zadać dziecku ponad trzydziestu ciosów nożem, po sam kręgosłup. Ale osoba niepoczytalna nie staje przed sądem, nie ponosi odpowiedzialności karnej za swoje czyny, ponieważ nie pojmuje znaczenia tego, co zrobiła. Taka osoba trafia do szpitala zamkniętego i na czas leczenia jest odizolowana od społeczeństwa. Nie trwa to wiecznie, a gdy lekarze stwierdzą, że pacjent nie stanowi już zagrożenia, wypisują go do domu. Życie nieraz pokazało, że w swoich diagnozach lekarze bywają zbyt optymistyczni.

Zatem nauczycielka-zabójczyni musiała być poczytalna, a skoro tak, to dlaczego – na Boga – zrobiła coś tak strasznego?!

Odpowiedzi na to i wiele innych pytań udzieliły mi dziewczyny z naszego oddziału, które jak zwykle były o wszystkim najlepiej poinformowane. Całymi dniami namiętnie oglądały wszystkie programy o tematyce kryminalno-obyczajowej, zapamiętywały szczegóły serwisów informacyjnych – daty, miejsca, zdarzenia, no i czytały bulwarówki, w których roi się od krwawych historii.

Więzienne dziewczyny są jak wyszukiwarka Google – rzucisz hasło i natychmiast masz odpowiedzi.

O Mariolce wiedziały m.in., że mieszkała w małej miejscowości pod Białymstokiem (chociaż ona sama przedstawiała nam się potem jako warszawianka). Uczyła w klasach początkowych i cieszyła się nienaganną opinią – do czasu, aż związała się z żonatym mężczyzną, przewodniczącym szkolnej rady rodziców.

Całe miasteczko huczało od plotek, potępiano ich związek. Reputacja nauczycielki ucierpiała najbardziej, bo jako kochanka była skazana na potępienie. Wcześniej nie tylko uczniowie lubili ją i szanowali, także rodzice i grono pedagogiczne. Potem jej życie stało się nie do zniesienia. Publicznie jej ubliżano, wrzucano do skrzynki na listy anonimy z pogróżkami, wybijano szyby w oknach. Po nocach dręczono ją głuchymi telefonami. W imię miłości znosiła upokorzenia. Kochanek powtarzał, że bardzo mu na niej zależy, a ona wierzyła w każde jego słowo. Darzyła go miłością absolutną, a on snuł przed nią plany, że odejdzie od żony. Prosił, żeby uzbroiła się w cierpliwość, że kiedyś wszystko jej wynagrodzi.

Mariola mogła sobie ułożyć życie z innym, była atrakcyjna i podobała się mężczyznom. Jednak zakochana kobieta nie myśli o innych. Kocha całym sercem i cierpliwie czeka na swój czas. Mariolka czekała cztery lata.

– W tym związku to ona kochała bardziej, a same wiecie, że ten, kto kocha bardziej, zawsze ma w życiu pod górkę – opowiadała jedna z najlepiej poinformowanych dziewczyn.

– Zostawił ją? – pytałam, domyślając się motywu zbrodni.

– A jakby inaczej! Oni wszyscy złote góry obiecują, żeby sobie pociupciać na boku. Czarują nas, mamią, a my nabieramy się na to i myślimy, że jesteśmy takie nadzwyczajne. Jak świat światem finał jest ten sam: oni zostają z żonami, a my płaczemy.

Mariolka na pewno też płakała, bo czekanie nie miało końca. Postanowiła rozmówić się z ukochanym, a także z jego żoną.

– Wtedy on, jak zdecydowana większość niewiernych facetów, zaczął się wycofywać z wcześniejszych obietnic – kontynuowała opowieść obłożona bulwarówkami koleżanka z celi. – Oznajmił wprawdzie, że żona nie jest dla niego ważna i jakoś by sobie z nią poradził, ale ich syn nie przeżyłby rozstania. „Ze względu na niego nie mogę rozbić rodziny", miał powiedzieć.

– Drań – skomentowała któraś.

– To jego powinna zabić – podsumowała druga.

– Mariolka popadła w depresję, podobno dwukrotnie chciała się zabić, a co było dalej, to już wiecie.

PRZEGLĄD PRASY:

„Mariola M. przyszła do pracy rano, pomimo że lekcje zaczynała dopiero po południu. Wcześniej widziano ją w przychodni. Kobieta skarżyła się, że źle się czuje.

Ok. 9.30 poleciła dwóm uczniom, aby przekazali Piotrowi P., że wzywa go pielęgniarka. W gabinecie czekała na niego tylko Mariola M., która wcześniej poprosiła sekretarkę szkolną o klucz od gabinetu, wyjaśniając, że chce się zważyć. Nie jest do końca jasne, czy kobieta już wtedy zaplanowała morderstwo, czy tylko chciała spotkać się z chłopcem. I nie wiadomo też, o czym z nim rozmawiała. Natomiast wiadomo, że wyciągnęła introligatorski nóż i zaczęła zadawać ciosy. Chłopiec próbował się bronić, ale nie miał żadnych szans. Kobieta najprawdopodobniej działała w furii, zadając całą serię ciosów głównie w głowę i szyję chłopca.

W poszukiwaniu zabójczyni brało udział ok. 200 policjantów. Przez dwa dni Mariola M. ukrywała się na terenie Puszczy Knyszyńskiej, później dotarła do zakonu w Markach pod Warszawą i stamtąd zadzwoniła do siostry. Pytała, co ma dalej robić. Rozważała samobójstwo albo oddanie się w ręce policji. W końcu wyjawiła miejsce swojego pobytu.

W lipcu 2001 r. M. została oskarżona o zabójstwo ze szczególnym okrucieństwem. Sąd ze względu na ważny interes prawny rodziców ofiary uchylił częściowo jawność rozprawy.

W opinii biegłych M. cechowała silna osobowość, wysoka samoocena i silny egocentryzm".

(Onet.pl, autor: Joanna Zajączkowska,
Nauczycielka z Supraśla zemściła się na kochanku)

„Prokurator i oskarżyciele posiłkowi żądali dla 39-letniej kobiety dożywocia. Uznali, że w tej sprawie nie ma żadnych okoliczności łagodzących. Ich zdaniem działała ona z chęci zemsty i wszystko dokładnie zaplanowała.

«Czy zauważyliśmy, Wysoki Sądzie, na tej sali choć cień skruchy ze strony oskarżonej, choć jedną łzę w jej oczach? Czy usłyszeliśmy: «Wybaczcie mi»? Ja tego nie słyszałem i sąd również», podkreślali rodzice zamordowanego chłopca.

Biegły psychiatra powiedział, że Mariola M. nie zaplanowała zbrodni. Dopiero rozmowa z chłopcem w gabinecie lekarskim zdenerwowała ją do tego stopnia, że sięgnęła po nóż, który miała w plecaku.

«Jej działaniem kierowała nagłość. Napięcie emocjonalne było tak silne, że wymykało się spod kontroli intelektualnej», mówił biegły.

Chłopiec miał powiedzieć do niej «ty k...».

Nauczycielka w swych «ostatnich słowach» mówiła, że jest

jej wstyd – zawiodła zaufanie dzieci w szkole, dla których miała być przykładem.

«Proszę o zrozumienie i możliwie najniższy wymiar kary. Przepraszam», powiedziała na koniec.

Przed aresztowaniem kobieta przez 15 lat pracowała jako nauczycielka nauczania początkowego".

(PAP, *25 lat więzienia dla nauczycielki z Czarnej Białostockiej*, 15 lutego 2002)

Wyrok dwudziestu pięciu lat pozbawienia wolności zapadł 15 lutego 2002 roku. Sąd Okręgowy w Białymstoku nie przyjął opinii biegłych psychiatrów i psychologa, jakoby Mariola M. działała w afekcie. Tamtejszy sąd apelacyjny utrzymał wyrok w mocy, a kasacja wniesiona przez adwokata nauczycielki została przez Sąd Najwyższy oddalona.

Tumany nie rozwiązują krzyżówek

Krótko po mojej rozmowie ze Sfinksem zjawiła się w naszej celi drobna blondynka. Włosy miała spięte, rysy łagodne, ubranie skromne i czyste. Jednak w jej wyglądzie było coś lodowatego.

– Dzień dobry, jestem Mariola – powiedziała tonem nieco wyniosłym.

Dziewczyny leżały na kojach wyraźnie zdegustowane jej obecnością. Żadna nie odpowiedziała.

Twarz kobiety była blada, głowę trzymała dumnie uniesioną.

– No to co, że Mariola – burknęła któraś. – Wszystkie wiemy, jak się nazywasz, suko.

– Ojej, ja bardzo przepraszam, ale ja nie do wszystkich pań przyszłam – powiedziała już innym tonem, robiąc dwa kroki w tył. – Szukam pani Beaty, która to z pań?

– To ja – ujawniłam się, wstając z łóżka. – Skoro mamy współpracować, proponuję mówić sobie po imieniu. Beata jestem. – Wyciągnęłam do niej rękę, ale wyraźnie jej tym nie uszczęśliwiłam.

– Wolałabym jednak zachować dystans. Przecież się nie znamy – stwierdziła, podając mi dłoń drobną i chłodną.

– W takim razie słucham, o co pani chodzi? – przeszłam do konkretów.

– Pan wychowawca wspominał, że pani prowadzi tutaj jakieś konkursy. Oferuję swoją pomoc w układaniu pytań. Tylko od razu chciałabym zaznaczyć, że będą one na bardzo wysokim poziomie – zastrzegła, unosząc protekcjonalnie chudy palec.

– Co pani rozumie przez „wysoki poziom"? – spytałam.

– Ja jestem bardzo inteligentną osobą, mam dużą wiedzę i dla tumanów quizów rozpisywać nie będę.

Co za nadęta baba, pomyślałam, ale odpowiedziałam spokojnie:

– Ludzie inteligentni to tacy, którzy potrafią dostosować się do różnych sytuacji, a jakie my tu mamy warunki, każdy widzi.

Dziewczyny chrząknęły znacząco, a ja dziękowałam Bogu, że identyfikowały się jedynie ze słowami „sytuacje i warunki", nie biorąc sobie do serca „tumanów".

– Sądzi pani, że nasze osadzone nie rozwiązują quizów i krzyżówek? – zapytałam, a ona na to, że owszem, rozwiązują, ale „to jest jakieś disco polo".

I wtedy ciśnienie mi skoczyło. Nasze dziewczyny może nie były w szkole orłami, za to tutaj, w więzieniu, odpowiadając na pytania konkursowe, dawały z siebie wszystko. Chcąc zapewnić zabawę, należało przydzielać im takie zadania, z jakimi mogły sobie poradzić. Tylko wtedy quizy sprawiały radość, wyzwalały zdrową rywalizację i budowały poczucie przynależności do grupy. Cele, które wygrywały quizy, dostawały gromkie brawa, a liderki przez wiele dni paradowały po peronce z zadartymi nosami.

– Pani Mariolu – odezwałam się, poskramiając negatywne emocje. – Może dziewczyny nie wiedzą, co to jest liczba „pi", za to bezbłędnie wymienią filmy, w których grał Denzel Washington, ponieważ go kochają. Nie wiedzą też, co to mianownik i dopełniacz, ale znają wszystkie plotki z życia gwiazd, podobnie jak piosenki Zenka. Uwielbiają stare filmy miłosne. Jeśli nawet nie wiedzą, kto grał główne role w *Przeminęło z wiatrem,* to tak długo będą wydzwaniać do domów, aż się dowiedzą.

– Pamiętasz, Beatka, nasz konkurs geograficzny? – wtrąciła się jedna z milczących dotąd dziewczyn.

Przytaknęłam i roześmiałam się w głos.

– Jedno z pytań brzmiało: „Jak nazywa się stolica Monako?" – wyjaśniłam Mariolce. – Dziewczyny całe dwa dni się głowiły, aż w końcu któraś zadzwoniła do męża, żeby sprawdził to dla niej w internecie.

– I co z tego? – burknęła.

– A choćby to, że popłakały się ze śmiechu, bo to też Monako.

– Nie widzę w tym nic śmiesznego.

– Proszę pani – ciągnęłam – właśnie taki poziom odpowiada naszym dziewczynom. A przecież quizy są dla nich, prawda? Proszę zatem uszanować ich zainteresowania. W przeciwnym razie z naszej współpracy nici.

Dziewczyny chichotały, ewidentnie rozbawione sytuacją. Pani Mariola zapragnęła jak najszybciej opuścić naszą celę, co było widać, słychać i czuć.

Generalnie nie wierzę w resocjalizację, ale uważam, że organizowanie w więzieniach quizów i konkursów jest namiastką procesu zmieniania człowieka na lepsze. Zdrowa rywalizacja motywuje do tego, aby przeczytać ciekawą książkę lub zamiast programu o gotowaniu klusek obejrzeć film popularnonaukowy i coś z niego zapamiętać. Widziałam na własne oczy, że ich radość z wygranej jest ogromna, jakby zdobyły co najmniej Mount Everest. Każda z tych dziewczyn, które spotkałam za kratami, marzyła, aby ktoś ją pochwalił, docenił i powiedział: „No, no, jaka ty jesteś oczytana" lub „Obejrzałaś tamten film o wyprawie na K2 i tyle rzeczy zapamiętałaś". Dostają wtedy skrzydeł. Czują się lepsze, a przez to lepiej się odnoszą do Służby Więziennej i towarzyszek w celi. I nie chodzi o to, żeby znały teorię o czarnych dziurach w kosmosie, lecz by organizatorzy konkursu wstrzelili się pytaniami w ich zainteresowania.

– Ja nie będę się zniżać do tego poziomu – oznajmiła chłodno Mariola. – Mogę ewentualnie rozpisać swój konkurs.

– I tak będzie najlepiej! – przyjęłam entuzjastycznie jej inicjatywę. – Opracuje pani pytania, zaniesie do wychowawcy, a on zrobi ksero i poroznosi po celach. Dziewczyny będą miały ambitne zadanie, a pani satysfakcję pedagogiczną.

Życzyłam jej powodzenia i już wiedziałam, że Sfinks będzie moją postawą zawiedziony.

– Niech wypierdala z tą swoją ambitną pedagogiką – warknęła najbardziej oczytana w kryminałach dziewczyna. – Bo jak chwycę za ten jej zryty łeb, to kibel wyczyszczę i wodę spuszczę.

Zabójcze motywy

Rzadko widywałyśmy Mariolkę. Całymi dniami siedziała w swojej dwuosobowej celi i czytała książki. Czasami tylko podchodziła do telefonu i dzwoniła. Zewsząd dochodziły wtedy złowrogie pomruki. Żyła w kompletnej izolacji – żadnych koleżanek, żadnych rozmów na korytarzu, żadnej wspólnej kawy. Nie jadło się z nią posiłków, więc musiała udawać się z talerzem do toalety. Niekiedy rzucała się w trakcie spaceru: „Ładna dziś pogoda", ale zdarzało się to bardzo rzadko i nikt jej nie odpowiadał.

Szybko w ogóle zapomniałam o jej istnieniu, a wychowawca o nią nie pytał. Dzisiaj myślę, że nauczycielka celowo nie rzucała się w oczy i nie zabiegała o naszą sympatię. Ta jej wyniosłość była pozą. Za to, co zrobiła temu nieszczęsnemu dziecku, nieraz musiała być prześladowana, znosiła obelgi lub dostawała lanie od osadzonych. Ta wyższość, która wręcz odstręczała, musiała być świadomie przybranymi barwami ochronnymi. Mariolka wolała nikogo do siebie nie dopuszczać, niż drogo zapłacić za nawiązanie jakiegoś kontaktu. Dziewczyny są wobec dzieciobójczyń bezwzględne i nie przebierają w środkach. Funkcjonariusze Służby Więziennej muszą mieć oczy z tyłu głowy. Chwila nieuwagi i może dojść do tragedii.

Gdy spotkałyśmy się z Mariolką w Grudziądzu, od zbrodni w szkolnym gabinecie pielęgniarskim minęło kilkanaście lat, zatem emocje wokół sprawy opadły. Bezpośrednio po tamtych wydarzeniach zainteresowanie mediów musiało być ogromne, a zła sława szła za nią od celi do celi. Mariolka na pewno musiała być – podobnie jak matka małej Madzi – całkiem odizolowana dla własnego bezpieczeństwa. Wtedy otoczyła się pancerzem.

Z czasem ta wyniosła i skrajnie samotna kobieta wyczuła, że nie jestem jej wrogiem. Opowiedziała mi o wydarzeniach poprzedzających zbrodnię. Powtórzę wam fragment naszej rozmowy ku przestrodze, ponieważ zabawy czyimiś uczuciami, kłamstwa w związku i skrajne emocje już nieraz doprowadzały do tragedii.

– Beata, ja naprawdę nie chciałam zabić dziecka – przekonywała.

– Idąc do szkoły, wzięłaś ze sobą nóż, więc musiałaś mieć złe zamiary – powtórzyłam argumenty prokuratora, który ją oskarżał.

– Myślałam wtedy tylko o jednym, żeby sprawić kochankowi cierpienie, żeby go dotknąć do żywego. On mnie poniżył, pozbawił resztek godności.

– Zatem to jego powinnaś ukarać, a nie chłopca.

– Myślenie w takim stanie jest inne, logika nie działa – tłumaczyła.

Tamtego dnia, zanim w gabinecie polała się krew, Mariola zatelefonowała do kochanka i tak mu powiedziała:

„Słuchaj, ja cię bardzo kocham, ale będziesz cierpiał. Zrobię coś takiego, że nigdy mnie nie zapomnisz, a żona i wszyscy ludzie, których znasz, znienawidzą cię i przeklną. Komuś stanie się krzywda i będzie to wyłącznie twoja wina. Dopadną cię wyrzuty sumienia i pozostaną z tobą do końca życia. Ja zgniję w więzieniu, ale ty będziesz miał gorzej, bo nie udźwigniesz tego ciężaru. Pamiętaj, to wszystko będzie twoja wina".

Strach w oczach Sfinksa

Minęło pół roku, towarzystwo w celach się zmieniało – jedne dziewczyny wyjechały, drugie przyjechały. Skupiłam się na swoich sprawach, czyli pracy, wnioskach nagrodowych i zabiegach o warunkowe zwolnienie. Dni były do siebie podobne. Szara więzienna rzeczywistość.

Wołanie oddziałowej wydało mi się donioślejsze niż zwykle.

– Pani Krygier, do wychowawcy!

Pospiesznie ogarnęłam włosy i musnęłam usta pomadką.

– Coś się stało? Narozrabiałam? – zapytałam targana dziwnym przeczuciem.

– Pani to zawsze tragizuje. – Machnęła ręką oddziałowa, a ja skierowałam kroki do pokoju Sfinksa.

Wyglądał, jakby nie spał trzy noce.

– Co jest, panie wychowawco?

– Zabierają panią Mariolę z naszego oddziału – odpowiedział z wyraźną ulgą.

– To chyba dobrze, prawda?

Skinął głową, a ja się zastanawiałam, czy to rutynowe przeniesienie.

– Co takiego zrobiła? Napisała na pana skargę?

Sfinks bił się z myślami, przez chwilę nie mógł wykrztusić słowa.

– Niech pan oleje te skargi. Tylko pan zdrowie straci.

– Nie w tym rzecz – powiedział wreszcie. – Ta kobieta się we mnie zakochała!

– O matko, tragedia! – wykrzyknęłam, czym tylko pogłębiłam stres Sfinksa.

– To co, uważasz, że we mnie nie można się zakochać? – chyba próbował zażartować, ale ja potraktowałam to śmiertelnie poważnie.

– No, nie, źle mnie pan zrozumiał... Ja jej się wcale nie dziwię, bo całkiem fajny z pana facet, a konkurencja tu żadna. Ale jest pan żonaty, niestety.

– Ona widać gustuje w żonatych. Ubzdurała sobie, że ja odwzajemniam jej uczucia! Napisała list do dyrektora naszego oddziału, że się kochamy i planujemy wspólną przyszłość. Oczywiście wszystkiemu zaprzeczyłem i poprosiłem, żeby natychmiast przeniesiono ją na inny oddział.

– Dyrektor chyba panu uwierzył, prawda?

– Zorganizował konfrontację. Wchodzę do jego gabinetu, patrzę, a ona siedzi sobie z nóżką na nóżce i bezczelnie kłamie. Nie pytaj o szczegóły, bo nie dam rady powtórzyć. Pomyślałem, że ta kobieta zwariowała. Teraz obawiam się, że to coś więcej.

Zobaczyłam na jego twarzy autentyczne przerażenie.

– Dał jej pan powód? – zapytałam ze świadomością, że naruszam jego prywatność. Ale skoro sam zaczął, niech powie, jak było.

– Żadnego! Byłem normalny, służbowy, żadnego spoufalania się z osadzoną – przekonywał, a ja mu uwierzyłam. – To niebezpieczna kobieta, psychopatka. Widzi rzeczy, których nie ma!

– Boi się pan?

– Jak cholera! Przecież oboje wiemy, do czego jest zdolna. Skoro była w stanie dosłownie rozerwać nożem twarz tamtego chłopca, to ja nie mam żadnej gwarancji, że w przyszłości nie zrobi tego samego moim dzieciom. Za dziewięć lat wyjdzie i zbliży się do mojej rodziny albo wbije mi nóż w plecy!

Sfinks był bliski płaczu. Takiej bezsilności nigdy u niego nie widziałam.

– Panie wychowawco, trzeba się uspokoić, myśleć logicznie. Minie szmat czasu, zanim ona wyjdzie na wolność.

Pocieszałam go, ale on wiedział swoje.

– Takie jak ona pielęgnują nienawiść. Chęć zemsty latami narasta, a nie maleje. Jeśli sobie ubzdura, że ją porzuciłem, to miej Boże w opiece wszystkich moich bliskich.

Nigdy już nie zobaczyłam Mariolki. Wywieziono ją z Grudziądza i nikt po niej nie płakał. Od tamtej pory Sfinks bardzo się zmienił, otoczył niewidzialnym murem. Nawet przez chwilę nie zwątpiłam, że ta kobieta z piekła rodem wszystko sobie uroiła.

Mam nadzieję, że w nowym miejscu odosobnienia znów jest księżniczką na zamku.

Rozdział 8

Rozmowa o seksie i co z niego wynika

Tym razem wstępu nie będzie, bo czym jest seks tłumaczyć nie trzeba, podobnie jak tego, że wynika z niego nie tylko przyjemność. U żony prezesa Amber Gold, aresztowanej w głośnej sprawie piramidy finansowej, z seksu za kratami „wyniknął" zdrowy, piękny chłopczyk o imieniu Jasiek.

– Jak to możliwe, skoro mąż i żona przebywali w różnych aresztach śledczych. Mieli intymne widzenia? – pytam naszą przewodniczkę po więziennej rzeczywistości.

– Nie mogli mieć żadnych widzeń, przecież w śledztwie oboje występowali jako podejrzani. Zasięg i rozgłos towarzyszący sprawie Amber Gold* dodatkowo wykluczał jakie-

---

* Proces Katarzyny P. i jej męża przed Sądem Okręgowym w Gdańsku rozpoczął się w marcu 2016 roku. Według śledczych (a także badającej sprawę komisji sejmowej) spółka była piramidą finansową. W ciągu zaledwie trzech lat małżonkowie P. oszukali blisko 19 tys. klientów. Wmawiali im, że powierzając Amber Gold swoje oszczędności, pomnożą je inwestycjami w złoto, srebro i platynę. Lokaty rzekomo miały mieć gwarancje i ubezpieczenia, co wiązało się z dodatkowymi opłatami ponoszonymi przez klientów. Ochrona lokat okazała się fikcją.

Małżonkowie P. wyłącznie gromadzili, a nie pomnażali fundusze. Wydawali je na swoje wysokie pensje i różne zachcianki. Fi-

kolwiek kontakty. O ile dobrze pamiętam, ich firma oszukała kilkanaście tysięcy klientów na jakieś osiemset milionów złotych. Cała więzienna Polska nie mówiła jednak o przekręcie ze złotem, ale o ciąży Katarzyny P.

– Co mówiła?

– Kto jest ojcem. Za kratami wiedziano znacznie szybciej, niż ustaliła to prokuratura.

– To kto jest ojcem Jaśka?

– Nie czytała pani doniesień prasowych?

– Nie.

– To niech pani przeczyta, bo ja nie lubię plotek o charakterze obyczajowym.

PRZEGLĄD PRASY:

„Łódzka prokuratura otrzymała wyniki badań DNA, które potwierdzają, że ojcem dziecka współwłaścicielki Amber Gold, która przebywała w areszcie śledczym w Łodzi, jest jeden z byłych pracowników tego zakładu karnego. Mężczyzna wkrótce może usłyszeć zarzuty.

Kobieta początkowo zaprzeczała, jakoby została wykorzystana przez jednego ze strażników. Gdy śledztwo w tej sprawie zostało umorzone, Katarzyna P. zmieniła zdanie i zdecydowała się zeznawać.

---

nansowali na przykład linie lotnicze krajowego przewoźnika, które w zestawieniu z konkurencją nie mogły być dochodowe. Takie „inwestycje" musiały się zakończyć katastrofą. Według prokuratury doprowadzili klientów do niekorzystnego rozporządzenia mieniem w wysokości ponad 850 mln zł. Zarzucono im także pranie pieniędzy.

O ciąży żony prezesa Amber Gold zrobiło się głośno wiosną 2015 roku. Jej mąż, Marcin P., przebywał wtedy w areszcie w Piotrkowie Trybunalskim i nie doszło do żadnych jego intymnych spotkań z żoną.

Jednym z wychowawców w areszcie był wtedy Tomasz R., w randze kapitana, który okazał się ojcem dziecka osadzonej. Obecnie przed gdańskim sądem cywilnym toczy się proces w tej sprawie. Tomasz R. blisko dwa lata unikał przeprowadzenia badań DNA. Do dostarczenia próbki śliny zmusili go dopiero łódzcy śledczy.

Tomasz R. nie pracuje już w areszcie śledczym, odszedł ze służby. Gdyby tego nie zrobił, zostałby z niej wydalony, bo został skazany za podżeganie do poświadczenia nieprawdy. Wewnętrzne śledztwo w areszcie przy Beskidzkiej zakończyło się naganami dla dziewięciu funkcjonariuszy, ukaranych między innymi za to, że wiedzieli o jego romansie z Katarzyną P. i nie poinformowali o tym przełożonych. Ówczesny szef aresztu został odwołany ze względu na niewłaściwy nadzór zarówno nad osadzonymi, jak nad strażnikami".

(Onet.pl, autor: Magdalena Gałczyńska, *Sprawa Amber Gold: wychowawca więzienny ojcem dziecka Katarzyny P.*, 14 lipca 2017)

– A zatem seks osadzonej ze strażnikiem.

– I to nie pierwszym lepszym oddziałowym, lecz z wychowawcą.

– Jak to możliwe, skoro w więzieniu są kamery?

– Nie wszędzie. Jeżeli dwoje ludzi chce uprawiać seks, to znajdą odpowiednie miejsce i czas. W więzieniu oddziałowy może wszystko, więc jaki to dla niego problem wyprowadzić dziewczynę poza zasięg kamer. A nawet za mury, chociażby pod pretekstem sprzątania. Może ją zabrać do pomieszczeń, w których nie ma monitoringu.

– Czyli?

– Do magazynu, kuchni, do pokoju wychowawcy. Nie powiem nic odkrywczego, że funkcjonariusze chętnie korzystają z usług osadzonych. Najczęściej jest to układ „coś za coś" i obie strony o tym wiedzą. One oferują seks, oni pomagają na przykład w uzyskaniu przepustki. Jeśli dodatkowo zbliżenia sprawiają im przyjemność, to w miarę regularnie umilają sobie życie. W więzieniu nie przestajemy być kobietami. Wciąż chcemy się podobać i potrzebujemy bliskości. Gdy funkcjonariusz okazuje dziewczynie zainteresowanie, a ona właśnie potrzebuje silnego ramienia, na którym mogłaby się wypłakać, to taka relacja może przerodzić się w coś poważniejszego. Kobieta sama będzie dążyć do zbliżenia.

– Stosunki funkcjonariuszy z osadzonymi są przecież zabronione.

– Oczywiście, ale kto upilnuje dorosłych ludzi, którzy chcą to zrobić? Spotkałam wiele dziewczyn, które kusiły, prowokowały. Niektóre na wolności były prostytutkami i takie zachowania miały we krwi. Seks z mężczyzną dawał im satysfakcję i uspokajał, taka resocjalizacja przez seks [śmiech]. W Służbie Więziennej pracuje wielu przystojnych oddziałowych. Mają po metr dziewięćdziesiąt wzrostu i wysportowane sylwetki. Niektórzy mogą nieźle zawrócić w głowie.

Może gdybym była młodsza, to też miałabym pomysły, aby zwabić do siebie któregoś [śmiech].

– Ktoś podobał się pani szczególnie?

– Taki Stefan, ale on miał żonę i dwójkę dzieci, więc odpadał na starcie. Chodził bardziej niewyspany niż Sfinks, dlatego mówiłyśmy na niego Śpiący. Pewnie też dzieciaki po nocach mu szalały, więc przychodził do pracy zmęczony. Był w moim typie, bardzo męski, a do tego sympatyczny i z poczuciem humoru.

Zdarzyło się parę razy, że Stefan rozpakowywał moją paczkę z kosmetykami. To zwykłe procedury, ale jak się trafi złośliwy funkcjonariusz, to pod byle pretekstem zatrzyma połowę, na przykład ze względu na zawartość alkoholu w dezodorancie lub płynie do demakijażu. Ale oddziałowy Stefan nie czepiał się rzeczy nieistotnych. Można go było przekonać, że bez całej torby kosmetyków większość kobiet nie przeżyje nawet jednego dnia [śmiech].

– Pani Krygier, za wami, kobietami, trudno nadążyć – komentował, przeglądając zawartość paczki. – Tyle tego macie i wszystko jest niezbędne. Raz żona wysłała mnie do Rossmanna po JAKIŚ balsam do ciała. Stanąłem w sklepie kompletnie bezradny, bo tam była cała półka balsamów! Skąd miałem wiedzieć, o który konkretnie jej chodzi? A jak do niej zadzwoniłem i zapytałem, to jeszcze mnie wyśmiała, że sierota ze mnie.

Lubiłam też oddziałowego z Kamienia Pomorskiego – dwudziestoparoletniego Kamila. Bardzo przystojny, wysoka kultura osobista. Wychodziliśmy razem za bramę – ja zamiatałam i grabiłam, a on miał mnie pilnować.

– Rzuć pani te grabie, pogadajmy chwilę – proponował i częstował mnie papierosem.

Był powściągliwy w komentarzach damsko-męskich. Nigdy nie spoufalał się w tym temacie.

– Należał do wyjątków?

– Nie chciałabym generalizować, mężczyźni ze Służby Więziennej są naprawdę różni i różnorodne są ich zachowania wobec osadzonych. Nie wszyscy mają tyle klasy co Sfinks, oddziałowy Stefan czy ten młody Kamil z Kamienia. Są tacy, którzy rwą się do takich rozrywek. Najbardziej wyrywny był akurat najmniej przystojny oddziałowy. Nie podam jego imienia, żeby nie narobić mu problemów. Taki miał sposób na życie.

– Wykorzystywał osadzone?

– Nic nie działo się wbrew ich woli. Byłabym ostrożna w formułowaniu sądów, że funkcjonariusze Służby Więziennej wykorzystują osadzone. Ten układ działa w dwie strony. Nie widziałam sytuacji ani też nie słyszałam o takich przypadkach, aby dziewczyny były do czegoś przymuszane.

– Nie tak dawno dziennikarze z Wrocławia wytropili aferę seksualną w tamtejszym areszcie. Z ich śledztwa wynikało, że osadzone świadczyły usługi więźniom, którzy mieli układy ze strażnikami i płacili za seks nawet po kilkaset złotych. Robili to w łaźni, magazynie i pustych celach.

– Znam temat z telewizji, z reportażu *Superwizjera* TVN. Kiedy go emitowano, byłam już na wolności. Proceder miał być zorganizowany przez oddziałowych i jedną z osadzonych. Całkowicie wierzę w dziennikarskie ustalenia. W więzieniu takie sytuacje są do zorganizowania. Tam zmuszano do seksu szantażem, a to już nie tylko skandal obyczajowy. Dziennikarze ujawnili bardzo poważny przestępczy proceder.

– Jak coś takiego w ogóle było możliwe?

– Gdyby nie tamta afera, powiedziałabym, że seks z więźniami jest w kobiecych więzieniach po prostu niemożliwy. Owszem, skazani czasami pojawiają się w kuchni – przywożą lub wywożą kotły z jedzeniem. Można ich w przelocie zobaczyć, ale nic więcej. Cały czas znajdują się pod nadzorem oddziałowych. Ale widać wszystko da się zrobić, a potrzeba jest matką wynalazków.

– Kiedy jest na to najdogodniejsza pora? W nocy?

– Po piętnastej, kiedy administracja kończy pracę. Wtedy całą władzę sprawują oddziałowi. Nieraz widziałam, jak właśnie po piętnastej zaczynał się ruch w interesie. Dziewczyny robiły sobie fryzury, makijaż, wkładały seksowne ciuchy i wychodziły „do pracy". Żadna z nich, chociaż rzekomo szły na sprzątanie, nie miała na sobie dresu.

Uważam, że nie byłoby prostytucji za kratami, gdyby nie przyzwolenie ze strony dziewczyn lub wręcz inicjowanie przez nie intymnych spotkań. Pewna narkomanka z Kamienia Pomorskiego leciała do oddziałowych cała w skowronkach, w bluzce z dekoltem po sam pępek. Nikt mi nie wmówi, że akurat po południu występowało pilne zapotrzebowanie na sprzątanie, i to w salach widzeń intymnych. Wyjechała z Kamienia Pomorskiego, bo była w ciąży. Mówiła, że zaszła ze swoim chłopakiem.

– Co się dzieje z ciężarnymi?

– Trafiają do Grudziądza, tam jest oddział położniczo-ginekologiczny. Albo do Zakładu Karnego w Krzywańcu. Dziewczyny myślą, że jak zajdą w ciążę, to sąd zaraz da im przerwę w karze. „Będę w ciąży, to wyjdę" – to złudne przekonanie. Sąd orzeka o przerwie w karze wyłącznie w przypadku zagrożenia życia i zdrowia matki lub dziecka. Po porodzie kobieta wraca do więzienia, bo kary nie przerywa się na wieczność, tylko na pół roku lub do czasu rozwiązania.

Podczas pobytu w Grudziądzu słyszałam o jednym takim przypadku. Pewna narkomanka na odwyku, która pod wpływem heroiny spowodowała wypadek samochodowy i zabiła młodego policjanta, zaszła w ciążę celowo, aby wydostać się z więzienia. Jej bogobojna rodzina była w szoku, a chłopak, z którym miała intymne widzenia – przerażony. Udało jej się wyjść na przerwę w karze z powodu zagrożenia ciąży i życia dziecka. Ten przypadek był wyjątkowy. Sąd generalnie unika podobnych decyzji.

– Dlaczego?

– Opieka zdrowotna w Grudziądzu jest naprawdę na wysokim poziomie i trwa dwadzieścia cztery godziny na dobę. Ponadto jest tam również oddział tak zwany „nagły", a gdy sprawa jest bardzo poważna, Służba Więzienna wzywa zespół ratunkowy z miasta. Ale widać z ciężarną narkomanką sobie nie poradzili. Urodziła na wolności.

– Musiała wrócić do więzienia?

– Oczywiście. Żaden sąd nie skasuje wyroku pięciu lat pozbawienia wolności tylko dlatego, że urodziło się dziecko. Karę trzeba odbyć.

– Co z noworodkiem? Przecież małe dziecko potrzebuje matki.

– Wszystko da się pogodzić, tylko matka musi się o to postarać. Co powinna zrobić? Zgłosić się do sądu rodzinnego i nieletnich z prośbą o możliwość odbywania kary pozbawienia wolności wraz z dzieckiem. Taką prośbę należy również skierować do administracji zakładu karnego i czekać na decyzję. Jeśli zapadnie, matka i dziecko będą razem. Rozstania są bolesne, a zdarzają się wówczas, gdy procedury nie zostaną zachowane.

PRZEGLĄD PRASY:

„W Grudziądzu mieści się oddział położniczo-ginekologiczny dla ciężarnych więźniarek – placówka, której nie znajdziemy w żadnym innym polskim więzieniu. Przebywających tam kobiet nie nazywa się skazanymi czy osadzonymi, tylko pacjentkami.

«Nie brakuje osób, które uważają, że więzienna porodówka nie spełnia standardów medycznych – mówi Marzena Piekarska, kierowniczka działu penitencjarnego w grudziądzkim zakładzie karnym. – To nieprawda. Wyposażenie naszego oddziału musi być znacznie lepsze niż w przeciętnym szpitalu».

Żłobek jest, poza porodówką, jedynym miejscem w więzieniu, gdzie spotykają się osadzone spod znaku P (pierwszy wyrok) oraz R (recydywa). Zwykle te dwie grupy więźniarek, z uwagi na możliwość wzajemnej demoralizacji, są od siebie odseparowywane.

«Badania wykazały, że w domach matki i dziecka proces resocjalizacji przebiega najskuteczniej – zapewnia Mariola Gawron, więzienna pielęgniarka. – Resocjalizacja nie polega przecież na robieniu z ludzi aniołów, tylko na uczeniu ich podstawowych ról społecznych. Często trafiają do nas skazane, których nie można było nazwać dotąd wzorowymi matkami. Niektóre z nich dopiero w zakładzie karnym uczą się, jak prawidłowo zająć się swoim dzieckiem».

Żłobek to jedno z najweselszych miejsc w więzieniu. Pokoje, które trudno nazwać celami, udekorowane są kolorowymi obrazkami, a obok «prycz» więźniarek stoją dziecięce kołyski. I tylko kraty przypominają o tym, że cała ta sielanka jest wyłącznie pozorem, za którym kryje się prawdziwy dramat. Zwłaszcza w przypadku kobiet z długoletnimi wyrokami. Maluch może przebywać z matką w więzieniu najwyżej do trzeciego roku życia. Później musi zaopiekować się nim rodzina na wolności. Jeżeli okaże się to niemożliwe, pozostaje wyłącznie dom dziecka".

(„Nowości – Tygodnik Toruński", autor: Adam Luks, *Ślub naprawdę, seks tylko na migi*, 31 sierpnia 2006)

Żona prezesa Amber Gold

– Poznała pani Katarzynę P.?

– Widywałam ją na spacerniaku, dwa razy spotkałyśmy się u lekarza. Czekałyśmy razem na kontrolę osobistą, chwilę rozmawiałyśmy. Odniosłam wrażenie, że jest silną osobowością. Mówiłyśmy na nią Kaśka. Ona nie szukała za kratami przyjaciółek, nie przechodziła na „ty".

– Jaka jest żona słynnego aferzysty?

– Nie wyglądała na gwiazdę. Nie zauważyłam, żeby się wywyższała, chociaż początkowo dziewczyny mówiły o niej nie bez złośliwości.

– Co takiego mówiły?

– Że gwiazdorzy, bo nie chce dla synka żadnych „więziennych" rzeczy. Dzieci w Grudziądzu chodzą często lepiej ubrane niż te na wolności. Mają wszystkiego pod dostatkiem, nie tylko ciuszków, także mleka, odżywek i pieluch. Sponsorzy dostarczają produkty najlepszych firm, wszystko jest nowe i czyste.

– To dlaczego ona nie chciała tych rzeczy?

– Często przychodziły do niej paczki, miała w nich wszystko, czego matce z dzieckiem potrzeba. Wiem to od Patrycji, która pracowała w żłobku. „Nasza jaśnie pani nie bierze pieluch i smoczków", komentowała z przekąsem i chyba zazdrością, że tamtą stać na luksusy.

– Za luksusy była nielubiana?

– Uważano, że jest zarozumiała i wyniosła. Z czasem, za sprawą pewnego wydarzenia, zaczęto darzyć ją szacunkiem. Okazało się bowiem, że niesłusznie posądzałyśmy ją o egoizm, ona widziała nie tylko czubek własnego nosa. A było to tak. Na oddziale dla matek z dziećmi przeciekała rura, której długo nie naprawiano.

– Telewizję sprowadzę, niech cała Polska zobaczy, w jakich warunkach dzieci się tu trzyma – dociskała administrację Kaśka.

Domagała się nie tylko wymiany cieknącej rury.

– Spalicie się ze wstydu, gdy opinia publiczna zobaczy, że za grzechy matek cierpią Bogu ducha winne niemowlaki. Tutaj jest brud, smród i ubóstwo – grzmiała.

Jej argumenty postawiły na nogi całą Służbę Więzienną

w Grudziądzu. Oddział dziecięcy został wyremontowany! Wszystko jest teraz nowe i lśniące. Dziewczyny uważają, że to jej zasługa, bo jak żadna inna potrafiła się postawić. Tupnęła nogą i już załatwiła coś, co podobno było niemożliwe. Nic dziwnego, że jej akcje w więzieniu momentalnie skoczyły. Osadzone kłaniały jej się z daleka, posyłały uśmiechy. W całym więzieniu huczało, że wywalczyła tak ważną dla wszystkich sprawę. Przysłużyła się wszystkim matkom i dzieciom. Nikt inny nie miałby tyle odwagi co ona. Walczyła o te dzieciaki na oddziale jak lwica.

Kaśka od początku pobytu w Grudziądzu robiła swoje i nikomu w drogę nie wchodziła. Kiedy do nas przyjechała, była jeszcze przed procesem. Miała status osadzonej tymczasowo aresztowanej, więc nie korzystała z przywilejów, jakie mają osoby skazane. Na przykład nie mogła swobodnie poruszać się po sąsiednich celach, rozmawiać przez telefon, nawiązywać znajomości. Była w więzieniu tylko jedną nogą, bo areszt to dopiero przedsmak prawdziwego więziennego życia. Korzystała za to z przywilejów wynikających z macierzyństwa. W Grudziądzu matki z dziećmi mają świetną opiekę medyczną i bardzo dobre warunki bytowe. Kolorowe pokoje bez krat w oknach, osobna kuchnia, zdrowa dieta. Do tego wózki, zabawki i ogródek jordanowski. Dzieci pomagają matkom nie zwariować w tym okratowanym świecie.

Wiem od Patrycji, że Kaśka była (i zapewne nadal jest) bardzo dobrą matką.

PRZEGLĄD PRASY

„Afera Amber Gold nieoczekiwanie przerodziła się w seksaferę w łódzkim zakładzie karnym.

(...) Paweł Moczydłowski – szef Służby Więziennej w latach 1992–1994 – nie jest zdziwiony tym, że między pracownikiem więzienia a aresztantką doszło do romansu. Jak mówi, takie przypadki się zdarzają i z reguły kończy je odejście pracownika z placówki.

«Jeżeli dwoje ludzi łączy uczucie, przełożeni proszą pracownika, aby zwolnił się na własną prośbę. Natomiast gdyby się okazało, że dochodzi do relacji seksualnych, jak to miało miejsce w łódzkim więzieniu, jest to podstawa do przymusowego zwolnienia», wyjaśnia. Wydawałoby się że cela czy więzienny spacerniak mają niewiele wspólnego z romantyczną atmosferą, która mogłaby sprzyjać rodzeniu się uczucia. Ale to właśnie spotkanie i rozmowa z wychowawcą stwarzają okazję do nawiązania bliższego kontaktu. Paweł Moczydłowski potwierdza, że częściej chodzi o załatwienie przywilejów niż o uczucie.

«Będzie mi łatwiej, jeśli strażnik załatwi coś na mieście». Tak to się często zaczyna, a później przeradza w coś głębszego. Między innymi dlatego takie romanse są podejrzane, a pracownika prosi się o zwolnienie. Szczególnie w przypadku aresztu, gdzie toczy się śledztwo.

Aby uniknąć takich sytuacji, najczęściej w więzieniach pracują osoby tej samej płci.

«Chodzi o to, by mężczyźni nie byli wystawiani na pokusy więźniarek – mówi były szef więziennictwa. – Niektóre z nich są zdemoralizowane i wiedzą, że mężczyznę można łatwo uwieść. W areszcie jest nieco inaczej i jak sądzę, wychowawca padł ofiarą uwiedzenia. Przypuszczam, że powodem tego zdarzenia jest głupia naiwność funkcjonariusza, który został wykorzystany»".

(„naTemat", autor: Krzysztof Majak, *Była więźniarka o seksie z klawiszami: To się załatwia gdzieś na kuchni. Potem ciąża i do Grudziądza*, 27 marca 2015)

Plotki i pomówienia

– Zabójcza nauczycielka uroiła sobie romans ze Sfinksem. Słyszała pani o innych takich przypadkach?

– Nie tylko słyszałam, ale też widziałam. Pewna młoda i atrakcyjna osadzona z Grudziądza wymyśliła sobie romans z naszym lekarzem pierwszego kontaktu. Pan doktor przyjmował pacjentki w gabinecie znajdującym się w zupełnie innym budynku. Biegała do niego jak kot z pęcherzem. Wiecznie kombinowała, jak by znaleźć pretekst do kolejnej wizyty. Problemu wielkiego z tym nie miała, ponieważ opieka medyczna za kratami jest bardzo dobra, a pomoc udzielana od ręki. Ta konkretna pacjentka wykazywała wyjątkową kreatywność w symulowaniu chorób. Wszystko po to, by trafić do doktora jako „nagły przypadek".

Któregoś dnia poinformowała dyrekcję, że jest zupełnie zdrowa, tylko ma romans z doktorem. Wiadomość rozniosła się po celach z prędkością światła, a ona chodziła po peronce dumna jak paw.

Narobiła doktorowi takich problemów w pracy, że nieszczęśnik zamiast nas leczyć, wiecznie pisał jakieś wyjaśnienia.

– Rozmawiała pani z nim na ten temat?

– Wybrałam się do gabinetu po receptę na leki, które zażywam regularnie. O tym „romansie" było już głośno, zatem rozmowa jakoś sama zeszła na wiadome tory. Doktor jest człowiekiem ogromnej kultury, zawsze waży słowa i nigdy o nikim nie wypowiada się negatywnie. Ale wtedy był wzburzony.

– Przecież sama pani widzi, że w gabinecie zawsze jest obecna pielęgniarka i nie ma odstępstw od tej reguły. Zatem kiedy, jak i gdzie miałbym romansować?! – pytał, nie oczekując odpowiedzi.

– Fakt – przytaknęłam.

– Nawet gdybym bardzo chciał kogoś dyskretnie pocałować, byłoby to po prostu NIE-WY-KO-NAL-NE.

– Uwierzyła pani lekarzowi?

– Moim zdaniem mówił prawdę. Charakterologicznie nie pasowałby do takich scen, nie ten typ po prostu. Kobiety wiedzą, o czym mówię, my wyczuwamy lowelasów intuicyjnie. Słyszałam, że w strefie medycznej jest monitoring, więc trudno umawiać się tam na randki. Żaden rozsądny lekarz więzienny nie ryzykowałby utraty pracy i dobrego imienia. Nasz doktor był nie tylko rozsądny, ale też przyzwoity. Tymczasem zakochana w nim po uszy osadzona była, moim zdaniem, nie do końca zrównoważona psychicznie. Wypisywała do dyrekcji niedorzeczne historie. Dowodem lubieżności doktora miało być w jej mniemaniu to, że trzymali się za ręce.

– Co na to przełożeni?

– Niedawno dzwoniła do mnie koleżanka z Grudziądza. Mówiła, że źle się czuje, więc poradziłam, aby poszła do naszego doktora.

– Co ty, Beatka, on już tu nie pracuje – usłyszałam. – To się stało dwa miesiące po twoim wyjściu.

– Wyrzucili go?! – nie dowierzałam.

– Nie wiem, czy go zwolniono, czy sam odszedł. Widocznie smród, że „lubi za parawanem obmacywać dziewczyny", poszedł wyżej i zrobił swoje. Wiesz, jak jest: kiedy ludzie wezmą kogoś na języki, to nie dadzą żyć. W końcu człowiek sam usuwa się w cień.

– Sądzisz, że nasz doktor się poddał?

– Tak sądzę. Mówię ci, Beatka, facet został pomówiony. Przecież fakty przemawiały na jego korzyść. Ale co z tego, jeśli większość myślała, że „coś w tym musi być, skoro ładna dziewczyna ciągle do niego biega".

Siła plotki potrafi zrujnować nie tylko karierę, ale całe życie.

Intymne widzenia

– Czy w ogóle można mieć „legalny" seks w więzieniu?

– Jak najbardziej, a służą temu widzenia bez dozoru, które można mieć raz w miesiącu.

– Tylko z mężem?

– Nie tylko. W tej kwestii nie ma żadnego umoralniania. Chłopak, narzeczony, mąż, czasami nawet randka w ciemno. Nikogo nie interesuje obrączka, może to być nieformalny partner. Nawet w więzieniu można prowadzić rozwiązłe życie [śmiech], chociaż tylko raz w miesiącu.

– To tak zwane mokre widzenia?

– Okropna nazwa, pewnie zaczerpnięta z męskich zakładów karnych. Kobiety są w tych sprawach bardziej taktowne. Używają innego słownictwa.

– Przepraszam.

– Mówimy o widzeniach bez dozoru w warunkach intymnych, które odbywają się w specjalnie przygotowanych pokojach. Nie ma w nich metalowych więziennych łóżek, lecz rozkładane kanapy, kolorowa pościel i ładne koce. Są firanki w oknach, dywanik, czajnik i szklanki, a nie plastikowe kubki, z których pijemy na co dzień. Są też ręczniki, pachnące mydło i łazienka. Skromnie, za to czysto i przytulnie.

– Korzystała pani z intymnych widzeń?

– Pewnie bym korzystała, gdybym miała z kim [śmiech], ale wiem, jak wyglądają pokoje, sprzątałam je w Kamieniu Pomorskim. W Grudziądzu nie widziałam intymnych pomieszczeń. Dziewczyny opowiadały, że jest tam „radyjko i fajna atmosfera". Obserwowałam ich radość z takich spotkań, jak się szykowały, a potem wspominały.

Magda, ta siatkarka, z którą się zaprzyjaźniłam w areszcie, miała młodszego partnera i bardzo dbała o te sprawy. Idąc do więzienia, z góry rozgrzeszała go z ewentualnej zdrady. Wmawiała mu: „Ty nie wytrzymasz abstynencji seksualnej", ale on ją kochał i czekał. Dlatego Magda starała się o wnioski nagrodowe, aby można je było „wymienić" na drugie w miesiącu widzenie bez dozoru. Intymne spotkania są formą resocjalizacji – zależy nam na nich, więc staramy się, żeby przez kwity karne nie stracić szansy na dodatkowe chwile we dwoje.

– Jak długo trwają takie spotkania?

– Na pewno za krótko, ale przecież wszystko, co dobre, szybko się kończy. Jeżeli partnerzy wolą być ze sobą dłużej, to osadzona pisze do dyrekcji prośbę o połączenie godzin przysługujących w miesiącu na wszystkie widzenia. Czasami można być razem nawet trzy godziny. Nikt z dyrekcji nie robi najmniejszych przeszkód w tym względzie. Tylko raz słyszałam, że nie zezwolono na intymne widzenie, ale widać musiał być ku temu ważny powód. Generalnie dziewczyny nie spotykają się z odmową.

Służba Więzienna wykazuje tutaj dużo taktu i zrozumienia. Nigdy nie słyszałam, żeby któraś lub któryś z oddziałowych naśmiewał się lub komentował coś złośliwie. Nawet wtedy, gdy kobieta spotykała się z różnymi mężczyznami.

– Naprawdę nikt nie powie: „O, proszę, Kowalska idzie na mokre widzenie" albo „Jak tam poszło z kochankiem?".

– To niedopuszczalne. Funkcjonariusze muszą być dyskretni, taktowni, bo tego wymaga od nich pracodawca. Podejrzewam, że za coś takiego można zostać zwolnionym. Skarga poszłaby do wychowawcy, kierownika penitencjarnego i do dyrekcji. Nie opłaca się.

W więzieniu nikt nikomu – jak to się mówi – pod kołdrę nie zagląda. Seks jest w naszym życiu czymś tak naturalnym jak jedzenie, więc z czego tu robić sensację? Wyrok, jaki zapada w sądzie w imieniu Rzeczpospolitej Polskiej, nie skazuje nas na totalną abstynencję seksualną. Podobnie jak nikt nie zabroni kobiecie zajść w ciążę. Ta narkomanka, która biegała po piętnastej do oddziałowych, regularnie odbywała widzenia bez dozoru ze swoim chłopakiem. Obsesyjnie chciała zajść w ciążę, co jej się zresztą udało.

Jeśli dziewczyna chce się zabezpieczyć, a ukochany o tym nie pomyślał, wówczas w więziennej kantynie mogą kupić prezerwatywę.

– To chyba dobrze, gdy parter przychodzi do swojej kobiety na widzenia, po wyroku będzie miała do kogo wracać.

– Z tym bywa różnie, ale łatwiej uchronić związek, jeśli „te sprawy" odbywają się w miarę regularnie. Mądry wychowawca cieszy się, gdy osadzona dostaje listy, ktoś ją w więzieniu odwiedza, a ona sama, telefonując do bliskich, mówi do słuchawki „kocham cię". To dobrze rokuje na przyszłość, bo jest szansa, że po wyroku rzeczywiście będzie miała do kogo wracać.

Kochać, tęsknić i mieć swoje potrzeby to podstawa, aby przetrwać więzienie i wciąż widzieć sens życia.

Randki w ciemno

Odrębną sprawą w sferze relacji damsko-męskich są więzienne romanse. Ich geneza wiąże się z tym fenomenalnym wręcz przepływem informacji, o którym już wspominałam. Dziewczyny w Kamieniu Pomorskim dostawały listy od skazanych, których nigdy na oczy nie widziały, zamkniętych na wyspie w Zakładzie Karnym w Buniewicach. Do Grudziądza miłosna korespondencja napływała z najodleglejszych zakątków więziennej Polski.

„Słyszałem, że jesteś piękną i dumną kobietą. Wiem, że nikt cię nie odwiedza, więc może zainteresujesz się moją ofertą..." List takiej treści dostała jedna z moich koleżanek.

– Skąd on może wiedzieć, jak wyglądam i że nikt mnie nie odwiedza? – dziwiła się, a pozostałe dziewczyny w celi razem z nią.

– Takie wieści szybko się rozchodzą, widać poczta pantoflowa działa bez zarzutu – skomentowałam, lecz mnie też to intrygowało.

– Ale JAK działa, skoro nigdy nie wychodziłam za bramę i nikt mnie nie widział poza wami?

– My nikomu nie donosimy – zarzekałyśmy się.

– Więc jak się dowiedział, że siedziałam na śledczym w Kamieniu Pomorskim przy ulicy Kościuszki 1, skoro nawet matka z ojcem nie wiedzieli, gdzie mnie szukać?

– Czego on chce?

– Zawrzeć znajomość i żebym mu przesłała zdjęcie.

– A przesłał ci swoje?

– W następnym liście ma to zrobić, jak go nie oleję.

– Cwaniaczek – skwitowałyśmy. – A za co siedzi?

– Nie napisał, tylko że ma jeszcze dwa lata do końca kary.

– To pewnie alimenciarz, daj sobie z nim spokój.

– Odpiszę mu, że jestem lesbijką i żeby się odpierdolił – zadecydowała, a my niecierpliwie czekałyśmy na rozwój wypadków.

Okazało się, że takich listów dostała jeszcze kilka, i to od różnych facetów. Ktoś wypatrzył ją w świńskim transporcie i wieść o jej obfitym biuście rozeszła się błyskawicznie. Dziewczyny o znacznie mniejszym biuście też dostawały korespondencję „matrymonialną". Więzienny „Facebook" działał sprawnie, a listy z propozycjami przychodziły regularnie.

– Wynikało z tego coś więcej niż tylko pisanie?

– Dziewczyny raczej nie lubiły takich listów. Wyrzucały je do kosza lub ignorowały. Nie chciały zadawać się z kryminalistami, chociaż same święte nie były. Szybko zorientowały się, że faceci bajerują wiele kobiet. Niektórzy w jednym więzieniu mieli po kilka „swoich" dziewczyn. Zapewne wysyłali korespondencję także do innych zakładów karnych w Polsce. Faceci tacy są, niestety.

Ale zdarzały się też burzliwe romanse, a nawet prawdziwa miłość zapoczątkowana przez listy.

– Zakochani mieli możliwość, aby się spotkać?

– Mieli nawet szansę na intymne widzenie, ale żeby do tego doszło, trzeba się było mocno postarać.

– To znaczy?

– Jedno z nich musiało być na przepustce. Dla przykładu: ona była w Grudziądzu, a on w Krakowie. Długo ze sobą korespondowali, aż w końcu zapragnęli się spotkać. On dostał przepustkę i rekomendacje ze swojego zakładu karnego, że może ją odwiedzić. Ona napisała prośbę do dyrekcji o widzenie i wpisała go na listę odwiedzających: „Jan Nowak, urodzony, PESEL, zamieszkały".

Spotkali się najpierw przy stoliku i z dozorem, a jak się sobie spodobali, starali się o więcej. Kobieta nie musiała kłamać, że to cioteczny brat albo daleki kuzyn. Nikt przecież nie badał koligacji rodzinnych i więzów uczuciowych.

Nawet ksiądz w Grudziądzu nie uzurpował sobie prawa do naszej moralności.

– Mieliście kapelana na więziennym etacie?

– Wspaniały człowiek z niesamowitym dystansem do siebie i zaraźliwym poczuciem humoru.

– Niech będzie pochwalony! – wołałyśmy przez okno na jego widok.

– Ale kto? – udawał zdziwionego.

– No Jezus Chrystus!

– Aa, Chrystus. – Przystawał na chwilę zamyślony. – To alleluja i do przodu.

Sprawiał wrażenie wiecznie zagonionego. Targał ze sobą wypchane torby. Zawsze się zastanawiałam, co on tam chowa w tych reklamówkach.

– Witamy w Betlejem – mówiłyśmy, gdy przychodził do nas.

– Mam gdzieś tutaj dziewczynę, tylko trochę przechodzoną – żartował. – Muszę ją wymienić na nowszy egzemplarz.

Znał nasze problemy i najskrytsze tajemnice. Potrafił rozmawiać także o intymnych sprawach – bez moralizowania i pouczania. Taki ksiądz to skarb.

Ale wróćmy do seksu, bo temat nie jest jeszcze wyczerpany...

Rozdział 9

Jak dziewczyna z dziewczyną

Seks między kobietami uprawiany jest dyskretnie i nikogo nie gorszy. Do wymiany czułości służy łaźnia, ale nie tylko. W celach są toalety, można się tam spotkać bez krępującej obecności innych dziewczyn. Na oddziale półotwartym sprawa jest o wiele prostsza – wystarczy poprosić koleżanki, aby poszły na kawę do celi obok i wróciły za jakiś czas. Można kochać się w nocy, ale tak, żeby nie budzić innych, bo będzie awantura. Noc jest od spania, nie od harcowania.

W przypadku męskich zakładów karnych homoseksualizm wiąże się głównie z zaspokojeniem popędu oraz demonstracją pozycji w więziennej hierarchii. Ten, który dominuje, jest git-człowiekiem, czyli kimś ważnym. Ten, który się temu poddaje, jest cwelem, czyli zwykłym śmieciem.

W zakładach karnych dla kobiet relacje homoseksualne to zupełnie inna bajka. Nie ma w nich miejsca na przemoc, upokarzanie. Chodzi przede wszystkim o wzajemną bliskość.

Cela lesbijek

W więzieniu tworzy się dużo związków lesbijskich, lecz nie nadaje się im rozgłosu. Nie plotkuje się o tym za plecami, nie piętnuje takich zachowań ani kobiet uprawiających ze sobą seks. Czasami z przekąsem powie się o dziewczynach, które zmieniły orientację, że się spaprały, co jednak nie jest równoznaczne z lekceważeniem lub wyśmiewaniem.

Gdyby ludzie na wolności mieli tyle taktu i byli równie dyskretni w „tych sprawach" co skazane, nie byłoby pewnie połowy rozwodów.

– Miała pani do czynienia z lesbijkami?

– W Grudziądzu spędziłam parę miesięcy na Lesbos, czyli w „lesbijskiej celi". Było nas pięć, w tym trzy o orientacji homoseksualnej: Ola, Arleta i Kaśka. Mimo młodego wieku – najstarsza miała dwadzieścia jeden lat – wszystkie uważały, że o swojej cielesności wiedzą absolutnie wszystko. Co ja się z nimi miałam! Wskakiwały sobie do łóżek, tuliły się, kotłowały. Wystarczyło na moment spuścić je z oka, żeby poprzestawiały wszystko do góry nogami. Wracałam do celi ze świetlicy lub po telefonie do domu i oczom nie wierzyłam, co one tam pod kocami wyprawiały.

Reagowałam jak wychowawca:

– W tej chwili schodzić mi z łóżek, ale już! – krzyczałam. – Bajzel tu jak cholera, a wy całymi dniami tylko się migdalicie!

Burzliwie miały w tym trójkącie. Obrażały się na siebie, dąsały, potem pisały do siebie liściki, mimo że przebywały na tych samych metrach kwadratowych. Najstarsza z nich, Arleta, była „tą złą". Bawiła się uczuciami Oli i Kaśki, podpuszczała wzajemnie, prowokowała zazdrość. Między nami mówiąc, uważałam ją za paskudną dziewuchę, manipulantkę wykorzystującą innych. Ola i Kaśka były całkiem sympatyczne – takie rozrabiary, nieco zagubione w dorosłym życiu, bez doświadczeń partnerskich, ale szczere i prostolinijne jak dzieci. Między nimi toczyła się bezustanna walka o Arletę. Ona była w tym trójkącie mężczyzną. Zachowywała się i ubierała jak facet, a one stroszyły piórka i wzdychały. I nieraz, wiedzione zazdrością, chwytały się za łby, garściami wyrywając sobie włosy. Nawet nie zdążyłam zareagować.

Nie zamierzałam ich umoralniać ani pouczać, jednak któregoś dnia same sprowokowały mnie do rozmowy.

– Jak możesz mówić, że jesteś zdeklarowaną lesbijką, skoro urodziłaś dziecko? – zapytałam jedną z nich.

– Jedno drugiego nie wyklucza – odrzekła i natychmiast dodała: – Może kiedyś sypiałam z facetami, ale teraz robię to tylko z kobietami.

– Dziewczyno, masz dopiero dziewiętnaście lat i sama jeszcze nie wiesz, kim jesteś, hetero- czy homoseksualna.

– A ty skąd możesz to wiedzieć? – włączyła się druga.

– Jesteśmy w takim miejscu, w którym wiele różnych rzeczy może się nam wydawać. Wy dopiero wchodzicie w dorosłe życie. Nikt wam oczywiście nie zabroni homoseksualnych relacji. Żadna z was nie posmakowała jeszcze świata, więc nie zarzekajcie się tak.

– Ale my się kochamy! – wykrzyknęła najmłodsza.

– W waszym wieku nie kochać to grzech. Wyjdziecie na wolność i dopiero tam zobaczycie, jaką macie orientację. Mówicie, że jesteście homo, bo teraz jest wam z tym dobrze. Ale to nie znaczy, że tak będzie zawsze.

– Jesteśmy dorosłe i same o sobie decydujemy! – pyskowały zaciekle.

– Oczywiście, ale zauważcie, że wszystkie trzy trafiłyście do kryminału, zanim poznałyście, czym jest prawdziwy seks z fajnym mężczyzną.

– Faceci to chamy.

– Brudne świnie.

– Pedały! – przekrzykiwały jedna drugą.

– Kto panią wpakował do „lesbijskiej celi", do tego z takimi małolatami?

– Sama się wpakowałam, jako tak zwana osoba resocjalizująca. Wzięłam za nie odpowiedzialność, więc musiałam dawać sobie z nimi radę, bez informowania wychowawcy o tym, co się dzieje w celi.

– Przecież od resocjalizowania jest Służba Więzienna.

– Wśród osadzonych też są takie osoby i to one same decydują się na taki status. Na pobyt w celi z małoletnimi trzeba wyrazić pisemną zgodę, przy czym w więzieniu pojęcie „małoletnia" odnosi się do osób poniżej dwudziestego pierwszego roku życia. Jest zasada za kratami, że tak młodzi ludzie nie powinni przebywać w celach wyłącznie we własnym towarzystwie. Dlatego przydzielana jest do nich osoba dorosła. Lubię towarzystwo młodych ludzi, mam córkę w takim wieku – świetnie się dogadujemy. Postanowiłam spróbować, tym bardziej że w zamian zaoferowano mi dodatkową godzinę widzeń z rodziną (w miesiącu).

– Kto to pani zaproponował?

– Dyrektor penitencjarny, a ponieważ go lubiłam i szanowałam, więc trudno by mi było odmówić. Gdy posyła się do celi osobę resocjalizującą, nie chodzi o to, aby administracja miała tam swoje „ucho". Na coś takiego nigdy bym się nie zgodziła, podobnie jak wiele innych osadzonych w tej roli. Osoba resocjalizująca to nie osoba donosząca. Moim zadaniem było... no, tak poniekąd je wychowywać.

– Także „nawracać" w sprawach orientacji seksualnej?

– W żadnym razie. Miałam te dzieciaki na oku. Właściwie bardziej im matkowałam, niż pilnowałam. Wiedziały, że czasami się na nie wkurzałam, ale żadnej bym nie skrzywdziła, na żadną nie doniosła.

– Jak je pani wychowywała?

– Musiałam dbać o to, żeby się nie nudziły, bo nuda rodzi problemy. Byłam z nimi w jednej celi przez dwa miesiące i to była praca na pełnym etacie. W tamtym czasie przygotowywałyśmy bożonarodzeniową szopkę, zadań plastycznych było co niemiara. Moje podopieczne rysowały, wyklejały, wycinały – zrobiły cały wystrój sceniczny z siankiem, zwierzętami i gwiazdą betlejemską. Włożyły w pracę wiele serca. Naprawdę pięknie im to wyszło. Im więcej miały zadań, tym mniej głupot przychodziło im do głowy.

Któregoś dnia do naszej celi zawitała nowa osadzona, która ani urodą, ani sposobem bycia nie przypominała kobiety. W pierwszej chwili zdębiałam, bo przecież nie siedziałam w więzieniu koedukacyjnym. Jej ubranie, fryzura i chód były do tego stopnia męskie, że naprawdę można było się nabrać.

– Cześć, jestem Karol – przedstawiła się.

Miałam już na końcu języka, żeby ją poprawić: Jaki Karol? Karolina! Nie bez trudu powstrzymałam się od komentarza. W normalnych warunkach pękałabym ze śmiechu i potraktowała to jako żart. Jednak w więzieniu wiele zjawisk ma odmienny wymiar. Owszem, pojawienie się kobiety udającej mężczyznę wydawało mi się nieco dziwne. Mówiąc wprost, rozśmieszały mnie takie sytuacje, jednak szybko przyzwyczaiłam się do inności. Koniec końców zrobiłam się do tego stopnia tolerancyjna, że nawet nie reagowałam, gdy Janka przedstawiała się jako Janek, Kamila jako Kamil, a Henia jako Heniek.

Z czasem sama zaczęłam postrzegać je jako facetów [śmiech], a gdy wywiązywała się jakaś poważna dyskusja, opowiadałam się za wolnością wyboru.

– Karol to Karol, a nie Karolina – mówiłam. – A jak się komuś nie podoba, to może pójść w drugą stronę i w ogóle się nie odzywać. Czy wszystkie musimy być takie same?

Odmienność seksualna w kobiecych więzieniach – w przeciwieństwie do męskich zakładów karnych – nie jest powodem, aby uprzykrzać komuś życie i robić głupie żarty (kipisz w celi, wiązanie ciuchów dla hecy lub chowanie rzeczy osobistych).

Nietolerancja nie jest trendy, chyba już dawno wypadła z więziennej mody.

Ach, te czarne oczy

Najwięcej związków lesbijskich tworzyły Cyganki, których w aresztach i więzieniu było całkiem sporo. Tworzyły swoje enklawy. Wyróżniały się egzotyczną urodą i wiele dziewczyn się w nich zakochiwało. Romki w więzieniu słyną z otwartości na relacje z kobietami, chociaż nie kierują nimi gorące uczucia. Najczęściej jest to sposób na więzienną nudę, czyli nic poważnego. Najbardziej utkwiła mi w pamięci ognista „mieszanka" z matki Cyganki i ojca Libijczyka. Poznałyśmy się w Kamieniu Pomorskim.

Mówiłyśmy na nią Amfa. Trafiła za kraty za rozboje i była recydywistką. Kiedy zobaczyłam ją po raz pierwszy, a było to na spacerniaku, przeraziłam się nie na żarty. Wyglądała jak potwór z filmu o Frankensteinie. Miała metr dziewięćdziesiąt wzrostu, sylwetkę kulturysty i łysą głowę z tatuażem. Istny babochłop, coś strasznego. Już chciałam uciekać, ale odwróciła się w moją stronę i spojrzała tymi swoimi wielkimi, czarnymi jak węgiel oczami. Spojrzenie miała łagodne, niczym jelonek z bajek Disneya. Do tego piękne usta i równie piękną twarz.

Oniemiałam.

Amfa nosiła męskie spodnie i świetnie skrojone marynarki. Do tego markową koszulę, oczywiście męską, oraz zapinaną kamizelkę. Kiedy usłyszałam jej aksamitny głos, uczucie strachu minęło bezpowrotnie.

– Witaj, maleńka, jesteś sama? – odezwała się miękko.

– Mam kogoś na wolności – skłamałam.

– Ale pogadać możemy?

– Jasna sprawa! Beata jestem.

Ujęła moją dłoń i uścisnęła po męsku, zdecydowanie. Lekko się nachyliła, zaglądając mi w oczy tak głęboko, jakby chciała zobaczyć moje myśli.

– Amfisa – przedstawiła się i uśmiechnęła promiennie.

Amfisa zawsze kogoś miała. Nie pamiętam imion wszystkich jej dziewczyn, zmieniała je jak rękawiczki. Kochała się w Amfie najpiękniejsza kobieta, jaką kiedykolwiek widziałam za kratami. Stanowiły gorącą parę, ale wystarczyło, że tamta wyszła na wolność, a czarnooka amantka już miała nową partnerkę.

Pamiętam reakcje moich rodziców, gdy przyjechali na widzenie i przedstawiłam im moją ogoloną na łyso i wytatuowaną koleżankę. Akurat ktoś do niej przyjechał w odwiedziny, więc zajmowała miejsce przy stoliku obok nas. Tata i mama uśmiechnęli się przy wymianie uprzejmości, ale w ich oczach zobaczyłam przerażenie. Amfisa też musiała to dostrzec. Natychmiast posłała im jeden ze swoich najcieplejszych uśmiechów.

– Jaki ona ma piękny głos – zauważyła moja mama.

– I twarz jak niewiniątko – dodał tata, nie mogąc się nadziwić, że ktoś o tak łagodnych oczach mógł trafić do więzienia.

Amfisa wszystkich nabierała na to swoje powłóczyste spojrzenie. Ale to był ancymon i niejedna przez nią płakała. Związki z kobietami były jej sposobem na życie w więzieniu. Wybierała tylko te dziewczyny, które miały pieniądze na wypiskę i dostawały z domu paczki. Przy nich miała lepszy byt: częstowały ją kawą i papierosami, dostawała od nich prezenty.

Nie potrzebowała tuszu do rzęs czy pomadki, lecz kredek i ołówków. Takich zwykłych, do szkicowania na papierze. Była bowiem niesamowicie uzdolniona plastycznie. Dziewczyny zamawiały u niej portrety ze zdjęcia, a ona całymi dniami rysowała twarze dzieci, mężczyzn i starych ludzi. Składały też zamówienia na laurki oraz kartki okolicznościowe. To były małe dzieła sztuki, za które dostawała pieniądze na zakupy w więziennej kantynie. Lubiłam na nią patrzeć, gdy tworzyła. Wydawała się nieobecna duchem, całkowicie oderwana od rzeczywistości.

Często wspominam Amfisę. Myślę o niej z dużą sympatią, ale też z żalem, że lekką ręką przegrywała swoje życie, ponieważ to nie sztuka, lecz rozboje stały się źródłem jej stałych dochodów. Za każdym razem, gdy opuszczała zakład karny, wracała do poprzedniego stylu życia. Była recydywistką, więc kara za popełniane przestępstwa za każdym razem była wyższa. Czarnooka córka Cyganki i Libijczyka dostała długi wyrok i do dziś siedzi w więzieniu. Nie wiem, czy w ogóle potrafiłaby żyć inaczej.

Wspominam też inną, tym razem czystej krwi Cygankę, nie ze względu na jej orientację homoseksualną, lecz perfidię przestępstw, za które została skazana.

Przyjechała o drugiej w nocy świńskim transportem. Weszła do naszej celi i narobiła tyle hałasu, że natychmiast została poczęstowana wiązanką słów powszechnie uważanych za obraźliwe. Lato było wtedy upalne, noce męczące, parne. Spałyśmy poodkrywane. Byłam opalona, jakbym wróciła z Brazylii, ponieważ wystawiałam się do słońca na każdym spacerze.

– Ty jesteś nasza? – zapytała.

– Nasza, czyli czyja? – Kompletnie nie wiedziałam, o co jej chodzi.

– Z Romów.

– Nie, jestem Polką.

Przecierałam oczy ze zdumienia – nigdy bym nie powiedziała, że ta perfekcyjnie utleniona blondynka jest Cyganką. Przyjechała do Kamienia Pomorskiego z wysokim wyrokiem, miała do odsiadki jakieś siedemnaście lat.

– Dlaczego tak dużo? – spytałam, gdy po jakimś czasie zaczęłyśmy rozmawiać o przeszłości.

– Bo robiłam duże przekręty.

Okazało się, że przez wiele lat podszywała się pod pielęgniarkę i opiekunkę środowiskową. Oszukiwała ludzi starych i niedołężnych. Oni jej ufali, ona ich okradała. Nawet nie wiedziałyśmy z dziewczynami, jak naprawdę miała na imię. Raz przedstawiała się jako Zośka, innym razem Fatima. Zatraciła się w tym swoim świecie kłamstw do tego stopnia, że gdzieś po drodze zgubiła własną tożsamość.

Miała na sumieniu liczne grzechy, ale fakt, że doprowadzała do ruiny osoby słabe i chore, skazywał ją na wykluczenie z cygańskiej enklawy. Romki nią pogardzały, wyzywały, nie chciały dzielić z nią celi. Dlatego nowa zabiegała o znajomości wśród zwykle bardziej wyrozumiałych Polek. Te jednak były wobec niej równie krytyczne co Romki.

Ludzie starzy stają się łatwym celem, gdyż są bezbronni jak dzieci. Ostracyzm więzienny wobec osób, które to wykorzystują i na nich żerują, przybiera równie dotkliwe formy jak wobec dzieciobójczyń. Wprawdzie uroda nowej przyciągała uwagę, a jej czarne jak węgiel oczy obiecywały wiele, ale żadna z dziewczyn nie chciała się z nią związać. Była skazana na potępienie.

– Czy związki lesbijskie osadzonych trwają dłużej niż ich pobyt w więzieniu?

– Sądzę, że dziewięćdziesiąt procent takich związków się rozpada, gdy jedna z partnerek wychodzi na wolność. Takie relacje wynikają z potrzeby chwili. Są wynikiem odosobnienia, osamotnienia i tęsknoty za bliskością drugiego człowieka. Uważam, że zdecydowana większość kobiet żyjących tam w parach jest z natury heteroseksualna. Przed wyrokiem były w związkach z mężczyznami. Nawet wtedy, gdy odbywały karę, oficjalnie wciąż miały na wolności swoich chłopaków i mężów. Seks z kobietą stał się dla nich namiastką normalnych intymnych zbliżeń, za którymi tęskniły.

Właśnie o takich dziewczynach mówi się, że więzienie je spaprało. To określenie nie ma pejoratywnego znaczenia.

Dziewczyny, które się nie spaprały, patrzyły na więzienny homoseksualizm z lekkim przymrużeniem oka. Wprawdzie noszenie męskich koszul i przedstawianie się męskimi imionami mogło wywoływać uśmiech, lecz każda z nas rozumiała, jak dotkliwa jest nasza samotność.

– Spaprane kobiety też się zakochiwały? A może miłość istnieje wyłącznie między prawdziwymi lesbijkami?

– Sama chętnie zadałabym takie pytanie seksuologom. Widziałam, że spaprane kobiety też chodziły zakochane. Bywały równie zazdrosne jak w relacjach z mężczyznami. Namiętnie się kochały, a następnie burzliwie ze sobą zrywały lub wzajemnie się zdradzały. Zazdrość jest uczuciem starym jak świat. W więzieniu powodem do zazdrości były inne kobiety, ale też mężczyźni na wolności, ze stałych związków. O nich się kłóciły, przez nich ze sobą zrywały. W świecie uczuć wszystko jest możliwe. Spotkałam wiele kobiet, które na wolności miały mężów i kochanków, a za kratami potrafiły się mocno związać z kobietą.

Zawsze mnie zastanawiało, jak to jest możliwe. Sama tego nie doświadczyłam, ale obserwowałam takie związki i wiem, że emocje były najprawdziwsze. Widać wszystko mamy w głowie, a potrzeba bliskości warunkuje także nasz popęd.

– U Amfisy w grę wchodziło raczej wyrachowanie. Była wyjątkiem?

– Wiele dziewczyn deklarowało związki homo, bo czerpały z tego korzyści materialne. Podobnie dzieje się nie tylko w więzieniach. Niekoniecznie trzeba kochać osobę, skoro wystarczy... portfel. Zakłady karne dla kobiet nie leżą w innej galaktyce. To ten sam świat, tylko okratowany.

Najwięcej związków lesbijskich, poza Cygankami, tworzyły osadzone z długimi wyrokami. Zauważyłam pewną prawidłowość – jak któraś miała dożywocie, albo dwadzieścia pięć lat do odsiadki, to zawsze szukała sobie dziewczyny. Nie były to jakieś wielkie miłości, ale życiowe układy. Coś jak małżeństwo z rozsądku. Perspektywa całego życia w więzieniu zbliża ludzi, jest wspólnym mianownikiem w intymnych relacjach. Dziewczyny nie obiecywały sobie: „Będę cię kochać do końca moich dni", ale jak jedna zmieniała zakład karny lub wychodziła z więzienia, to druga płakała rzewnymi łzami. Cierpiały okrutnie, acz krótko. Już po kilku dniach pojawiały się na spacerze z nową partnerką, trzymając ją za rękę. To było regułą.

– Co na to Służba Więzienna?

– Ale na co? Że kobiety trzymają się za ręce?

– ...i tulą do siebie.

– Pani Ewo, no przecież to normalne zjawisko. Nikt nie robi z tego sensacji. Na spacerniaku i na korytarzach nie można zachowywać się obscenicznie, obejmować się w jednoznaczny sposób, całować i dotykać w miejscach intymnych. Takie zachowania są zabronione przez administrację i niemile widziane przez inne dziewczyny. Warto tu podkreślić, że nie tylko mężczyźni potrafią zaskakiwać wulgarnością. „Chodź, to cię wyrucham, a ty mi obciągniesz" – taki tekst można usłyszeć również od kobiety. Obsceniczność i czułość to skrajnie różne postawy. Na pierwszą z nich nie ma przyzwolenia.

PRZEGLĄD PRASY:

„Homoseksualizm w więzieniach – ten temat wzbudził niedawno wielką dyskusję i sporo kontrowersji. Zapomniano jednak, że w zakładach karnych siedzą nie tylko mężczyźni, ale i kobiety, które mierzą się z tymi samymi problemami. Choć w ich przypadku ciężko nazywać to problemem, gdyż podchodzą do sprawy zupełnie inaczej niż mężczyźni.

Większość dziewczyn, które zawierały więzienne związki, chciała w ten sposób zaistnieć w środowisku. Nie uciekały się do przemocy i były dumne z tego, że kogoś mają.

«Część związków była też po prostu z nudów, długie odsiadki, brak zajęcia. Zdarzało się i tak, że dziewczyna była w relacji z inną osadzoną, a kiedy zbliżał się weekend, to obie wyskakiwały z kapturzastych bluz, wskakiwały w kiecki i szły na widzenie do chłopaka», słyszę od byłej więźniarki.

Dziewczyny potrzebują wiele ciepła, rozmów.

«Dzieliłyśmy się przeżyciami, wspomnieniami, dobrym słowem i tak rodziły się między nami relacje. Z dala od rodziny, dwadzieścia cztery godziny na dobę skazane na siebie. Relacje między niektórymi kobietami pogłębiały się, tworząc coś w rodzaju przyjaźni, a potem związków», wspomina. Więzienna miłość rządzi się tymi samymi prawami co ta zwyczajna, za murami. Nie jest wolna od zazdrości, zdrady i zwykłych kłótni. Jednak w zakładzie karnym częściej niż w normalnym życiu dochodziło do wymiany partnerek, zwłaszcza wśród młodszych dziewczyn.

«Zawsze jednak było to nazywane związkiem i myślę, że

same zainteresowane liczyły na odrobinę miłości. W końcu z różnych domów tam przyszły i z różnymi deficytami.

Wszystko odbywało się za cichym przyzwoleniem Służby Więziennej. Funkcjonariusze teoretycznie próbowali rozbijać takie lesbijskie związki, natomiast w praktyce przymykali na nie oko. Tak, dla świętego spokoju», mówi trzydziestoczteroletnia Marta, która spędziła w więzieniu trzy lata. Związki były zawierane za obopólną zgodą.

«Nie spotkałam się nigdy z tym, by któraś z kobiet była zmuszana do seksu itp. Widziałam za to masę chorej zazdrości o swoją partnerkę. Myślę, że spowodowanej tym, że dookoła były same kobiety»".

(„naTemat", autor: Krzysztof Majak, *Byłe więźniarki o miłości i seksie za kratami. „Nie ma znaczenia płeć, liczy się bliskość"*, 12 grudnia 2013)

– Wspominała pani, że funkcjonariusze wykazują dużo taktu w temacie relacji seksualnych osadzonych. To kwestia kultury osobistej czy bardziej przepisów?

– Ludzie są różni, a przepisy jednoznaczne: nie wolno ingerować. Podobnie jak w przypadku wyznań religijnych. Jesteś żydem, muzułmaninem czy hindusem – w więzieniu możesz uprawiać swoje praktyki religijne i nikomu nic do tego. Są nawet specjalne diety dla osób innego wyznania niż katolickie. Wiara i sprawy płci to dwa obszary – narzuconej wewnętrznymi przepisami – tolerancji wobec więźniów.

– Czy podobna tolerancja występuje w męskich więzieniach?

– Tego nie wiem. Nie uchylam się od odpowiedzi, po prostu nie mam takiej wiedzy, a plotek nie chcę powtarzać.

Mogę jedynie powiedzieć, co prywatnie o tym myślę. Homoseksualizm w męskich więzieniach raczej nie jest mile widziany. Faceci są w „tych sprawach" bardziej konserwatywni niż kobiety. A przecież oddziałowi w męskich zakładach karnych to właśnie mężczyźni.

O seksie można by rozprawiać godzinami, bo temat oczywiście ciekawy, ale mamy jeszcze kilka ważnych spraw do przegadania.

Pora zajrzeć w paszczę prawdziwych bestii.

Rozdział 10

Czyste zło

Podobno każdy byłby w stanie zabić, gdyby zmusiła go do tego sytuacja. Życie w równym stopniu jak geny kształtuje nas jako ludzi. Matka w obronie dziecka wydrapie oczy. Pacyfista wysłany na wojnę w końcu zabije. Natura człowieka jest układanką z niezliczonej liczby puzzli, a nasze umysły – labiryntem złożonym także z ciemnych zakamarków.

Czy nie słyszeliście o przypadkach, gdy ktoś z gruntu dobry zrobił coś strasznego? „Cieszył się nienaganną opinią, a otworzył ogień do przechodniów" lub – tak jak w tej książce – „była szanowaną nauczycielką, a zabiła chłopca". Świat jest pełen takich opowieści. Z drugiej strony nawet zbrodniarze odkrywają w sobie człowieczeństwo. Z upływem lat dostrzegają ogrom nieszczęść, które spowodowali, i tak jak Patrycja, która brała udział w zabójstwie taksówkarza, szczerze żałują tego, co zrobili.

– Nie należę do osób lękliwych – mówi nasza narratorka. – Potrafiłam przetrwać towarzystwo wielu złych ludzi i śmiało patrzeć im w oczy, nie bacząc na potencjalne zagrożenie. Ale nie zawsze udawało mi się zachować zimną krew. Podczas mojego pobytu za kratami zdarzały się chwile, gdy bałam się tak, jakbym spotkała samego diabła. W aresztach i więzieniu poznałam kilka kobiet, na których wspomnienie do dziś przechodzą mnie ciarki.

Wprawdzie żadna z nich nie zabiła, nie poćwiartowała zwłok i nie spaliła w ognisku, lecz to one uosabiały zło w najczystszej postaci.

Elżbieta Solniczka

Okrutną Elkę przeniesiono do naszej celi (tzn. mojej i siedmiu innych dziewczyn) w Kamieniu Pomorskim po ośmiu latach odsiadki. Sprawiała wrażenie osoby spokojnej, zasadniczej i kulturalnej. Wysoka, szczupła, koło czterdziestki i tak wyprostowana, jakby połknęła kij od szczotki. Twarz miała nijaką, włosy niegdyś pewnie blond, lecz wtedy bliżej nieokreślonej barwy, rysy tak przeciętne, że trudno byłoby je zapamiętać. Cała wydawała się jakaś taka... brakuje mi słowa... mysia po prostu.

W sytuacjach zagrożenia, a takie wobec niej realnie istniało ze strony współosadzonych, starała się grać słodziutką i głupiutką. Była niezłą aktorką. Charakterologiczny kamuflaż opanowała do perfekcji. Można było się nabrać na te jej głębokie westchnienia. Sprawiała wrażenie, jakby nosiła na sercu ogromny kamień. Poza więzieniem potrafiłaby wzbudzać współczucie, ale to była zasłona dymna. W rzeczywistości Elżbieta była osobą przebiegłą, wyniosłą i władczą. Do tego skrajnie okrutną.

Poprzednie lata przebywała w zamknięciu, jak księżniczka na zamku. Nie była dzieciobójczynią i wiele razy podkreślała, jak bardzo kocha swojego jedynaka. Uwielbiała o nim opowiadać, że jest świetnym koszykarzem i na pewno zrobi w życiu karierę. Jednak syn nie odwiedzał jej przez długi czas. Nie dziwię mu się. Od takiej matki uciekłabym na koniec świata. Od dzieciobójczyń naprawdę niewiele ją różniło.

Dla niej przeprowadzka na półotwarty oddział była nagrodą za dobre sprawowanie. Dla nas jej obecność okazała się przekleństwem.

Elżbieta trafiła do więzienia na dwanaście lat za znęcanie się nad dziećmi. Nie była ich biologiczną matką, lecz odpowiadała za ich bezpieczeństwo. Wraz z mężem pobierali od państwa pieniądze za opiekę nad sierotami społecznymi. Tworzyli zawodową rodzinę zastępczą, przyjęli pod dach małą Roksanę i dwóch chłopców.

W Polsce tylko teoretycznie nie jest łatwo otrzymać status rodziny zastępczej. Zapewne małżonkowie musieli uzyskać pozytywną opinię środowiskową, przejść gruntowne badania psychologiczne, konieczne testy, szkolenia i warsztaty. Weryfikowano ich przygotowanie pedagogiczne, predyspozycje do pracy z dziećmi, wcześniejsze doświadczenie zawodowe. Wpajano im wiedzę na temat regulacji prawnych, a potem obserwowano, czy dają sobie radę z ogromem obowiązków opiekuńczo-wychowawczych.

Widać Elżbieta i jej mąż kamuflowali się po mistrzowsku.

Wzbudzali zaufanie. Przez kilka lat żadna instytucja kontrolna nie zorientowała się, że oboje są sadystami. Zamiast stworzyć sierotom społecznym rodzinę, zgotowali im piekło na ziemi. Mówiliśmy na nią Solniczka, ponieważ malutkiej dziewczynce, którą miała pod opieką, wsypywała do pampersa sól. Zeznający przed sądem lekarz pediatra podobno powiedział, że takich otwartych ran krocza nigdy wcześniej nie widział u żadnego dziecka. Psychopatyczni opiekunowie zamykali dziecko w szafie, bez dostępu powietrza. Bili je i dręczyli psychicznie. Na procesie ujawniono szereg dowodów znęcania się nad podopiecznymi, m.in. obszerną korespondencję esemesową pomiędzy małżonkami. „Daj jej zeżreć gówno", pisali do siebie.

Dwoje dorosłych sadystów i mała, bezbronna istota – czy może być coś gorszego? Dzieci, które przechodzą przez takie piekło, mają rany na ciele i duszy. Te drugie są gorsze, bo goją się całe życie.

PRZEGLĄD PRASY:

„Czerwonosine plamy widać na całej twarzy, na głowie placki skóry po wyrwanych włosach – tak opisał lekarz małą Roksanę w dniu 8 kwietnia 2008 roku, kiedy jej opiekunowie trafili za kraty. Sąd Rejonowy w Kętrzynie poprosił kuratorów koszalińskiego sądu i policjantów o opinię na temat małżeństwa S. «Posiadają opinię pozytywną w środowisku, przestrzegają norm i zasad współżycia sąsiedzkiego» – odpowiedzieli koszalińscy funkcjonariusze.

Elżbiecie S. wystarczyło 55 godzin szkolenia, żeby uzyskać świadectwo kwalifikujące ją jako rodzica zastępczego. Wiedzę zdobyła na dwumiesięcznym kursie zorganizowanym przez Towarzystwo Przyjaciół Dzieci. «Jest osobą dojrzałą, zrównoważoną, o zintegrowanej osobowości» – ocenili ją organizatorzy.

W dniu aresztowania małżonkowie byli pijani. Dlatego przesłuchano ich dwa dni później.

«Od początku mieliśmy z nią problemy – mówiła o dziewczynce Elżbieta S. – Ona bez mojego pozwolenia brała jedzenie i picie. Krzyczałam. Potem zaczęliśmy stosować kary. Biłam ją też po twarzy. Zdarzało się, że się broniła. Wtedy jedno z nas ją trzymało, a drugie biło. Ja nie uważam, żeby ona się nas bała. Wspólnie ustaliliśmy, że będzie za karę chodzić w obsikanej piżamie za to, że zsikała się w nocy na materac. Posypywałam jej intymne miejsca solą.

Wiedziałam, że będzie to ją bolało. Potem zakładałam jej majtki i piżamę i kazałam tak chodzić. Te wszystkie obrażenia, jakie miała na ciele Roksanka, to my z mężem spowodowaliśmy. Dostawaliśmy na te dzieci około 2400 złotych miesięcznie».

«Wiedziałem, że robimy jej krzywdę, że ona cierpi – przyznał jej mąż Roman. – Ostrzegałem żonę, że to się tak skończy, że zatrzyma nas policja i pójdziemy do kryminału, że takie traktowanie dzieci to jest przestępstwo».

Sędzia Jacek Matejko, skazując małżeństwo na surowe kary więzienia, przytoczył słowa męża Elżbiety S., który wprost mówił, że opieka nad dziećmi to miał być dobry zarobek. Mężczyzna planował wzięcie pod opiekę kolejnych dzieci. W połowie marca tego roku zostali skazani ona na 10, on na 9 lat więzienia".

(„Głos Koszaliński", autor: Cezary Sołowij, *Stworzyli dzieciom piekło*, 4 kwietnia 2009)

Kiedyś wychowawca opowiadał mi, jak z ludzkiej ciekawości zapytał Elżbietę, dlaczego była tak okrutna wobec dzieci. Odpowiedziała, że mąż ją do tego zmuszał i ona sama była ofiarą przemocy. Myślę, że skłamała, bo pierwszą przepustkę po dziewięciu latach izolacji wykorzystała na widzenie z mężem w Goleniowie. Bardzo za nim tęskniła i raczej nie była to tęsknota ofiary za katem.

Do dziś nie mogę pojąć, jak instytucje państwowe mogły dać władzę nad dziećmi takim ludziom.

PRZEGLĄD PRASY:

„Rodzice zastępczy dostają pieniądze na utrzymanie dzieci zabranych rodzicom biologicznym. Zawodowa rodzina zastępcza dostaje dodatkowo pensję. Do rodziny zastępczej trzeba przyjąć co najmniej troje dzieci.

Państwo publicznie obiecało w 2009 roku, że nie będzie pochopnie masowo odbierać dzieci nieporadnym życiowo rodzinom. Rząd rzekomo chce im pomagać, bo jak pokazuje raport NIK z 2009 roku, w części rodzin zastępczych też występują patologie i bieda. Pokazuje też, że zabieranie dzieci biologicznym rodzicom i oddawanie ich rodzicom zastępczym wcale nie musi być dobre dla dziecka.

«Rodzicami zastępczymi zostają osoby, które nigdy nie powinny nimi zostać – podkreśla Zbigniew Matwiej z biura prasowego NIK. I dodaje: – Wbrew opinii instytucji powołanych do pomocy rodzinie sądy ustanawiają rodzicami zastępczymi osoby karane, alkoholików lub takie, które w przeszłości porzuciły własne dzieci».

W raporcie NIK zaznaczono również, że nie wszystkie sądy współpracują z ośrodkami pomocy społecznej i nie weryfikują kandydatów na rodziców zastępczych, ale wręcz wybierają ich mimo negatywnych opinii ośrodków, często metodą po znajomości. Z kolei ośrodki pomocy społecznej ze względu na zbyt małą liczbę pracowników nie zawsze sprawdzają, jak żyje się dzieciom w nowych rodzinach. Aż 14 z 40 skontrolowanych ośrodków nie powiadamiało sądów o nieprawidłowym funkcjonowaniu rodzin, choć prawo nakłada na nie ten obowiązek.

(Niezależny Instytut Rodziny i Dziecka,
Raport: Patologiczna rodzina zastępcza w Polsce, 2009 rok)

Od początku wiedziałyśmy, że nasza nowa lokatorka to słynna Solniczka, przeniesiona z Grudziądza do Kamienia Pomorskiego, w poprzednim miejscu zbyt często stawała się obiektem agresji ze strony skazanych. Starałyśmy się nie dolewać oliwy do ognia, bo przecież ta kobieta gdzieś musiała odbyć karę. A skoro trafiła do naszej celi, najprościej było unikać rozmów o tamtych wydarzeniach.

Przez pierwsze tygodnie Elżbieta siedziała w kącie jak mysz pod miotłą. Sondowała towarzystwo, wyczuwała, z kim i na ile może sobie pozwolić. W tamtym czasie nikt jeszcze nie chciał z nią rozmawiać. Dziewczyny otwarcie ją lekceważyły, ignorowały, a ona nie protestowała. Elżbieta Solniczka – *persona non grata.*

Tak powinno pozostać, ale stało się inaczej.

Solniczka była bardziej przebiegła, niż się tego spodziewałyśmy. Miała tak silną potrzebę dominacji, że dobierała sobie określone towarzystwo: dziewczyny zaniedbane, bez pieniędzy na wypiskę, słabe psychicznie. Tylko takim mogła zaimponować.

Do grona jej znajomych zaliczały się zniszczone życiem i nałogiem alkoholiczki, narkomanki oraz przestępczynie z głębokiej patologii społecznej. One nie mają w więzieniu żadnych dóbr, nic swojego. Nawet peta nie zapalą, jeśli ktoś im go nie da. I nad takim planktonem więziennym Elżbieta zdobywała władzę.

Z premedytacją wykorzystywała słabości wszystkich swoich „podopiecznych". Widziałam w jej zachowaniu ogromną satysfakcję, gdy któraś płakała lub na kolanach błagała o przychylność.

– Jesteś nikim, ścierwem, kupą gówna – mówiła tonem kaznodziei, a one nigdy się nie sprzeciwiały.

Z czasem jej wpływy zaczęły rosnąć. Ani się spostrzegłyśmy, jak zbudowała sobie na „półotworku" całkiem silną pozycję. Manipulowała dziewczynami niczym guru sekty. Poniżała je, wyśmiewała i pomiatała nimi. Zmuszała je do różnych zachowań poniżej godności: żebrania o szklankę herbaty, donoszenia na koleżanki i służenia jej, jakby były niewolnicami na plantacji bawełny.

Widziałam, jak niszczy je psychicznie dla własnej przyjemności, doprowadza do płaczu i myśli samobójczych.

Nie wiem, na czym polega mechanizm takiej psychicznej dominacji. Jest to temat dla psychiatrów i psychologów, a ja jestem tylko prawnikiem. Jedno wiem: te dziewczyny chodziły przy Solniczce jak zahipnotyzowane. Gdyby je zapytać, dlaczego godzą się na takie traktowanie, to odpowiedziałyby, że są szczęśliwe.

Elżbieta urodziła się skrajnie zła, podłość miała w genach. Była diabłem w ludzkiej skórze, chociaż w jasełkach na Boże Narodzenie grała anioła.

Skąd wzięła się tak niszczycielska moc w kimś pozornie nijakim, bez poważania wśród osadzonych? Nic się nie dzieje bez przyczyny. Pozycję okrutnej Elki wzmocnił nasz wychowawca. Odnosiłyśmy wrażenie, że była jego ulubienicą. Potrafiła sprzedać mu wszystkie nasze sprawy z celi, tajemnice. Plotkowała i donosiła, żeby tylko dostać dodatkową paczkę czy widzenie.

Administracja umilała jej życie, ponieważ Solniczka miała talent plastyczny jak Amfisa. Pięknie malowała, do tego haftowała serwetki, robiła maskotki i różne wielkanocne zajączki. Dzięki jej pracom areszt śledczy dla kobiet w Kamieniu Pomorskim wygrywał konkursy twórczości więziennej. Podnosił statystyki tak zwanej resocjalizacji.

Dyplomy i wyróżnienia zrobiły z niej więzienną celebrytkę, ale też wydobyły potwora, którym zawsze była. Bałam się tej kobiety z całego serca. Unikałam jakiejkolwiek z nią konfrontacji, chociaż to nie na mnie trenowała swój sadyzm. Byłam wtedy słaba psychicznie, kompletnie przybita tym, co mnie w życiu spotkało. Niewiele brakowało, a sama mogłabym paść ofiarą tej psychopatki. Solniczka do perfekcji opanowała szarlatański mechanizm panowania nad innymi – podobnie jak w sektach, które przyciągają ludzi słabych, odrzuconych przez innych, niespełnionych. Najpierw otaczają ich opieką, a potem odbierają wszystko. Ona taka była. Teraz to widzę i potrafiłabym odpowiednio zareagować, ale wtedy nie dałabym rady.

Kiedy wokół mnie działy się złe rzeczy, zamykałam oczy i nie widziałam. Zasłaniałam uszy i nie słyszałam. Usta też zamykałam, żeby nikomu nie powiedzieć. Koncentrowałam się jedynie na sobie, żeby przetrwać i jak najszybciej stamtąd wyjść. Wolałam się bać i trwać, niż przeciwstawić się i narazić. Dziś żałuję, że nie potrafiłam jej powstrzymać, gdy bezkarnie gnębiła dziewczyny.

Przysięgam wam, że gdyby okrutna Elżbieta pozostała w Grudziądzu przez cały swój wyrok, za krzywdę wyrządzoną dzieciom spotkałaby ją równie surowa kara, jakiej doświadczyła siostra Bernadetta. Dziewczyny pokazałyby, gdzie jest jej miejsce, tzn. na końcu więziennego łańcucha pokarmowego. Byłaby szmatą, szmaciurą.

Ale w Kamieniu Pomorskim była królową.

Sztangistka-kryminalistka

W Grudziądzu, gdzie przyjechałam świeżo po doświadczeniach z Solniczką, z zaskoczeniem stwierdziłam, że takich psychopatek jest mnóstwo. Kopią charakterologiczną okrutnej Elżbiety była pewna sportsmenka podająca się za mistrzynię świata w podnoszeniu ciężarów.

– Cześć, dziewczyny. Jestem Kaśka, mistrzyni świata w podnoszeniu ciężarów, wielokrotna medalistka mistrzostw Polski i Europy – przedstawiła się po wejściu do celi Patrycji, gdzie wtedy mieszkałam.

– Jezuuu, ale czad! – wykrzyknęła rozemocjonowana Pati, zeskakując z łóżka jak kot.

Nie wiem, czy Kaśce rzeczywiście kiedykolwiek grano hymn narodowy. Historia sportu nie jest moją mocną stroną. Nie pamiętam też jej nazwiska, zatem nie mogę sprawdzić w internecie jej prawdziwych dokonań. Mam nadzieję, że jedynie dodawała sobie splendoru i w rzeczywistości nigdy nie była naszą chlubą narodową. W przeciwnym razie musielibyśmy się za nią wstydzić.

Była to wielka, niechlujna i brzydka jak noc kobieta. Otyła, wiecznie rozczochrana blondynka z wystającymi zębami. Przypominała mi bobra. Trafiła do więzienia za pospolite przestępstwa popełniane za granicą. Siedziała wcześniej w Warszawie i chyba w Czersku. Chełpiła się swoją tężyzną fizyczną. Bicepsy stały się jej narzędziem pracy. Była silna jak tur. Opowiadała nam o swoim bandyckim życiu, na przykład jak obrabowała willę pewnego bogacza w Anglii. Miała kilkuosobową grupę przyjaciół i razem dokonywali przestępstw. Także na tamto włamanie poszli całą bandą. Okradli właściciela domu z wielu cennych rzeczy. Za to konkretne przestępstwo dostała trzy lata, ale skazano ją także za rozboje oraz kradzieże dokonywane w Niemczech i Polsce. Miała długi wyrok i żadnych szans na warunkowe zwolnienie.

Dzisiaj myślę, że sztangistka-kryminalistka była jedną z najgorszych osób, jakie spotkałam w całym swoim życiu. Podła, cwana intrygantka i kłamczucha, wulgarna i hałaśliwa. Czuła się pępkiem świata, wiecznie komuś dokuczała. Wyśmiewała osoby słabsze, ugodowe, chcące odpokutować za grzechy, aby potem żyć uczciwie. Miała inklinacje sadystyczne, odczuwała niezdrowe podniecenie na samą myśl o przemocy i zadawaniu bólu. W średniowieczu łamałaby ludzi kołem i wypruwała wnętrzności. Byłaby katem.

Do mnie, dzięki Bogu, się nie zbliżała, czuła respekt. Wolała ze mną nie zadzierać, być może dlatego, że liczyła na porady prawne. Ale się przeliczyła. Nigdy nie pomogłabym komuś tak podłemu jak ona. Próbowała różnych sztuczek, żeby się ze mną zaprzyjaźnić. Nie miałam złudzeń, kierował nią wyłącznie interes, ponieważ dostawałam „bogate" paczki z domu.

Grzebała w moich rzeczach, szperała w notatkach, podbierała kremy. Chciała pożyczać moje ciuchy, buty, palić moje papierosy i pić moją kawę. Nic z tego! Wolałam się wynieść, niż dzielić z nią czymkolwiek.

Kiedy wyjechałam do domu na przepustkę, ukradła mi kartę do telefonu i numer kodu. Wydzwoniła na ponad sto złotych, co w warunkach więziennych jest dotkliwą stratą. A gdy sprawa się wydała, zrzuciła całą winę na Patrycję.

Opowiadam o tej kobiecie tylko dlatego, że Pati była nią zachwycona. Upodabniała się do niej, naśladowała ją. Stawała się podła i agresywna. Nie mogłam patrzeć, jak się zatraca.

Zachowanie mistrzyni od ciężarów było chamskie nie tylko wobec dziewczyn. Swoją agresję usiłowała wyładować nawet na jednym z oddziałowych. Duma ją rozpierała na samo wspomnienie, jak rzuciła się na niego i dotkliwie poturbowała. Wszystkim o tym opowiadała.

– Wkurwił mnie – wyjaśniała powód, dla którego chciała mu zmiażdżyć krtań.

Kiedy szyja oddziałowego znalazła się w imadle jej ogromnych jak bochny chleba dłoni, rzucili się na nią wszyscy obecni w pobliżu funkcjonariusze. W pojedynkę nikt nie dałby jej rady.

Po tamtym wydarzeniu Kaśka trafiła na „dźwięki". To taka cela położona na dole, w lochach, z dala od oczu i uszu osadzonych, najdalej jak tylko można.

– Izolatka?

– Nie, znacznie gorzej. „Dźwiękami" nazywa się pomieszczenie, w którym dostaje się lanie. Tam pacyfikuje się więźniów pałami, kiedy Służba Więzienna inaczej nie może dać sobie rady.

– Widziała pani takie pomieszczenie?

– Całe szczęście nie, mam na to za słabe nerwy, a poza tym nikt tam nie oprowadza wycieczek. Ale widziałam funkcjonariuszy idących na „dźwięki". Mieli na sobie kuloodporne kamizelki, wyglądało to strasznie i budziło skojarzenia z pacyfikacją stoczniowców w stanie wojennym.

– Kogo szli pacyfikować?

– Tego nie wiem, ale skoro mężczyźni w taki sposób dyscyplinowali kobietę, to musiało się wydarzyć coś nadzwyczajnego. Nie ma surowszej kary, więc i przewinienie musiało być najpoważniejsze z możliwych. Czynna napaść na funkcjonariusza jest takim powodem. Wielka Jolka, o której zaraz opowiem, równie silna jak Kaśka-sztangistka i podobnie jak ona niebezpieczna, bała się tylko „dźwięków". To był jedyny sposób, żeby wyhamować jej agresję. O tym się nie mówi, ponieważ bicie pałami nie jest metodą humanitarną, ale widać tylko taka skutkuje.

O „dźwiękach" po raz pierwszy usłyszałam właśnie od Kaśki.

– Dostałam taki wpierdol, że jak po dwóch tygodniach przyjechał do mnie na widzenie brat, to się popłakał, gdy mnie zobaczył – opowiadała.

Trudno uwierzyć, żeby taka osoba zdobywała medale i mistrzowskie tytuły. Przecież wieloletnie treningi, poświęcenie dla sportu i zdrowa rywalizacja powinny wykształcać w człowieku pozytywne cechy. Tymczasem ona była wcieleniem zła. Widać nie każdemu służą mistrzowskie tytuły i *Mazurek Dąbrowskiego* odegrany na stadionie. Uroczystość z hymnem narodowym nie gwarantuje, że na podium stanął dobry człowiek.

– Nie wytrzymam tego dłużej – powiedziałam któregoś dnia i napisałam prośbę do wychowawcy o zmianę celi. Powiedziałam Pati, że chcę zamieszkać z Dorotą, którą znałam z Kamienia, ale to nie była cała prawda. Wyniosłam się ze względu na Kaśkę i jej fatalny wpływ na Patrycję. Czułam się bezsilna, chętnie bym jej przyłożyła, ale bezpośredniego starcia ze sztangistką raczej bym nie przeżyła.

Od tamtej pory mistrzyni od podnoszenia ciężarów jeszcze bardziej się panoszyła, a Patrycja robiła wszystko, co jej kazała. Chodziła po celach i wyłudzała kosmetyki, papierosy, kawę. Obiecywała, że po wypisce wszystko z Kaśką oddadzą, co z założenia było kłamstwem. Dopiero po wyjeździe Kaśki z Grudziądza Pati się opamiętała. Musiała sama uregulować wszystkie długi wobec dziewczyn.

Nieszkodliwa konfidentka

O Dorocie, z którą zamieszkałam po wyprowadzce od Patrycji, wspominałam już kilkakrotnie. Dla przypomnienia: poznałyśmy się w areszcie w Kamieniu Pomorskim, a potem ponownie spotkałam ją w Grudziądzu. Trzymałyśmy się razem aż do mojego ostatniego dnia za kratami. Właśnie z nią trafiłam do celi zabójczyń i to ona pasjonowała się programami telewizyjnymi o morderczyniach (zanim sama dobrze ich nie poznała). Zaufałam jej, chociaż za te słowa recydywistki wyrzuciłyby mnie pewnie poza nawias społeczeństwa.

Dorota była donosicielką, a to oznaczało, że w sztywnej więziennej typologii grup społecznych powinna się znaleźć w celi z tzw. szmatami. O takich jak ona mówi się, że mogłyby sprzedać każdego i wszystko.

– To kabel – ostrzegano mnie przed nią. – Uważaj, ona sprzeda nawet twoje myśli.

Ale ja nie potrzebowałam przyjaciółki do zwierzeń, lecz niezdemoralizowanej do szpiku kości osadzonej, przy której nie bałabym się zasypiać. Dorota potrafiła być miła i sympatyczna. Nie wdzięczyła się, nie narzucała. Pochodziła ze Szczecina, a do więzienia trafiła za kradzieże. Dostała niski wyrok, tylko dwa lata. Była tak zwaną drobną złodziejką, czyli banku by nie obrobiła.

– Nie ma takiej rzeczy na świecie, Beatka, której nie zrobię dla Służby Więziennej, gdyby mnie poprosili – wyznała mi kiedyś otwarcie.

– Jesteś konfidentką?! – wykrzyknęłam i oniemiałam ze zdumienia, że mówi o tym bez ogródek. – Ale dlaczego?!

– Wszystko po to, żeby stąd wyjść i wrócić do mojego synka. Filipek ma dwa latka. Zostawiłam go pod opieką mojego konkubenta, ale on ma problem z narkotykami. Poza tym siedział w więzieniu, ma złe nawyki.

– Na Boga, dziewczyno, dlaczego zostawiłaś dziecko z kimś takim?!

– Nie mam na świecie nikogo innego. I dlatego muszę stąd wyjść jak najszybciej, za wszelką cenę – tłumaczyła.

– Ja też muszę stąd wyjść, ale nie za cenę donoszenia na innych. Nie musisz tego robić, są przecież inne sposoby na zdobycie wniosków nagrodowych i warunkowego zwolnienia.

Tęskniła za dzieckiem do tego stopnia, że potrafiła godzinami o nim opowiadać. Planowała jego życie: do jakiej szkoły pójdzie i jakie studia ukończy, czym będzie się interesował i jak będzie wyglądał jako mężczyzna, chociaż był dopiero małym szkrabem.

Zastanawiam się, co ona takiego ważnego donosiła administracji. Że robimy podkop? Że szykuje się bunt? Codzienność w kobiecych więzieniach to nie plan filmowy *Ucieczki z Alcatraz* lub *Skazanych na Shawshank*. Tu się toczy prawdziwe życie, ze łzami i tęsknotą w rolach głównych.

Nie wstydzę się znajomości z Dorotą i nie przejmuję ewentualnymi komentarzami, że skoro zadawałam się ze szmatą, to sama nią jestem. Nie mam mentalności recydywistek. Byłam w tym okratowanym świecie przez pewien czas w życiu, lecz nie przyswoiłam tamtejszych zasad.

Moje zasady wyznaczają rodzina, Bóg i kodeks karny.

Wielka Jolka z wielką blizną

Kiedy obok mnie i Doroty pojawiła się wielka Jolka, każdej nocy jedna z nas czuwała, żebyśmy nie obudziły się z plastikowym widelcem wbitym w gałkę oczną. Nigdy nie wiedziałyśmy, czy następnego dnia będziemy żywe. Jola to słynna postać, można powiedzieć, że jest postrachem w kobiecych celach.

Rzecz rozgrywała się w Kamieniu Pomorskim i samo wspomnienie tamtych chwil jest dla mnie horrorem.

Jola była tzw. trudnym przypadkiem nie tylko dla osadzonych, ale również dla Służby Więziennej. Przed laty miała ciężki wypadek, doznała poważnych obrażeń głowy. Przeszła trepanację czaszki i już nigdy nie była sprawna umysłowo. Do tego notorycznie łamała prawo.

Zobaczyłam ją w drzwiach naszej celi i pobladłam z przerażenia. Metr dziewięćdziesiąt wzrostu, wielka blizna na głowie, karykaturalnie brzydka twarz i ruchy kojarzące się z czołgiem – tak ją zapamiętałam. Trudno było po wyglądzie ocenić jej wiek, ale podobno dobiegała czterdziestki. Wyglądała starzej. Miała siłę zapaśnika sumo. Mogłaby złamać człowieka wpół jak zapałkę, i to gołymi rękami. Mówiła bardzo powoli, co potęgowało strach przed nią. Kompletnie nie rozróżniała dobra i zła.

Pochodziła z małej miejscowości pod Nowogardem w zachodniopomorskim. Nie wiem, czy miała męża, rodzinę. W każdym razie nikt jej nie odwiedzał.

O wypadku i trepanacji dowiedziałam się od oddziałowej. Podobnie jak o tym, że sąd ciągle ją za coś skazywał, więc trafiała do więzienia na dwa–trzy miesiące i wychodziła. Po krótkim czasie historia zataczała koło – przywożono ją z transportem, a ona wracała do aresztu w Kamieniu Pomorskim jak do siebie. Za każdym razem budziła strach, a ściślej mówiąc – przerażenie. Ta kobieta nie była zdolna do życia według społecznie przyjętych norm. Poza tym była skrajnie niebezpieczna, nie miała żadnych hamulców.

Kiedy Jola wchodziła do celi, na wszystkie padał blady strach. Wchodziła i oczekiwała jednego:

– Daj peta. Kawę daj.

Sposób, w jaki egzekwowała spełnianie jej zachcianek, był nie do przyjęcia. Próba odmowy kończyła się furią. Jola stawała się nieobliczalna.

Funkcjonariusze stosowali wobec niej taryfę ulgową. Podczas gdy my wszystkie stawałyśmy do porannego apelu – ubrane i schludne, ona wylegiwała się całymi dniami, nie zmieniając nawet ubrania z nocnego na dzienne. Każda inna osadzona dostałaby za to kwit karny. Ale nie Jola.

Ona miała gdzieś regulamin, wszelkie nakazy i zakazy. Jawnie lekceważyła większość poleceń wydawanych przez funkcjonariuszy. Podejrzewam, że kompletnie nie ogarniała różnicy pomiędzy byciem osadzoną a oddziałową. Wieczorami, gdy zamykano cele, wszystkie musiałyśmy być na miejscu. Tymczasem ona nadal szwendała się po korytarzu. Zapierała się jak osioł i nie zamierzała ustąpić. Oddziałowa wzywała posiłki, po czym kilku rosłych mężczyzn dosłownie wrzucało Jolę do środka. Zamykano drzwi, a ona godzinami w nie kopała, drąc się wniebogłosy i wyzywając wszystkich od najgorszych. Nas przy okazji też. Normalny człowiek zniesie coś takiego przez godzinę, może dwie, ale nie całą noc!

Z upływem czasu jej agresja narastała, zamiast maleć. Nie można było czytać, oglądać telewizji ani spać. Służba

Więzienna nie reagowała. Funkcjonariusze wychodzili z założenia, że po zamknięciu celi furia Joli jest wyłącznie naszym problemem.

Jola nie bała się kwitów karnych, ponieważ nie myślała o wcześniejszym wyjściu na wolność. Cela była jej domem. Kiedy wybuchała gniewem, funkcjonariusze bali się jej tak samo jak my. Zaczepiała oddziałowych, zasypywała wulgaryzmami, była agresywna i zdecydowanie od nich silniejsza. Jedyne, z czym jej się kojarzyli, to seks. Wyraźnie artykułowała, czego od nich chce.

– Na pewno masz wielkiego kutasa, chodź, to ci obciągnę – prowokowała, a oni uciekali w popłochu. – No, wyruchaj mnie! – domagała się od każdego mężczyzny w zasięgu wzroku.

O swoich potrzebach potrafiła mówić na okrągło. To było ohydne.

Zawsze mnie dziwiło, że kogoś takiego umieszczano z innymi kobietami w normalnej celi. Dziewczyny jakoś znosiły jej towarzystwo, lecz było im bardzo ciężko.

Tamtego dnia, gdy trafiła do mnie i Doroty, po raz pierwszy w życiu śmiertelnie się bałam. Aby ją udobruchać i zapobiec agresji, już na starcie zaparzyłyśmy kawę i dałyśmy jej papierosy. Słyszałyśmy, że za fajki dałaby się pokroić, więc bez zbędnych słów zrobiłyśmy zrzutkę. Dawałyśmy jej również dużo jedzenia. Apetyt miała spory, a moce przerobowe nieograniczone. Wtedy był spokój, bo większość dnia przesypiała. Sprężałyśmy się tak z Dorotą przez cały miesiąc, przekonane, że w końcu zabiorą ją od nas i przekażą dalej.

Niestety nic takiego się nie stało. Z dnia na dzień wielka Jolka wymagała coraz więcej.

Bunt na pokładzie

Nie było dla niej żadnej świętości – po wszystko wyciągała ręce. Zawłaszczała nasze ciuchy i kosmetyki. Wtedy się zbuntowałam. Pomyślałam, że na dłuższą metę nie pasuje mi rola lennika płacącego daninę. Rozumiem, że trzeba pomagać ludziom niepełnosprawnym umysłowo (niepełnosprytnym, jak mawiałyśmy za kratami), ale jeśli nie idzie za tym wdzięczność lub choćby zwykła ludzka uprzejmość, to wszystkiego się odechciewa.

– Nie po to moi rodzice ciężko pracują, a córka dorabia wieczorami, żeby wpłacić na wypiskę i zrobić mi paczkę, żebym takiego pasibrzucha musiała karmić – oznajmiłam Joli po miesiącu.

– Daj peta – skwitowała to we właściwy sobie sposób.

– Nic, tylko „daj, daj i daj". Koniec z tym.

– DAJ – wycedziła przez zęby.

Wstała z łóżka, stanęła na wprost mnie tak blisko, że dotykałam nosem jej przepoconej koszuli, nieco powyżej pępka. Nie ustąpiłam, chociaż kolana mi drżały.

– Nie będzie żadnego dawania. Skończyło się – powiedziałam może mniej pewnym tonem, bo przez chwilę wyobraziłam sobie, jak będę wyglądać w trumnie.

Jolka nabrała powietrza w płuca i uniosła swoje wielkie jak Kolumna Zygmunta ramię.

Już po mnie, pomyślałam, zamykając oczy.

– Pani oddziałowa! Pani oddziałowa! – podniosła alarm Dorota. – Jolka chce zmiażdżyć naszą Beatkę!

Pomoc przyszła na czas.

– Jola, uspokój się, bo pójdziesz na „dźwięki" – postraszyła ją oddziałowa, a z Joli jakby zeszło powietrze.

Widać kiedyś musiała tego doświadczyć, naprawdę bała się „dźwięków" jak diabeł święconej wody. Spojrzałyśmy po sobie z Dorotą i odetchnęłyśmy z (chwilową) ulgą.

– Pani oddziałowa, zabierzcie ją od nas, bo to już za długo trwa – poprosiłam, a Dorota poparła mnie ledwo dostrzegalnym skinieniem głowy.

Wiadomo, nie chciała się narażać administracji.

– Obecność w waszej celi osadzonej Jolanty nie jest przypadkowa – oznajmiła sucho oddziałowa.

– Czym sobie na to zasłużyłyśmy?

– Badamy wasze reakcje, obserwujemy poziom współczucia, czy jesteście wyrozumiałe.

– To jakiś test? – nie dowierzałam.

– Sprawdzamy postęp resocjalizacji, czy nadajecie się do życia za murami.

– Pani raczy żartować, przecież to kompletne pomieszanie pojęć! Co ma do tego resocjalizacja, skoro funkcjonujemy w warunkach bezpośredniego zagrożenia życia i zdrowia? Przecież rezultat takiego eksperymentu jest całkiem przeciwny do budowania współczucia. Już sam wygląd tej dziewczyny przeraża, a co dopiero życie z nią na kilku metrach kwadratowych.

– Pani Krygier, pani mi tu o życiu i zdrowiu nie opowiada, bo ja się na to nie dam nabrać. Ja wiem jedno, że jak Jola jest u was, to wszyscy mamy spokój na oddziale. Dajcie jej fajkę, to się uspokoi.

Tamtego dnia przestałyśmy dawać i zaczęło się prawdziwe piekło. Byłyśmy wyzywane od suk, kurew, szmat. Opluwane, psychicznie dręczone, zastraszane. Jolka wyrywała nam z rąk jedzenie i papierosy, zabierała kubki z kawą. Bałyśmy się zasnąć, bo była zdolna do wszystkiego. Mogła na przykład przywalić mi w głowę, żeby odreagować frustrację, albo złamać rękę, nogę.

Taki rodzaj lęku towarzyszył nam każdego dnia i nocy. Stres nie do opisania, udręka. Dlatego po zgaszeniu światła pełniłyśmy z Dorotą dyżury – jedna drugą budziła na zmianę, reagowałyśmy na każde nietypowe dźwięki. Jej sapanie, pomrukiwanie i wymachiwanie wielkimi łapami doprowadzało nas na skraj psychicznej wytrzymałości. W ciągu dnia bywało gorzej niż w nocy. Musiałyśmy mieć oczy z tyłu głowy. Ale z raz obranej drogi nie zboczyłyśmy – nie było już składania daniny potworowi.

Kroplą, która przelała czarę, był epitet „świnia" rzucony przez Jolę pod moim adresem.

– Pani oddziałowa, ja sobie nie życzę takiego traktowania – oznajmiłam oficjalnym tonem. – Proszę sprawić, aby osadzona Jolanta więcej w ten sposób do mnie nie mówiła. Ja nie będę czegoś takiego znosić przez dwadzieścia cztery godziny na dobę. Nie po to tu jestem, aby taka osoba notorycznie się na mnie wyżywała. Proszę z tym skończyć raz na zawsze.

Służba Więzienna nie robiła nic, aby tego typu sytuacje rozwiązywać. Dla nich liczyło się tylko to, aby osadzona odbyła karę. Nie było ważne, że na ich oddział trafiła osoba chora, której miejsce powinno być w szpitalu. To nie wina Joli, że ona taka jest. Nikt już nie naprawi jej defektu, nie zmieni ordynarnego zachowania, wpuszczając ją do celi z osobami zdrowymi. Ktoś powinien czuwać nad nią, a także nad bezpieczeństwem kobiet, którym ona ewidentnie zagraża.

Do izolowania takich osób służą specjalne oddziały szpitalne, a nie zwykłe cele. Nie może tak być, że dla spokoju oddziałowych poświęca się spokój osadzonych. Jak można było wpychać nam ze stoickim spokojem osobę nieprzewidywalną? I mówić „dajcie jej fajkę, to się uspokoi". Na tak daleko posunięte ustępstwa można (ewentualnie) iść z dziećmi, a Jola dzieckiem już dawno przestała być. Teraz, z perspektywy czasu, dziwię się, że wytrzymałam w takim lęku całe długie miesiące.

Po naszym buncie Jolę przeniesiono do innej celi. Była w pobliżu. Słyszałyśmy przez ścianę, jak tubalnym głosem domagała się picia, jedzenia i używek. Współczułyśmy dziewczynom, bo teraz one przeżywały piekło.

– Kto ponosi winę za taką sytuację?

– Moim zdaniem sąd, który skazywał ją wiecznie za to samo. Jola wchodziła do sklepu, brała chleb, mleko, kiełbasę i wychodziła. Podejrzewam, że nawet nie wiedziała, że należało zapłacić. Skazywano ją na prace społeczne, roboty publiczne, ale ona się nie stawiała, bo skąd miała wiedzieć, że tak trzeba.

– Przecież orzekano wobec niej karę więzienia.

– Wyroki zapadały zaocznie, ponieważ Jola na rozprawy też nie przychodziła. Sąd, nie widząc jej na posiedzeniu, zamieniał karę prac społecznych na pozbawienie wolności. Stąd te niskie wyroki, dwa–trzy miesiące. Gdyby sąd zobaczył, z kim ma do czynienia, prawdopodobnie skierowałby ją na leczenie lub odbycie kary w szpitalu, ponieważ stanowiła potencjalne zagrożenie. W areszcie śledczym w Szczecinie jest oddział, gdzie miałaby opiekę specjalistyczną, byłaby pilnowana i kontrolowana, czy na przykład bierze leki. Zaprzestanie przyjmowania leków przez taką osobę jak Jola powoduje różnorodne konsekwencje. Ona – co jeszcze raz podkreślam – nie była niczemu winna. To chory człowiek. Ale śmiertelnie niebezpieczny i sąd powinien to wiedzieć.

– Służba Więzienna jest bez winy?

– Oni chyba się nad takimi sprawami nie zastanawiają – jest wyrok, jest osadzona, to karę trzeba odbyć. Skoro sąd uznał, że jest zdolna do odbycia kary, to funkcjonariuszom nic do tego. Wszyscy doskonale wiedzieli, że mają do czynienia z osobą ograniczoną umysłowo. Kiedy Jola wychodziła z aresztu, więziennym transportem odwozili ją do domu, czego normalnie się nie robi. Nie chcieli, żeby po drodze narozrabiała i wpakowała się w nowe problemy. Znów mieliby ją na karku. Nie wiem, czy w Grudziądzu podobna sytuacja mogłaby mieć miejsce. Podejrzewam, że raczej nie. Zresztą dziewczyny by się zbuntowały.

– Nie mogły zbuntować się w Kamieniu?

– Tam jest mała jednostka, dziewczyny nie mają takiej siły przebicia, a oddziałowe nie chcą się wychylać. Przecież ona wyła po nocach, waliła w ściany, a oddziałowa potrafiła powiedzieć tylko: „Jola, uspokój się", czym doprowadzała mnie do szału.

Kiedyś dojdzie do tragedii – ktoś nie wytrzyma albo ona kogoś zabije.

Rozdział 11

Anielskie bestie

Pozory mylą, a ludzi nie powinno się oceniać po wyglądzie. Teoretycznie wszyscy o tym wiemy, a i tak dajemy się nabrać. Nie od dziś wiadomo, że większym zaufaniem darzymy osoby o pięknych twarzach niż mniej urodziwe. Co ładne, to dobre, myślimy, czując sympatię do ludzi, którzy zrobili na nas pozytywne wrażenie. Lgniemy do nich, automatycznie przypisując im pozytywne cechy charakteru. Nie ma co zaprzeczać, nie zmienimy faktu, że uroda zwiększa szanse na zawodowy sukces i powodzenie w miłości. Psycholodzy dawno to opisali, a badacze zbadali.

Ludzie o złych intencjach też miewają ładne twarze. Uroda jest ich orężem, parawanem dla zła. Z premedytacją wykorzystują tzw. efekt aureoli, czyli podświadome zaufanie do osób o miłej aparycji (na przykład ładni prawnicy zarabiają co najmniej o dziesięć procent więcej niż ich mniej atrakcyjni koledzy, chociaż wcale nie są od nich lepsi). Ten sam mechanizm psychologiczny napędza koniunkturę w środowisku przestępczym. Ładni oszuści z większym powodzeniem manipulują ofiarami, doprowadzając je na skraj przepaści.

Najperfidniejsze oszustki, jakie poznała w zakładach karnych narratorka tej książki, miały anielskie twarze (blondwłosa Cyganka okradająca ludzi starych i schorowanych była jedną z nich).

Anielska uroda wyróżniała również dwie wyrachowane morderczynie. Miła powierzchowność tych kobiet zupełnie nie szła w parze ze zbrodniami, jakich się dopuściły.

Śmierć miała czarne loki

– Pierwsza z nich była zjawiskową kobietą – opowiada Beata Krygier. – Miała czarne, naturalnie kręcone włosy, figurę modelki i zniewalający uśmiech.

– Jestem Sylwia – przedstawiła się nam pewnego chłodnego dnia, kiedy opatulone w zimowe kurtki szłyśmy na cmentarz.

Poza teren zakładu karnego wyprowadził nas, za zgodą wychowawcy, więzienny kapelan. Wyjścia z nim były formą resocjalizacji, nagrodą za dobre sprawowanie i wielkim świętem. Czekałyśmy na te chwile z utęsknieniem.

Był listopad, dzień Wszystkich Świętych. Szłyśmy na procesję, a następnie zapalić znicze na zaniedbanych grobach. Czułyśmy się wyróżnione, ponieważ ksiądz wybrał naszą szóstkę z ponad tysiąca osadzonych. Taki ukłon w naszą stronę. Dawał nam szansę na łączność z normalnym światem, pozwalał poczuć się człowiekiem, nie osadzoną. Szanowałyśmy go za dobroduszność i odwagę – w końcu odpowiadał za nas, a my aniołami nie byłyśmy.

Kilka razy spotkała mnie ta przyjemność. Wcześniej z paroma innymi dziewczynami podróżowałam prywatnym samochodem księdza. Pojechaliśmy do Torunia poszwendać się po Starym Mieście.

– Dziewczyny, macie czas wolny, jak na prawdziwych koloniach – powiedział nasz opiekun, kiedy już dotarliśmy do celu. – Róbcie, co chcecie, ale o szesnastej chcę was wszystkie widzieć pod pomnikiem Kopernika.

– A jak nas nie będzie? – droczyłyśmy się.

– No to trudno, wrócę do Grudziądza bez was.

Ksiądz wiedział, że wszystkie będziemy „pod Kopernikiem". Dawał nam kredyt zaufania, co potrafiłyśmy docenić. Zawsze towarzyszyła nam świadomość, że jeśli w jakikolwiek sposób nawalimy, wyjścia poza mury nigdy więcej nam się nie zdarzą. Nie było najmniejszego sensu uciekać, skoro i tak by nas złapali. Służba Więzienna skrupulatnie dobierała kandydatki do takich wyjść. Mówiąc wprost, na eskapadę z kapelanem trzeba było zasłużyć, pracując (niekiedy w pocie czoła) na opinię osoby godnej zaufania.

Tamtego dnia w drodze na procesję i cmentarz wydawało mi się, że cała nasza szóstka była godna zaufania. Podobnie jak w przypadku „efektu aureoli", podświadomość uruchamiała proces myślenia życzeniowego: jesteśmy lepsze, zasługujemy na więcej, zostałyśmy wybrane.

Ale nie wszystko złoto, co się świeci.

– Zobacz, Beata, tamta czarnulka w kożuszku to bestia z piekła rodem – szepnęła mi do ucha koleżanka z oddziału półotwartego.

– Bestia? – powątpiewałam w prawdziwość jej słów.

Sylwia chyba szóstym zmysłem wyczuła, że mówimy o niej. Spojrzała w naszą stronę przenikliwie, ale zaraz potem posłała nam czarujący uśmiech.

– Nie... Ona nie wygląda na bestię.

– Takie są najgorsze. Wpuścisz je do domu, a one żywcem wyślą cię do piekła.

– Co takiego zrobiła? – spytałam zaintrygowana.

– Zakatowała kobietę dla laptopa i magnetofonu. Kazała wspólnikom, żeby zrobili z niej miazgę. Wprawdzie to oni dręczyli ofiarę, ale ona wszystkim sterowała, wydawała polecenia. Urządzili straszliwą jatkę.

– Nasz kapelan nie zabrałby na groby kogoś takiego – uspokajałam koleżankę.

– A jednak. Dlaczego w ogóle naraził nas na jej towarzystwo? – upierała się koleżanka.

Jeszcze raz spojrzałam dyskretnie na dziewczynę w kożuszku i pokręciłam głową z niedowierzaniem. Podświadomie ją rozgrzeszałam.

– Przecież to niemożliwe, żeby ktoś o tak pięknej twarzy miał na sumieniu zabójstwo ze szczególnym okrucieństwem – stwierdziłam, na co koleżanka tylko machnęła ręką.

– Oj, Beatka, taka mądra jesteś, a myślisz stereotypami. Pewnie tamta nieszczęsna bizneswoman, którą Sylwia kazała zatłuc na śmierć, myślała tak samo jak ty. Patrzyła w te wielkie oczy, licząc na cud. Błagała: „Weźcie, co chcecie, tylko nie róbcie mi krzywdy", ale cud się nie zdarzył, bo oni byli żądni krwi. Dziewczyny mi o tym opowiedziały, widziały program w telewizji.

Taka zbrodnia byłaby bezsensowna, pomyślałam, wciąż nie wierząc w okrucieństwo tej pięknej kobiety. Pewnie dziewczyny tak tylko gadały, zazdrościły jej urody. Więzienne opowieści są jak kula śniegowa – przekazywane z ust do ust wyolbrzymiają wydarzenia z przeszłości po stokroć.

Rozmowa z Sylwią utwierdziła mnie w takim przekonaniu. Wydawała się niezwykle sympatyczną, pogodną osobą, chociaż nie zauważyłam, aby żałowała tego, co się stało. Mówiła jedynie o wyroku, nie o zbrodni. Została skazana na dwadzieścia pięć lat, z czego odbyła już większość kary. Za cztery–pięć lat miała wyjść na wolność.

Wróciłam z cmentarza przekonana, że właśnie nawiązałam znajomość z kimś niesłusznie obgadywanym.

Niedługo potem, jakby na zamówienie, w telewizji emitowano odcinek jakiegoś serialu dokumentalnego o zbrodniach. Oglądałam jednym okiem, nie ekscytując się tematyką. W pewnej chwili ujrzałam na ekranie olśniewającą, kruczoczarną dziewczynę z lokami. Bez trudu rozpoznałam moją nową znajomą z cmentarza, chociaż bohaterka reportażu była dużo młodsza. Pierwsza myśl, jaka przyszła mi wtedy do głowy, była taka, że przez te wszystkie lata od zbrodni Sylwia niewiele się zmieniła. Wyglądała jak zwykle pięknie, chociaż ciemny pasek na oczach, nałożony zapewne w trakcie montażu z uwagi na ochronę wizerunku, nieco ujmował urody.

Patrzyłam na rekonstrukcję wydarzeń i czułam, że dostaję gęsiej skórki.

Autorzy dokumentu wykorzystali oryginalne nagrania z wizji lokalnej na miejscu zbrodni, przeprowadzonej z udziałem policji, prokuratora i trojga młodych zabójców w rolach głównych. Ale to Sylwia przykuwała całą uwagę. Ze stoickim spokojem opowiadała, jak wraz z kolegami zaplanowała napad rabunkowy. Uzbrojeni w kije baseballowe pod osłoną nocy włamali się do domu zamożnej kobiety. Zaskoczyli ją we śnie, była zatem kompletnie bezbronna.

Nie poprzestali na kradzieży. Pastwili się nad ofiarą, powodując rozległe obrażenia na całym ciele. Młoda morderczyni beznamiętnie ujawniała szczegóły: kto i w jaką część ciała uderzał, ile krwi się polało, że ofiara strasznie charczała i nie mogła umrzeć.

Sprawcy nie spodziewali się, że człowiek może otrzymać tyle uderzeń w głowę i wciąż oddychać.

Znudzona przedłużającą się jatką Sylwia pozostawiła wspólników sam na sam z ofiarą. Poczuła głód, więc udała się do kuchni w poszukiwaniu czegoś do jedzenia.

Z pokoju dochodził stłumiony skowyt i odgłosy uderzeń pałką.

– Sylwia, gdzie polazłaś? Weź coś z nią zrób albo spierdalamy! – histeryzował jeden ze sprawców.

– Lepiej ją zostawmy – oponował drugi. – Ona nie zdycha, tylko tak rzęzi i rzęzi! – panikował.

– Załóżcie jej worek na głowę, to zdechnie – odkrzyknęła dziewczyna, zajadając tatara, którego znalazła w lodówce.

Byłam wstrząśnięta sposobem, w jaki relacjonowała zbrodnię. Na jej twarzy nie było cienia emocji, wstydu czy wyrzutów sumienia. Nie mogłam pojąć, skąd aż tyle zła w tak pięknej dziewczynie. I dlaczego oni wszyscy pastwili się nad konającą ofiarą, skoro bez trudu zdobyli fanty, po które przyszli. Mówiła beznamiętnie: „Przekręciliśmy jej głowę w lewo, potem w prawo, następnie ona wymiotowała krwią" – jakby nauczyła się na pamięć instrukcji montażu mebli, a nie mówiła o uśmiercaniu człowieka.

Po obejrzeniu reportażu czułam się zdruzgotana, pozbawiona złudzeń. Są na świecie rzeczy, których nie potrafię zrozumieć. To okrucieństwo nie mieściło mi się w głowie.

Tamtego dnia na cmentarzu stałyśmy z Sylwią przy obcych grobach i zapalałyśmy znicze za dusze zmarłych. Nie przypuszczałam, że obok siebie mam potwora, nie człowieka.

Takich potworów jest w Grudziądzu pełno. I tylko nasz kapelan dostrzegał w nich człowieczeństwo.

Śmierć miała jasne włosy

Mówiłyśmy na nią „Doda". Rzeczywiście była podobna do słynnej piosenkarki, ale miała trochę więcej lat, coś koło pięćdziesiątki. Wszystkie zazdrościłyśmy jej gęstych i długich, sięgających do połowy uda włosów. Zapierały dech w piersiach. Nie tylko ja się dziwiłam, jak to możliwe, aby – przebywając w więzieniu – utrzymywać je w tak znakomitej kondycji. W zakładach karnych nikt nie limituje szamponu, dostępu do mydła i wody, ale żeby włosy były aż tak mocne i lśniące? To był absolutny wyczyn.

Miała na imię Jolanta. Zanim ją zobaczyłam, wiele o niej słyszałam, ale większość informacji okazała się bujdą. Może nie powinnam ich powtarzać, ale chciałabym pokazać, że plotka rozrasta się jak kula śnieżna staczająca się po zboczu.

Mówiono, że Jola zabiła swojego synka i męża, a ciała ukryła w dole i zalała betonem. Obaj mieli spoczywać pod podłogą jej domu w Sopocie.

– Pochowała ich wraz z rowerkiem dziecka – opowiadała jedna z dziewczyn.

– Ale po co zalewać betonem rowerek? – głowiłam się.

– Dla niepoznaki to zrobiła, żeby zatrzeć ślady – tłumaczyła, a ja z trudem nadążałam za jej tokiem myślenia.

– Jak to się wydało?

– Po wielu latach, kiedy sprzedała dom. Wyjechała za granicę, a wtedy odezwały się moce nadprzyrodzone.

– Duchy? – Zaśmiałam się rozbawiona sposobem, w jaki to powiedziała, chociaż taktowniej byłoby się przerazić.

– Ty się nie śmiej, Beata. Dusze zmarłych wróciły.

Lubię takie opowieści, ale w kinie, nie w realnym życiu.

Poznałam Jolę przy okazji ogólnopolskiej akcji „Cała

Polska czyta dzieciom", do której zostałyśmy włączone przez Służbę Więzienną, ale z własnej nieprzymuszonej woli. Wcześniej nie widziałam jej nawet na spacerniaku. Ona siedziała na oddziale B4, który był na górze, a ja zajmowałam celę na dole, na B1. „Doda" świetnie nadawała się do czytania bajek dzieciom. Miała ciepły głos, dość duże usta i wydatny biust. Była uosobieniem kobiecości, a do tego miała łagodny charakter. Wydawało się, że nic nie jest w stanie wyprowadzić jej z równowagi.

Wygląd Joli kłócił mi się z przekazywaną z ust do ust historią o zabetonowanym mężu, synku i dziecięcym rowerku. Okazało się, że tym razem przeczucie mnie nie zawiodło. W więziennych opowieściach „zmiksowano" dwie, a może nawet więcej postaci.

Aby to wyjaśnić, potrzebna jest mała dygresja – otóż rower i zwłoki swojego byłego partnera ukryła pod podłogą pewna młoda góralka z Białego Dunajca. Swoją karę zakończyła na długo przed moim przyjazdem do Grudziądza, warto jednak przypomnieć tamtą historię i nie mieszać jej ze sprawą Joli.

Mężczyzna, który zginął z rąk urodziwej góralki, przez kilka lat widniał w kartotekach jako zaginiony. Kiedy policjanci z „Archiwum X" nabrali uzasadnionych podejrzeń, że nie było to przypadkowe zaginięcie, kobieta do wszystkiego się przyznała. Opowiedziała o swoim życiu, które było jedną wielką udręką. Miała trzynaście lat, gdy zmarła jej opiekunka. Miała jeszcze rodziców, lecz oboje byli niepełnosprawni. Nie potrafili uchronić córki przed dużo starszym sąsiadem.

Mężczyzna notorycznie wykorzystywał dziewczynkę seksualnie, a gdy stawiała opór, gwałcił ją i poniewierał, emocjonalnie uzależnił od siebie. Latami milczała, dławiona wstydem. Dopiero po uzyskaniu pełnoletności nabrała odwagi, żeby wyrwać się z piekła. Uciekła z domu, wyszła za mąż i urodziła dziecko. Ale prześladowca z sąsiedztwa nie pozwolił o sobie zapomnieć. Nachodził ją pod nieobecność męża i szantażował.

Tamtego dnia, gdy przyjechał do niej na rowerze, ponownie zmusił ją do seksu. Po wszystkim zaległ na wersalce, a wtedy ona obwiązała mu głowę workiem foliowym i przydusiła poduszką.

Dom, w którym mieszkała, był jeszcze w trakcie budowy. Zwłoki trafiły pod podłogę w przedpokoju. Przeleżały tam, wraz z rowerem, cztery lata.

PRZEGLĄD PRASY:

„Kobieta utrzymywała, że zbrodni dokonała sama. Twierdziła, że działała w afekcie. Dramat nastolatki, która latami była maltretowana psychicznie i wykorzystywana seksualnie przez dużo starszego mężczyznę, miał rozgrywać się na oczach mieszkańców podhalańskiej wsi.

W wydanym w listopadzie 2005 r. wyroku Sąd Okręgowy w Nowym Sączu uznał, że oskarżona dokonała zabójstwa w stanie silnego wzburzenia usprawiedliwionego okolicznościami. Przy wydaniu tego wyroku sąd wziął pod uwagę m.in. wcześniejsze losy kobiety, w tym fakt, że jako dziecko była gwałcona i maltretowana psychicznie przez dużo starszego od niej mężczyznę.

Wobec oskarżonej sąd zastosował nadzwyczajne złagodzenie kary – została skazana na cztery lata pozbawienia wolności. Tym samym dokonane przez nią zabójstwo sąd zakwalifikował nie jako zbrodnię, lecz występek. Wyrok jest prawomocny.

Rodzina zamordowanego nie kryła rozczarowania wysokością zasądzonej kary".

(Onet.pl, autor: Joanna Zajączkowska, 24 stycznia 2013)

W historii naszej „Dody" nie było żadnego rowerka, zamordowanego dziecka, duchów ani innych zjawisk nadprzyrodzonych. Były zabetonowane pod podłogą garażu zwłoki mężczyzny, z którym żyła dwadzieścia lat i miała dwoje dzieci. Zastrzeliła go z legalnie posiadanej broni, którą trzymał w domu dla „własnego bezpieczeństwa".

Brat i przyjaciółka zabójczyni pomogli jej zatrzeć ślady zbrodni – po roku wydobyli spod podłogi ciało, spalili je w lesie na Kaszubach, a niedopalone fragmenty kości wrzucili do rzeki. Milczeli jak grób, jednak w 2002 roku prawda wyszła na jaw.

Policja szukała dowodów zbrodni, lecz nie znalazła. Pomocnicy przyznali się do winy, a ona nie.

PRZEGLĄD PRASY:

„W Gdańsku rozpoczął się proces w sprawie makabrycznej zbrodni, do której doszło w Sopocie w 2001 roku. Według prokuratury kobieta najpierw strzeliła w głowę mężczyzny. Następnie jego ciało zawinęła w dywan i wywiozła do wynajętego garażu niedaleko kolejki SKM. Zwłoki zabetonowała w podłodze. Po jakimś czasie kobieta wydobyła szczątki i spaliła w nieznanym miejscu na Kaszubach.

Po zabójstwie, chcąc oddalić od siebie wszelkie podejrzenia, poinformowała organa ścigania o zaginięciu lub porwaniu konkubenta. Prokuratura i policja rozpoczęły poszukiwania. Wersja Jolanty W. była bardzo wiarygodna. Starała się nawet zorganizować zbiórkę pieniędzy na rzekomy okup. Cała sprawa wyszła na jaw, kiedy w 2002 roku na policję zgłosił się jeden ze znajomych Jolanty W. Zeznał on, że kobieta opowiedziała mu ze szczegółami o dokonanej zbrodni. Natychmiast zostało wszczęte śledztwo. Jolanta W. przebywała już wówczas w Stanach Zjednoczonych. Po wydaniu listu gończego została zatrzymana przez policję w Las Vegas.

Jolanta W. konsekwentnie nie przyznaje się do winy. Twierdzi, że jej konkubent został porwany przez mafię dla okupu, a teraz uciekł i się ukrywa, w obawie przed zemstą ze strony gangsterów.

Prokuratura zaznacza, że powodem zbrodni była zemsta lub zatargi na tle finansowym. Kobiecie grozi kara od 8 do 25 lat pozbawienia wolności lub nawet dożywocie".

(„Dziennik Bałtycki", autor: Robert Kiewlicz, 7 października 2009)

Nigdy nie zapytałam, co skłoniło ją do zbrodni. Nie spoufalałyśmy się ani nie roztrząsałyśmy dawnych spraw. Ona sama nie była skora do zwierzeń, a ja nie naciskałam. Jedynie z relacji prasowych, z którymi zapoznałam się na przepustce, wynikał domniemany motyw zbrodni.

Podczas procesu rodzina byłego partnera sugerowała, że była to pazerność Jolanty. Oboje zgromadzili spory majątek, którym – żyjąc już w innych, nieformalnych związkach – musieliby się podzielić. Pamiętam jeszcze ze studiów, chyba z zajęć z kryminalistyki i kryminologii, że kobiety nie lubią się dzielić. Akta sądowe pełne są spraw karnych, w których partnerki wolały zabić, niż dopuścić do pogorszenia swoich warunków materialnych. Nie wiem, czy Jolanta zabiła z takich pobudek, sądowi nie udało się tego ustalić. Byłoby skrajną nieodpowiedzialnością oceniać ją wyłącznie na podstawie luźnych rozmów w więzieniu. Ludzie zabijają z różnych powodów. Pieniądze to tylko jeden z nich. Hipotez w tamtej sprawie było kilka. W grę mogła wchodzić zemsta na byłym konkubencie za to, że doniósł policji na jej nowego partnera, którego aresztowano. Prawdę o zbrodni zna tylko ona, a że była skryta i trzymała wszystkich na dystans, krążyło więcej plotek niż prawdziwych informacji o niej.

Prokurator żądał dożywocia, jednak sprawa była poszlakowa, dlatego skazano ją na dwadzieścia pięć lat.

Szmata w habicie

Siostra Bernadetta, czyli Agnieszka F., była dyrektorka Ośrodka Sióstr Boromeuszek, nie miała anielskiej urody. Wręcz przeciwnie, była chuda, mała i pomarszczona. Habit był parawanem dla zła, które szerzyła. Krzywdziła dzieci i tak już skrzywdzone przez los: odrzucone, osamotnione, z życiem złamanym na starcie.

W 2010 roku Sąd Rejonowy w Zabrzu uznał siostrę Bernadettę za winną „przemocy psychicznej i fizycznej wobec wychowanków oraz podżegania do aktów pedofilskich na czterech nieletnich wychowankach i nakłanianie starszych wychowanków do przemocy fizycznej wobec młodszych chłopców".

Zakonnica dobiegała wówczas sześćdziesiątki. Zapadł wyrok w zawieszeniu i dopiero sąd drugiej instancji zaostrzył karę, wysyłając ją do więzienia. Latem 2011 roku miała się zgłosić do zakładu karnego we Wrocławiu, ale z uwagi na zły stan zdrowia sąd przez trzy lata odraczał jej karę.

W końcu trafiła do Grudziądza. Obok matki małej Madzi stała się najbardziej znienawidzoną osobą w całym kobiecym więzieniu.

– Czego tu chcesz? Spierdalaj, szmato!

– Suko jebana, obyś zdechła – słychać było zewsząd, gdy się pojawiała.

Nikt z nią nie rozmawiał, nie jadał z nią posiłków, nawet nie stawał obok niej. Dziewczyny nigdy nie zwracały się do niej po imieniu. Dla nich była „szmaciurą", czyli najgorszą ze wszystkich szmat.

Czując na sobie nienawistne spojrzenia, Bernadetta przemykała korytarzami niemal przyklejona do ściany, jak mysz szukająca dziury, w której mogłaby się schować. Wbijała wzrok w podłogę, unikając nawet przypadkowego kontaktu z osadzonymi. Nikt nie chciał na nią patrzeć, rozmawiać z nią, oddychać tym samym powietrzem. Była trędowata. Skazana na potępienie.

W więzieniu mówi się, że taka osoba jest „dojeżdżana". Siostra Bernadetta była „dojeżdżana" jak nikt inny.

Mechanizmy wykluczenia działają w każdej społeczności, a już szczególnie w zamkniętej, takiej jak środowisko więzienne. Wszystkie szmaty wyrzucane są poza nawias.

– Ale przecież muszą tam jakoś funkcjonować, żeby odbyć zasłużoną karę!

– Owszem, ale są skazane wyłącznie na swoje towarzystwo. Szmaty siedzą ze szmatami, duszą się we własnym sosie.

– Kim one są, te szmaty?

– Donosicielki podlizujące się Służbie Więziennej, wynoszące z celi wszystkie sprawy międzyludzkie i podsłuchane tajemnice. Robią to z różnych powodów, ale najczęściej dlatego, że nie mają charakteru. Szmaty generalnie nie mają charakterów.

– Ktoś jeszcze?

– Szmatami są też złodziejki okradające koleżanki z celi z ciuchów i kosmetyków. Ukradną z trudem zdobytą pomadkę, krem albo tusz do rzęs, a potem wmawiają, że to dostały. Patrzą ci w oczy i bezczelnie kłamią, idą – jak to się mówi – na wydrę. Takie osoby nigdzie nie znajdą akceptacji. Swoją obecnością parzą niczym meduzy. Siostra Bernadetta parzyła najbardziej ze wszystkich.

– Jak ona przeżyła to wykluczenie?

– To już wyłącznie jej problem i nie będziemy się nad nią użalać. Na pewno lekko jej nie było. Dziewczyny miały cały wachlarz sposobów, aby jej uprzykrzyć pobyt. Nie widziałam, żeby płakała, ale to musiało ją palić i boleć. Skrzętnie maskowała wszystkie emocje, jej twarz niczego nie wyrażała. Żadnego skrzywienia, niezadowolenia czy choćby cienia strachu. Totalna maska, jak w muzeum figur woskowych. Nikt nie jest w stanie znieść takiego traktowania bez uszczerbku na zdrowiu. Kiedy zakonnica trafiła do nas do Grudziądza, była pulchną kobietą. Więzienie ją „wysuszyło". Po kilku miesiącach pobytu zrobiła się chuda jak szczapa. Mogła ważyć czterdzieści kilo, nie więcej. Stres ją zżerał, bo przecież nie więzienna dieta, która raczej nie sprzyja odchudzaniu.

– Nie próbowała was sobie zjednać?

– Bardzo szybko się zorientowała, że jej miejsce jest na

końcu więziennego łańcucha pokarmowego. Ale próbowała polepszyć swój byt, czekoladkami i papierosami kupić lepszą pozycję w grupie, przynajmniej na początku odbywania swojej niezwykle krótkiej kary. Żadna z dziewczyn nie dała się jej przekupić, nawet im powieka nie drgnęła, nie spojrzały na te frykasy. Nie przyjmuje się niczego od szmaty, nawet kawy czy gazety. To byłby wstyd i hańba.

– Skąd ona miała te czekoladki i papierosy?

– Księża bardzo o nią dbali, regularnie przyjeżdżali do niej na widzenia. Wpłacali pieniądze na wypiskę, stąd fundusze na zakupy w więziennej kantynie. Właśnie tam zaopatrywała się w tytoń i słodycze, potem próbowała się do nas łasić. Na nic się zdały wszystkie sztuczki. Wiedziałyśmy, co zrobiła i za co została skazana. Tym razem nie z plotek, ale z rzetelnych doniesień dziennikarskich. Gazety z artykułami o siostrze Bernadetcie krążyły od celi do celi. Jeden pamiętam szczególnie, z „Wysokich Obcasów", był wstrząsający. W telewizji emitowano reportaże o niej, mówiono o procesie.

PRZEGLĄD PRASY:

„Podczas pobytu w Ośrodku Sióstr Boromeuszek Paweł był leczony na zaburzenia zachowania i nadpobudliwość. Ma dziś 22 lata. Tak opowiada mi o latach w ośrodku:

«Chłopcy nas tam rozbierali, bili, do krwi. Siostry patrzyły. Każdy był bity, ale jeśli kogoś bito wcześniej w domu, to nawet nie myślał, że to coś złego. Co kilkuletnie dziecko może wiedzieć na temat zła? Czasem siostra Bernadetta tak mnie pobiła, że nie mogłem chodzić do szkoły. Raz wzięła drewniany wieszak.

Biła po całym ciele. Już nie pamiętam za co. Ale najgorsze były uderzenia w głowę. Tak jakby chciała dostać się do środka. Musieli mi zszyć rany, więc siostry wzięły mnie do szpitala i tłumaczyły lekarzowi, że się przewróciłem. Pierwszy raz przyszli do mnie w nocy, jak miałem sześć lat. Spałem i rozebrał mnie starszy chłopak, kazał mi różne rzeczy zrobić. Od razu powiedziałem siostrze Bernadetcie i bardzo się bałem, bo siostra nie zareagowała. Później zaczęli do mnie przychodzić inni wychowankowie. Pytali, czy chłopacy już mi to robili. Powiedzieli, że im też. Nikt się tym nie zajął. Więc zajęliśmy się sobą sami.

Siostry musiały reagować na nasze próby samobójcze.

Był taki jeden z braci. Silny. On zmuszał wielu. Siostry zamykały mnie z nim i jego bratem w pokoju na klucz. To jest taki strach, że już nie możesz myśleć ani czuć. Prosiłem siostrę Bernadettę, aby mnie przeniosła, bo mnie dotykają. Teraz myślę tylko, że Pan Bóg ma jej dużo do wybaczenia. Bo tego, co się tam wydarzyło, nie da się opowiedzieć. Próbuję to ubrać w słowa, ale trzeba przeżyć, żeby zrozumieć.

(...) Tego ośrodka się nie da zapomnieć. Nadal chodzę taki skulony. Na razie pracuję jako ochroniarz i z tego się cieszę. Chciałbym kiedyś założyć rodzinę. Ale chciałbym powiedzieć ludziom, żeby nie mieli dzieci dla zasiłku albo becikowego, bo tacy się tutaj zdarzają. Potem dziecko ma dwa latka i ląduje w takim miejscu jak Ośrodek Sióstr Boromeuszek. Niech rodzice się przejdą po tych ośrodkach, poobserwują. To jest piekło, te dzieci nie chcą żyć».

Przed sądem zeznawało 22 wychowanków. Wszyscy, także dzieci, zeznawali w obecności siostry Bernadetty. Sędzia oddalił wniosek prokuratury, by nie było jej wtedy na sali sądowej.

«Podczas składania zeznań przed sądem u większości pokrzywdzonych widać było wysoki poziom napięcia i lęku, szczególnie w czasie odczytywania im wcześniejszych zeznań – napisała w opinii psycholog. – Niektórym stan emocjonalny nie pozwolił na dalszy udział w czynności procesowej i po potwierdzeniu złożonych wcześniej zeznań przestali odpowiadać na pytania bądź rozpłakali się».

(...) Świadek obecny na obu procesach:

«Zastanowiło mnie, że siostra ani przez chwilę nie pokazała, że żal jej chłopców. Podczas całego procesu była bardzo spokojna. Mówiła, że dzieci są złe, upośledzone i nie należy im wierzyć. Jedyne uczucia pokazała, gdy prokurator powiedziała do niej imieniem z dowodu. Zaczerwieniła się ze złości, krzyczała, by nazywać ją siostrą dyrektor Bernadettą»".

(„Gazeta Wyborcza", fragmenty reportażu Justyny Kopińskiej *Czy Bóg wybaczy siostrze Bernadetcie?*, 10 kwietnia 2014)

– Jak osadzone komentowały sprawę siostry Bernadetty?

– Wieść o jej przyjeździe do Grudziądza rozniosła się lotem błyskawicy. Akurat w tym czasie telewizja emitowała program o tym, co działo się w ośrodku pod jej rządami. Dorosłe już ofiary Bernadetty opowiadały o doznanym w dzieciństwie upodleniu, gwałtach i obojętności siostry przełożonej na przemoc wobec dzieci. Wszystkie byłyśmy wstrząśnięte, to jest przecież niewyobrażalne przestępstwo! Tamci chłopcy, teraz już mężczyźni, mają blizny na psychice. Do dziś nie mogą dojść do siebie. Zastanawiałyśmy się, czy w ogóle będą w stanie ułożyć sobie życie emocjonalne, odczuwać radość i empatię w związkach. Niektóre dziewczyny miały łzy w oczach, tak emocjonalnie reagowały. Trudno im było pojąć, że w ogóle istnieje taki rodzaj okrucieństwa. Jak można mieć w sobie tyle podłości, skoro służy się w zakonie? Modlić się do Boga i jednocześnie okaleczać psychikę dzieci!

– A wyrok jak komentowały?

– Nie rozumiały, dlaczego był taki łagodny. Chciały to pojąć, lecz nie mogły. Takich rzeczy się nie wybacza – nie tylko sprawcy, ale też wymiarowi sprawiedliwości. W powszechnym odczuciu wyrok był zbyt wyrozumiały. Za psychiczne maltretowanie wychowanków i przyzwalanie na praktyki pedofilskie z ich udziałem zakonnica dostała jedynie dwa lata pozbawienia wolności. Właśnie za krzywdę tych wszystkich chłopców z ośrodka wychowawczego w Zabrzu, którym kierowała siostra Bernadetta, dziewczyny w Grudziądzu zgotowały jej piekło na ziemi.

– Spuściły jej lanie?

– Przemoc fizyczna jest zabroniona i surowo karana. Nigdy nie widziałam, aby doszło wobec niej do czynnej agresji, ale proszę pamiętać, że nie jestem okiem monitoringu. Może ktoś jej przylał, gdy kamera tego nie widziała. Wcale bym się nie zdziwiła. Wtedy, gdy Anka (ta, co zabiła męża i odsiedziała honorowo cały wyrok) wpadła w furię na widok Bernadetty, niewiele brakowało, żeby doszło do rękoczynów.

– Proszę o tym opowiedzieć.

– Siostra Bernadetta spędzała czas w świetlicy, trenowała na bieżni. Poza nią nikogo w tym czasie tam nie było. Tymczasem my czekałyśmy na wolne prysznice i trochę nam się przedłużało. Nudziło nam się tak stać na korytarzu z tymi miskami i ręcznikami. Którąś zaproponowała, żebyśmy posiedziały w świetlicy. Otwieramy drzwi i kogo widzimy? Anka dostała szału. „Nienawidzę kurwy! Wypierdalaj, szmato!", wrzeszczała i musiałyśmy ją powstrzymać, bo już szarżowała na zakonnicę. Kto by pomyślał... taka spokojna Ania [śmiech]. Prawdę mówiąc, nie ona jedna miała agresywne odruchy w stosunku do Bernadetty.

– Zakonnica próbowała się bronić? Chronić?

– Owszem, napisała prośbę do administracji, żeby pozwolono jej nosić habit. Liczyła zapewne, że w takim stroju wymusi odrobinę szacunku. Dostała odpowiedź od dyrektora, że więzienie to nie klasztor i ma ubierać się tak jak inne osadzone. Nie wiem, co ona sobie myślała, że habit to czapka-niewidka, że ją ochroni przed nienawiścią? Kiedy już do niej dotarło, że za grzechy musi zapłacić tu i teraz, w życiu doczesnym, stała się prawie niewidzialna. Schodziła wszystkim z oczu, przemykała. To był jej sposób na przetrwanie. Czasami widywałyśmy ją, gdy telefonowała, chociaż i tego dziewczyny jej zabraniały. Wystarczyło, żeby powiedziała coś głośniej do słuchawki, a „Ty taka i owaka" dochodziło ze wszystkich cel, więc szybko kończyła rozmowę, odwieszała słuchawkę i znów przemykała. „Spokój, dziewczyny", uciszały nas oddziałowe, ale niezbyt gorliwie. One też jej nie lubiły.

– Dawały jej to odczuć?

– Bardzo często, chociaż oczywiście nie ostentacyjnie.

– W jaki sposób?

– Kiedy stawała pod kratą i wołała: „Pani oddziałowa, pani oddziałowa", czyli czegoś chciała, funkcjonariuszka podchodziła dopiero po dziesięciu minutach. Normalnie, to znaczy jak oddziałowe kogoś lubią albo nic do osadzonej nie mają, wychodzą z dyżurki od razu. Sprawę załatwiają od ręki. W przypadku siostry Bernadetty udawały, że jej nie widzą i nie słyszą. Nie mogły w nieskończoność przedłużać takich sytuacji. Wszędzie są kamery, dowódca mógłby zwrócić im uwagę. Ale na ile mogły, to przeciągały.

Wyrok zasądzony w imieniu Rzeczpospolitej Polskiej wobec siostry Bernadetty ze zgromadzenia boromeuszek był dopiero początkiem jej drogi do odkupienia grzechów. Z powodu wyrzucenia poza nawias więziennej społeczności i konsekwentnego „dojeżdżania" można ten wyrok śmiało pomnożyć co najmniej przez dwa.

Rozdział 12

Damy bez zębów

Był koniec lat dziewięćdziesiątych, złote czasy dla sutenerów werbujących młode dziewczyny zza wschodniej granicy do domów publicznych w Niemczech. Autorka niniejszej książki pojechała wówczas do aresztu śledczego w Kamieniu Pomorskim w poszukiwaniu bohaterek do reportażu dla tygodnika „Wprost" o handlu ludźmi.

Przed Sądem Okręgowym w Szczecinie kończył się właśnie najgłośniejszy w Europie proces w takiej sprawie. Oskarżony o sprzedaż pięćdziesięciu trzech Polek Włodzimierz Piotr R. z Goleniowa, współwłaściciel sześciu agencji towarzyskich w Berlinie, z wyglądu nie przypominał przestępcy powiązanego z międzynarodowymi gangami. Był drobnej budowy, miał chłopięcą twarz i burzę loków na głowie. Policja podejrzewała, że wysłał do niemieckich, szwajcarskich i tureckich burdeli nawet pięćset dziewcząt.

Proces wykazał, że wiele z nich wyjeżdżało za granicę nieświadomych zagrożenia. Uwierzyły, że dostaną pracę kelnerek i opiekunek do dzieci. Na miejscu odbierano im paszporty, gwałcono i zamykano w domach publicznych. Jedna z ofiar, jeszcze niepełnoletnia, uciekła dzięki pomocy udzielonej przez zakochanego w niej klienta. „Zawsze możesz wrócić do Polski, tyle że w czarnym plastikowym worku", mówił nastolatce jej „właściciel". Bił ją i dręczył psychicznie.

Po powrocie do Polski jako pierwsza złożyła zeznania. Organizator niewolniczego procederu z dnia na dzień za sprawą mediów zyskał sławę międzynarodowej gwiazdy. Cytowano go na łamach niemieckiej prasy i pokazywano w telewizji RTL. Włodzimierz Piotr R. kreował się na męża opatrznościowego pomagającego kobietom w trudnej sytuacji życiowej. Twierdził, że Polki jako prostytutki były pracowite i zadowolone. Bito je tylko wtedy, gdy się upijały i były niezdolne do pracy. „Nikt im nie kazał przyjmować klientów, gdy miały okres. Zakładały sobie gąbki i jazda do pracy, takie były łase na pieniądze", opowiadał mediom. W wywiadzie udzielonym dziennikarzowi „Sterna" wymknęło mu się zdanie: „W tym interesie trzeba dziewczyny krótko trzymać za mordy". Bito je za odmowę współżycia z psem lub faszerowano narkotykami. Najbardziej nieposłuszne oddawano tureckim i rosyjskim grupom przestępczym. Podawano im heroinę, więziono w piwnicy bez wody i toalety, wywożono do lasu. Tam – z pistoletem przystawionym do skroni – kazano im kopać grób dla siebie. Żadna nie była w stanie tego wytrzymać. Godziły się na wszystko i milczały całe lata. Śledczy z trudem przełamywali ich strach. „Nie było większego piekła", mówiły przed sądem.

Handlarza żywym towarem, który zgotował im taki los, skazano na osiem lat pozbawienia wolności. Prokurator apelował od zbyt łagodnego jego zdaniem wyroku. Sąd drugiej instancji podwyższył karę do dwunastu lat. „Podstępne działanie oskarżonego charakteryzowało się niskimi pobudkami, chęcią osiągnięcia korzyści majątkowej, wykorzystaniem trudnej sytuacji osobistej, w jakiej znajdowały się pokrzywdzone, oraz ich niedoświadczenia życiowego", argumentował Sąd Apelacyjny w Poznaniu, zaostrzając wyrok.

Andżelika, którą autorka niniejszej książki spotkała w areszcie śledczym w Kamieniu Pomorskim, trafiła do burdelu w Hamburgu prowadzonego przez Rosjan. Miała zaledwie osiemnaście lat i dużo samozaparcia, aby wyrwać się z piekła. Była niepokorna, stawiała się klientom, pyskowała. Sprawiała sutenerom sporo problemów, dlatego jej nie oszczędzali. Dziewczyna podjęła kilka nieudanych prób ucieczki, czym tylko pogarszała swoją sytuację. Uwięziono ją w karcerze i powybijano zęby.

Dopiero po kilku miesiącach udało jej się uciec. Wróciła do Polski, jednak jej oprawca, Witalij K., wiedział, gdzie jej szukać. Podążył za nią i bez trudu odnalazł. Odegrała przed nim scenę, która prawdopodobnie uratowała jej życie – przekonała Rosjanina, że powrót do kraju głęboko ją rozczarował i za marne grosze nie będzie się tu poniewierać. Powiedziała, że chce wrócić do Hamburga, że będzie się starać i odpracuje nieobecność w pracy.

Udobruchany Witalij dał się namówić na wspólną kolację i alkohol. Andżelika wsypała do trunków środki nasenne, a gdy osunął się z krzesła, udusiła go kablem magnetofonowym i roztrzaskała mu głowę młotkiem.

Policja ścigała ją helikopterem, lecz ona i jej chłopak (a także pomocnik w zbrodni) uciekali autem oprawcy niczym filmowi Bonnie i Clyde. Nie mieli szans się ukryć. Oboje stanęli przed sądem i *usłyszeli wyrok po piętnaście lat pozbawienia wolności.*

O sprawie Andżeliki zrobiło się głośno nie tylko w Polsce. Po raz pierwszy na taką skalę zaczęto mówić w Niemczech o handlu kobietami z byłych państw socjalistycznych, okrucieństwie sutenerów i współczesnym niewolnictwie w centrum Europy. Międzynarodowe organizacje pozarządowe, niosące pomoc pokrzywdzonym kobietom, zwróciły oczy na los przymuszanych do prostytucji Polek, m.in. holenderska STV (Fundacja do Walki z Handlem Kobietami), brytyjska PAYOKE, niemiecki Phoenix i działająca od niedawna polska La Strada. Jedna z nich sfinansowała Andżelice wstawienie implantów. Na dziedzińcu, skąd zabierano ją więziennym transportem na konsultacje stomatologiczne, krzyknęła w stronę autorki:

– Pani Ewo, ja nie żałuję, że go zabiłam! Niech pani napisze, że zrobiłabym to jeszcze raz, gdybym miała taką możliwość. Był chamem i podłym człowiekiem. Cieszę się, że już nigdy nie skrzywdzi żadnej dziewczyny.

Samotność Marity

– Dziś organizacjom charytatywnym zabrakłoby pieniędzy, gdyby chciały sfinansować implanty wszystkim katowanym przez mężczyzn ofiarom – mówi narratorka tej książki. – Więzienia są pełne kobiet, które zabiły, ponieważ chciały się uwolnić od oprawcy. Nie są to wyłącznie osoby pokrzywdzone przez handlarzy ludźmi, lecz głównie ofiary przemocy domowej. Mężowie, konkubenci lub „opiekunowie" zgotowali im piekło na ziemi. Nie bronię tych kobiet, bo przecież zabiły, lecz w pewnym sensie je rozumiem.

Sądy każdą tego typu sprawę traktują indywidualnie. Przemoc psychiczna i fizyczna, jakiej przez lata poddawane były oskarżone, w większości przypadków okazywała się okolicznością łagodzącą. Wybite zęby to najmniejsze zło, jakie je spotkało.

Moje więzienne ulubienice też były bezzębne. O jednej już opowiadałam, to Marita [była słupem w wyłudzeniach bankowych ze SKOK Wołomin – przyp. aut]. Chciałabym, żebyście ją lepiej poznali.

Marita nie miała żadnego wsparcia od bliskich. Matka się jej wyrzekła, siostra wstydziła, a jedyny przyjaciel nie żył, bo sama go zabiła. Na wolności nie znała ani jednego człowieka, który chciałby do niej przyjechać, porozmawiać, wpłacić choćby złotówkę na zakupy w więziennym sklepie.

Samotność to jedna z najgorszych rzeczy, jaka może się w życiu przydarzyć. W więzieniu widać ją jak pod szkłem powiększającym: żadnych odwiedzin, listów, paczek. Tak wyglądało życie Marity, co naprawdę mnie dziwiło. Ona jest z natury miłą i serdeczną dziewczyną, a mimo to nikt jej nie chciał, nikt jej nie wspierał.

Właśnie ona zrobiła dla mnie więcej niż cały sztab fachowców z lekarzami i psychologami na czele. Dzięki niej znów zaczęłam się śmiać, rozmawiać z ludźmi, planować przyszłość.

– Był jakiś szczególny powód tej wyjątkowej relacji?

– Marita urodziła się 21 maja 1987 roku w szpitalu w Kamieniu Pomorskim. Dzień wcześniej w tym samym szpitalu przyszła na świat moja córka Marta. Pewnie leżałyśmy z jej mamą w tej samej sali. Nigdy się nie poznałyśmy, lecz zbieżność dat, miejsc oraz okoliczności ukształtowała mój stosunek do Marity. Od początku była mi bliska.

– Naprawdę nie miała nikogo do kochania?

– Jedyna istota, którą mogłaby bezgranicznie kochać, zapewne do dziś nie wie, że jest jej dzieckiem. Większość ciąży minęła Maricie w pijackim ciągu. Nietrzeźwa była też na porodówce. Urodziła zdrowego chłopca, nazwała go Marcel. Nawet nie zdążyła mu się przyjrzeć, nakarmić czy choćby przytulić do piersi. Matka Marity odpowiednio wcześniej dopełniła wszelkich procedur, aby dziecko trafiło do rodziny zastępczej i zyskało szansę na szybką adopcję. Ona sama na wszystko się zgodziła, podpisała stosowne papiery.

– Tak sobie myślę, że źle zrobiłam – mówiła, gdy nachodziły ją wyrzuty sumienia.

– Bardzo dobrze zrobiłaś – przekonywałam.

– Jak to? – nie rozumiała, co w tym dobrego. – Jestem wyrodną matką.

– Dobrze się stało, że oddałaś Marcela. Mogłabyś nieświadomie zrobić mu krzywdę, a nawet zabić. Przecież chodziłaś non stop pijana i poza piciem nic się dla ciebie nie liczyło. Już widzę, jak by wyglądały twoje spacery z wózkiem.

– Zygzakiem.

– Oddając Marcela, stworzyłaś mu szansę na normalne życie. Inaczej tułałby się po pogotowiach opiekuńczych i domach dziecka.

– Kiedyś go odszukam i wszystko wyjaśnię.

– Nawet się nie staraj – storpedowałam jej pomysł, może zbyt impulsywnie. – Nie myśl, że jestem bez serca, ale naprawdę uważam, że twojemu dziecku nie dzieje się krzywda. Nie przesądzam, że byłabyś złą matką, ale – na Boga – piłaś do zatracenia. I niewiadomo, czy nie wrócisz do nałogu, kiedy stąd wyjdziesz.

– To jasne jak słońce, że pierwsza rzecz, jaką zrobię po wyroku, to się napiję.

Przykro mi to mówić, bo naprawdę lubiłam Maritę, lecz prawda o niej była smutna: dla niej największą katastrofą w życiu nie było ani zabójstwo, ani długi wyrok czy nawet oddanie dziecka do adopcji. Najgorsze było to, że w więzieniu nie mogła się napić.

– Marita, powiedz mi, jak to jest tak codziennie pić – zagaiłam pewnego dnia.

– Ano tak, że jak na melinie polewasz wino i ktoś poleje ci o pół centymetra mniej niż sobie, to masz prawo pobić go do nieprzytomności albo zabić.

– Za pół centymetra?! – wykrzyknęłam.

– Za to, że cię oszukał o te pół centymetra. Nie ma ważniejszego powodu! Lać trzeba wszystkim po równo. Takie są prawa na melinie.

– Przez to chlanie wszystko straciłaś, urodę także. Budziłaś się rano w barłogu, kiepsko się czułaś, kiepsko wyglądałaś. Nie miałaś potrzeby, żeby się umyć, umalować?

– Beatka, to się w ogóle nie liczyło. Nieważne było mydło czy dezodorant. Ważne, żeby skombinować pieniądze na kolejną flaszkę albo ściągnąć do siebie ludzi, którzy przynieśliby alkohol.

Dylematy przed lustrem

Dopiero w areszcie Marita nadrabiała wieloletnie zaległości w higienie osobistej. Szorowała się codziennie od góry do dołu. Nikt nie zużywał takich ilości mydła jak ona. Tylko zębów nie myła, bo ich nie miała.

Ta żywa jak srebro dziewczyna była w wieku mojej córki, ale wyglądała jak „zajechana" czterdziestka: cera szara, szczęka zapadnięta, oczy przygaszone. Widziałam jej zdjęcia z młodości, zanim popadła w nałóg. Miała na nich promienne spojrzenie i gęste, lśniące włosy. W melinie połowa jej wypadła. Z zębami było jeszcze gorzej. Straciła wszystkie.

Pewnego dnia bardzo przystojny oddziałowy, w którym się skrycie podkochiwała, pozwolił sobie na krytykę pod jej adresem.

– Jak ty się nie wstydzisz, Marita? Masz dwadzieścia parę lat i ani jednego zęba! Idź, dziewczyno, do naszego stomatologa, wstawi ci zastępcze. Taka była z ciebie królewna, ale teraz, jak się uśmiechniesz, to wyglądasz jak moja babcia przed śmiercią.

I Maricie zrobiło się głupio.

– Beatka, to naprawdę tak źle wygląda? – pytała, szczerząc się do lusterka.

– Stoisz przed lustrem, to sama widzisz. Co ci będę mówić.

– No i co ja mam z tym zrobić?

– Idź do dentysty, przecież w areszcie jest opieka stomatologiczna. Zapytaj, może faktycznie zrobią ci protezę.

Jakoś nie miałam śmiałości, aby ją wypytać, w jakich okolicznościach straciła wszystkie zęby. Pewnie ktoś jej powybijał. Podejrzewam, że zrobił to tamten facet, z którym żyła, piła i którego zabiła. Z opowieści Marity wywnioskowałam, że był strasznym łotrem, a z zawodu upadłym muzykiem zapijającym życiowe niepowodzenia. Okładał ją gitarą po całym ciele, tłukł, gdzie popadło. Miała blizny na twarzy po ranach ciętych i kłutych. Zresztą cała była poraniona, pocerowana. Zauważyłam, że większość dziewcząt za kratami miała spore ubytki w uzębieniu. To była jakaś plaga!

Maritę reprezentowało przed sądem aż siedmiu adwokatów z urzędu. Wszyscy dowodzili, że to nie ona zabiła swojego konkubenta z meliny.

– Dlaczego aż tylu?

– Oczywiście nie za jednym razem [śmiech], po prostu tak się złożyło, że się zmieniali. Karkołomna była taka linia obrony. Wprawdzie oskarżona nie pamiętała faktu zabójstwa, ale to nie znaczyło, że nie zabiła. Strategia adwokatów okazała się o tyle skuteczna, że nie skazano jej na dożywocie czy dwadzieścia pięć lat więzienia, lecz jedynie na trzynaście.

Tamtego dnia, gdy przystojny oddziałowy skrytykował wygląd Marity, nastąpiła w niej niebywała metamorfoza. Siadała przed lusterkiem, z uwagą przyglądała się swojej twarzy i pożyczonymi kosmetykami do makijażu wydobywała z niej kobiecość. Do tego zaczęła się stroić. Nieskromnie przyznam, że przyłożyłam do tego rękę. Podarowałam jej bluzkę w paski, która bardzo jej się podobała. Prała tę bluzkę, rozwieszała, doglądała, czy już wyschła. Jeden ciuch w paski okazał się impulsem do działania, zmian na lepsze. Moja bezzębna koleżanka uwierzyła w siebie i w to, że nie wszystko stracone. Kupiłam jej w kantynie krem oliwkowy oraz dezodorant w kulce. Nie miała takich kosmetyków od lat, chociaż to żaden luksus. Zanim zaczęła ich używać, ustawiła je na swojej półce i patrzyła jak na jakiś ósmy cud świata.

– Naprawdę mi je dałaś, a nie pożyczyłaś? – pytała w kółko.

– No jasne, przecież już ci mówiłam.

– Nie rozmyślisz się, nie zabierzesz?

– Są twoje.

– Tyle pieniędzy na mnie wydałaś…

– Bez przesady, to żadne pieniądze.

– Ale dlaczego to zrobiłaś?

– Żebyś już nie pożyczała moich rzeczy, tylko wreszcie miała coś swojego. Ty się będziesz lepiej czuła i ja też odetchnę, bo ciągle tylko słyszę: „Beatka, pożycz, pożycz". Już mnie tym denerwujesz.

Kupiłam jej jeszcze mascarę do rzęs. Mówiła, że był to najlepszy prezent w jej życiu. Oczy miała piękne, zielone, kocie. Wystarczyło tak niewiele, żeby to piękno wydobyć.

Najchętniej powiedziałabym Maricie prawdę, że kupiłabym i oddała jej znacznie więcej. Była moim aniołem stróżem i tylko dzięki niej nie zwariowałam. Ale wtedy by nie uwierzyła, niczego ode mnie nie przyjęła. Honorowa dziewczyna, bo jej przyjaźń i życzliwość nie były na sprzedaż.

Marita dbała nie tylko o rzęsy, ale również o czystość i porządek w naszej celi. Kto by pomyślał, że kobieta z meliny może się zachowywać jak panienka z dobrego domu! Wszystko błyszczało. Nie przymuszała mnie do sprzątania, jak to robiła Patrycja, dlatego chciałam jej pomagać. Tymczasem ona wyrywała mi szmatę z rąk i mówiła stanowczo, że mam jej nie przeszkadzać.

– Ja nie mogę pozwolić, żeby kobieta w wieku mojej matki zmywała podłogę na kolanach. Odpocznij sobie, Beatka. Dzień jest taki długi, to go sobie trochę tym sprzątaniem skrócę. Ty mi za to dobrą kawusię zaparzysz – mówiła z figlarnym uśmiechem.

Robota paliła jej się w rękach. Włączała w telewizji kanał z muzyką disco polo i dostawała skrzydeł. Normalnie jakby ją ktoś nakręcił. Całymi dniami mogła słuchać tylko tego. Początkowo protestowałam, bo kiedy samemu słucha się Deep Purple, Led Zeppelin i ogólnie hard rocka, to wiadomo, że disco polo może zabić. Ale jak zobaczyłam jej radość, gdy śpiewał Zenek Martyniuk, to odpuściłam swoje preferencje muzyczne.

Dziewczyny w więzieniach kochają disco polo. Gdyby taki Zenek albo Sławomir lub inny lider kapeli przyjechał do Grudziądza na charytatywne występy, to one z tej miłości mogłyby człowieka zadusić [śmiech].

Największym hitem – i to chyba we wszystkich zakładach karnych – jest stara piosenka zespołu Boys pt. *Wolność*.

– Nie znam. O czym jest?

– O kobiecie, która chciała wychować jedynego syna na wielkiego pana, lecz jak go już wychowała i wypielęgnowała, to przyszli po niego i zabrali do poprawczaka.

– No to źle go wychowała.

– Właśnie, i to jest problem wielu matek, które kochają, ale nie dają rady. One sobie żyły wypruwają, a tu nagle zjawia się policja i zabiera im synów. Ludzie się śmieją, wytykają palcami, a one płaczą. I dlatego ta piosenka jest im bliska. Naprawdę nie zna pani? „Niech żyje wolność, wolność i swoboda..."

– Też słucham Deep Purple i Led Zeppelin.

– Jasne, i nie była pani w więzieniu, a tam się wiele zmienia. O wiele więcej niż muzyczne upodobania.

Psychoterapia prowadząca donikąd

Marita miała w sobie tyle sprzeczności, że naprawdę trudno było za nią nadążyć. Kiedy już posprzątała celę, umalowała sobie oczy i wklepała w policzki pachnący krem, siadała na krześle i wygrzebywała z popielniczki śmierdzące pety. W ten sposób nagradzała się za ciężką pracę. Nie mogła się pozbyć tego nawyku. Paliła pety nawet wtedy, gdy miała do dyspozycji całą paczkę papierosów. Uważała, że marnotrawstwem byłoby wyrzucanie ich do kosza.

– Marita, damy tak nie robią – mówiłam.

– Damy bez zębów i owszem – odpowiadała poważnie.

Mogłam jej tłumaczyć bez końca, a ona i tak paliła te pety.

– Marita, chcę cię o coś prosić – zagaiłam kiedyś.

– Dla ciebie wszystko, Beatka – ożywiła się.

– Niedługo nasze drogi się rozejdą, twój wyrok się uprawomocni i pewnie pojedziesz w Polskę, do jakiegoś dużego więzienia. W zakładach karnych są szkoły, zapisz się na zajęcia, zrób maturę. Będziesz miała papier w ręku, lepszy start w życiu.

– Kto takiemu tumanowi jak ja da maturę? – zbywała temat.

– Dasz radę, zobaczysz! Będziesz miała satysfakcję. W więzieniu można nawet skończyć studia. Nie mówię, żebyś od razu zostawała magistrem, ale na średnie wykształcenie na pewno cię stać.

– Tobie łatwo mówić. Potrafisz się skupić, a ja mam łeb zryty przez picie.

– Bądź inna niż wszystkie, zawalcz o siebie. Wyjdziesz na wolność jako dojrzała kobieta. Z maturą znajdziesz lepszą pracę, zarobisz więcej pieniędzy – nie dawałam za wygraną.

– Może i zarobię, ale zaraz wszystko przepiję – podsumowała ze smutkiem.

Marita piła od podstawówki. Do tego w gimnazjum wpadła w tak złe towarzystwo, że zaczęła eksperymentować z narkotykami. Alkoholizm dostała w genach, po ojcu.

Miała kilka lat, gdy matka spakowała rzeczy i w nocy uciekła z trójką dzieci. Siostra wyrosła na porządnego człowieka, brat trochę w życiu rozrabiał, ale w końcu się uspokoił. Tylko ona stoczyła się na dno.

Motywowałam Maritę, by powalczyła o siebie, lecz wyrywanie się z nałogu to była dla niej istna droga przez mękę.

Potrzebowała terapii antyalkoholowej. W areszcie śledczym w Szczecinie, gdzie wtedy przebywałyśmy, odbywały się sesje grupowe pod okiem terapeuty. Marita chodziła na nie regularnie, niestety bez większego efektu. Wciąż śniła wyłącznie o piciu.

Terapeutka mobilizowała ją na zajęciach do aktywności, ale ona nie chciała odpowiadać na żadne pytania. Mówiła, żeby dać jej święty spokój, bo i tak niczego o sobie nie powie. Siedziała naburmuszona, podczas gdy inne kobiety chętnie opowiadały o swoim ciężkim życiu. Robiły w zeszytach tabelki, wpisywały w nie, co straciły przez alkohol, a co zyskały w okresie abstynencji. Pisały wypracowania, snuły plany na przyszłość. Ogólnie bardzo się starały. Wierzyły, że mogą wytrwać w trzeźwości. Tylko Marita nie wierzyła.

Pewnego razu, przymuszona przez grupę, wyznała szczerze:

– Wiecie, ja marzę tylko o jednym – żeby się napić. Nie ma dnia, żebym leżąc na swojej pryczy, myślała o czymś innym. Marzę, żeby się napić zimnego piwka, a potem czegoś mocniejszego i jeszcze mocniejszego.

Terapeutka dodawała jej otuchy, podliczając, że Marita ma już za sobą kilka miesięcy abstynencji. Ona jednak torpedowała wszystkie argumenty.

– Proszę mi nie mówić o abstynencji, bo ja jestem na PRZYMUSOWEJ abstynencji! – wykrzyczała. – W dupie mam to wasze gadanie! Wkurwiacie mnie tylko, że niby takie z was damy, bo nie pijecie! Ja nawet nie chcę przestać myśleć o piciu.

– Od tego jesteśmy, aby ci pomóc, Marita – wspierały ją uczestniczki terapii grupowej.

– Czy ja was o to prosiłam? Uszanujcie, kurwa, moje zdanie i nie wysyłajcie mnie więcej na żadne zajęcia. Tyle mi pomogła ta wasza terapia, że jak stąd wyjdę na wolność, to się od razu napierdolę.

Zmuszanie do odwyku nie ma sensu. W tym temacie podzielałam pesymizm Marity. Wszystkie zabiegi terapeutyczne nie sprawdzały się u większości znanych mi kobiet uzależnionych od alkoholu i narkotyków. „Już nigdy się nie napiję, przez swój nałóg straciłam wszystko, co w życiu najważniejsze: męża, dzieci, pracę, a na koniec wolność". Ileż ja widziałam takich wypracowań pisanych w pocie czoła w Grudziądzu.

PRZEGLĄD PRASY:

„W ponurym, odrapanym gmaszysku Zakładu Karnego nr I w Grudziądzu mieści się słynny oddział odwykowy, potocznie nazywany «Atlantisem».

«To nazwa jednego z programów odwykowych – wyjaśnia psycholog Iwona Zalikowska, kierowniczka oddziału. – Trafiają do nas kobiety z problemami alkoholowymi. Przechodzą tutaj 433-godzinną terapię».

«Atlantis» jest jedyną placówką tego typu w Polsce i zarazem jedynym nieprzepełnionym oddziałem w całym więzieniu. Nie może przebywać tu więcej niż 27 kobiet jednocześnie. Rotacja następuje co trzy miesiące. Kolejka jest długa. Na miejsce w «Atlantisie» czeka wiele kobiet ze wszystkich żeńskich zakładów karnych w kraju.

«Bardzo często problemy z prawem mają właśnie podłoże alkoholowe – twierdzi Iwona Zalikowska. – Alkohol jest jedną z najbardziej kryminogennych rzeczy na świecie»".

(„Nowości – Tygodnik Toruński", autor: Adam Luks, *Ślub naprawdę, seks tylko na migi*, 31 sierpnia 2006)

Życie brutalnie weryfikuje skuteczność terapii odwykowych. Wiem, że nie powinno się generalizować, szczególnie w sprawach uzależnień. Może komuś to pomaga, ale widziałam po naszych dziewczynach, że odwyk nie działa długofalowo. Wszystko było wyłącznie gadaniem.

Przykładów jest mnóstwo i każdy niemal identyczny. Nie chcę być gołosłowna, dlatego przytoczę dwa.

Pewna skazana, Bażancica – jak ją nazywałyśmy – zanim trafiła do Grudziądza, piła na umór. Dostała osiem lat za rozboje. Jej córka wyjechała do Anglii, a ściślej mówiąc, wyrwała się z piekła, które urządzała jej w domu matka.

Bażancica miała ludzkie odruchy. Dręczona wyrzutami sumienia postanowiła wykorzystać odsiadkę do terapii antyalkoholowej. Pisała pełne skruchy wypracowania, uprawiała jogę. Medytowała po chińsku, tybetańsku i sama nie wiem, jak jeszcze.

Kiedy zbliżał się termin wyjścia, córka chciała po nią przyjechać. Widać obawiała się, że nałóg zniweczy wieloletnią abstynencję matki.

– Córciu, ja nie dam rady? Oczywiście, że dam! W życiu już się nie napiję, bo zrozumiałam, ile straciłam przez picie – przekonywała przez telefon Bażancica.

Córka widać nalegała, bo ich rozmowa się przedłużała.

– Nie martw się, kochanie – szczebiotała do słuchawki Bażancica. – Jak tylko wyjdę za bramę, to pojadę na dworzec. Kupię bilet do Łodzi i za parę godzin będę w domu. Pomedytuję, poćwiczę na macie i wszystko będzie dobrze.

Tak sobie pomedytowała, że zamiast na dworzec poszła do baru. Napiła się po czubek głowy, nadrabiając lata przymusowej trzeźwości. Sprzedała swoją nowiutką kurtkę, którą dostała z zakładu karnego jako wyprawkę. Dostała za nią pięćdziesiąt złotych, ale to wystarczyło, aby się upodlić. Resztę postawili nowo poznani koledzy. Wieczorem słaniająca się na nogach Bażancica wróciła pod więzienną bramę.

– Wy gady pierdolone! – wykrzykiwała do funkcjonariuszy. – Teraz to wszyscy możecie mi naskoczyć!

Z pijackiego towarzystwa za murami szczególnie zapamiętałam Ankę Łyżwiarkę spod Radomia. Tak ją nazywałyśmy, ponieważ ukończyła szkołę łyżwiarstwa figurowego, kariera sportowa stała przed nią otworem. Podobno jako dziecko była bardzo uzdolniona. Rodzice wszystkiego sobie odmawiali, aby rozwijać jej zdolności. Ale ona to zaprzepaściła.

W trzeciej klasie szkoły średniej Anka zakochała się w starszym o piętnaście lat mężczyźnie. Zaraz po osiemnastych urodzinach wyszła za niego za mąż i urodziła dwójkę dzieci. Pieluchy oraz przecierane zupki nie były jej powołaniem. Po dwóch latach przykładnego życia rodzinnego Łyżwiarka postanowiła zaszaleć. Stateczny mąż czekał w domu, a ona się bawiła. Miała grono szkolnych koleżanek, z którymi chodziła po dyskotekach i balowała do rana. Poszła w tango, jak to się mówi. W końcu zapomniała, że ma w domu męża i dzieci.

Związała się z ochroniarzem z miejscowego klubu, hulaką i pijakiem. Została jego kochanką. Chodziła za nim krok w krok, lecz on traktował ją gorzej niż psa z kulawą nogą. Do tego był damskim bokserem. Matka znajdowała ją rano poobijaną, śpiącą na ławkach w parku. Wstydziła się za nią przed ludźmi, ale robiła wszystko, by ratować córkę. Jednak Anka Łyżwiarka była zaślepiona tą chorą miłością do ochroniarza. Chlała i nie trzeźwiała. W końcu zabiła kochanka i poszła do więzienia na sześć lat. Dostała tak mało do odsiadki, ponieważ sąd uznał, że przekroczyła granice obrony koniecznej, czyli się broniła.

Wszyscy i tak nazywali ją morderczynią.

Jej dzieci wytykano palcami. „Patrzcie, ich matka pijaczka zabiła kochanka", komentowała ulica.

Kiedy ją poznałam, Anka Łyżwiarka była wciąż opuchnięta od alkoholu, jakby dopiero co wstała od stołu. Tymczasem nie piła już od kilku lat. Wyglądała jak wiedźma. Małymi, kaprawymi oczami przewiercała wszystkich na wylot. Była posępna i złowroga. Jej syn i córka byli już prawie dorośli. Nigdy nie przyjechali do matki w odwiedziny, a ona nigdy do nich nie dzwoniła.

– Aniu, przecież musiałaś mieć w życiu momenty, kiedy trzeźwiałaś. Nie tęskniłaś wtedy za dziećmi? – pytano ją na terapii, a ona wbijała wzrok w podłogę i milczała.

Z czasem zrobiła się na zajęciach bardzo aktywna, a zadane prace pisemne odrabiała najlepiej ze wszystkich. „Wódka odebrała mi godność, wolność i rodzinę", napisała w zeszycie wielkimi literami.

– Na ile stwierdzenia w twoim wypracowaniu są prawdziwe, szczere? – dociekała terapeutka.

– Wszyscy tak piszą, to i ja napisałam – odpowiedziała z rozbrajającą szczerością.

– A gdzie są twoje przemyślenia? Co ci dała półroczna terapia w Grudziądzu?

– To mi dała, że może nie będę tyle piła.

– Zrozumiałaś, co zrobiłaś w życiu najgorszego?

– Zostawiłam rodzinę i poszłam do kochanka.

– A to, że zabiłaś człowieka?

– Czy ja wiem... – zastanawiała się na głos. – Byłam pijana i on był pijany. Przecież nie chciałam go zabić, tylko tak jakoś wyszło. Ale on na szczęście nie czuł, że umiera.

Poznałam się na niej od pierwszego wejrzenia. Łyżwiarka tylko odgrywała skruchę. W rzeczywistości nie miała wyrzutów sumienia i nigdy niczego nie żałowała. Alkohol zabił w niej ludzkie odruchy. Nie wiedziała, co to współczucie, empatia, lojalność. Miała w sobie tyle fałszu, że sprzedałaby każdego za kroplę wódki.

– Nie warto się z nią zadawać, bo to pustak, co rozum przepił w melinie – mówiły o niej dziewczyny. – Nakłada na siebie tonę pudru, a w ogóle się nie myje, pijaczka jedna.

– Obaliła się na łóżko, leży i śmierdzi – dokuczała jej moja druga bezzębna ulubienica Żaneta. – Jak ty sobie w ogóle możesz gębę malować, lampucero, skoro się nie myjesz?

Anka Łyżwiarka miała w poważaniu nasz dyskomfort. Widać lubiła swój smrodek, a kąśliwymi uwagami kompletnie się nie przejmowała. Pewnego dnia otrzymała list od matki. Był to jedyny list, jaki dostała przez cały czas pobytu w więzieniu. Dała mi go do przeczytania. Do dziś pamiętam niemal każde słowo:

Nie wyrzekam się ciebie, Aniu. Nigdy tego nie zrobię, bo jesteś moim dzieckiem, ale nie policzę łez, które nad tobą wylaliśmy z ojcem. Tyle cię oboje prosiliśmy, żebyś się opamiętała i wróciła do domu, żebyś przestała pić. I teraz, moja córko, jesteś w więzieniu. Ponosisz za to karę. Mam nadzieję, że w więzieniu spotkasz ludzi, którzy wskażą ci właściwą drogę, bo matki słuchać nie chciałaś. Pamiętaj, że ja tu jestem i wciąż czekam na ciebie. Zawsze będę cię kochać, chociaż mam wiele żalu do ciebie.

Anka Łyżwiarka przeczytała list po łebkach i rzuciła w kąt, jak ulotkę sklepową z ofertą tygodnia.

– I co? – spytałam. – Nawet takie słowa cię nie ruszają?

– Ee tam. – Machnęła ręką. – Matka zawsze się czepiała.

– Nie czepiała, tylko walczyła o ciebie! Widziała, że się staczasz, więc groźbą, prośbą czy błaganiem próbowała cię ratować przed zatraceniem.

– Zgadnij, gdzie ja to wszystko mam. Wiesz, gdzie?

Szkoda było mojego czasu na tłumaczenie, że nikt inny poza matką nie potrafi kochać miłością bezwarunkową. W ogóle nie chciało mi się z nią gadać. Anka Łyżwiarka pisała tamtego dnia wypracowanie o zgubnych skutkach picia wódki. „Przez picie odwróciła się ode mnie moja mama, którą kocham i szanuję", podkreśliła najważniejsze zdanie.

– Wstydu nie masz za grosz. – Żaneta, która w przeciwieństwie do Anki była bardzo rodzinna i nienawidziła pijaństwa, splunęła przez ramię.

Żaneta zostawiła w domu trójkę dzieci, strasznie za nimi tęskniła. Mieszkali wszyscy w barakach w Wąbrzeźnie, gdzie bieda aż piszczała. Dzieciaki chodziły głodne, więc ona wyłudziła od Chińczyków handlujących na rynku jakieś pieniądze. Miała je oddać, ale nie oddała. Dostała za to półtora roku pozbawienia wolności. Wspominam ją, ponieważ miała wielkie serce i – podobnie jak Marita – nie miała ani jednego zęba. Oburzała ją bezduszność Anki Łyżwiarki wobec matki. Mnie też oburzała, lecz nie zamierzałam nikogo wychowywać.

Czego dobrego można się spodziewać po alkoholikach? Na pewno nie empatii. Nałóg niszczy płaty czołowe mózgu, a to tam natura ulokowała nasze uczucia wyższe. Nie można ich odbudować, dlatego myślę, że terapia odwykowa jest jedynie grą pozorów.

Ten cholerny nałóg wszystkich totalnie poniewiera i bezpowrotnie zmienia na całe życie.

Rozdział 13

Śmierć przychodzi po cichu

Odgłosy bieganiny po korytarzu przerwały ciszę nocną. Nie wiedziałyśmy, kto biega i dlaczego. Jakieś dziewczyny waliły w drzwi celi i krzyczały. Nie można było zrozumieć kontekstu słów, lecz wszystkie dźwięki brzmiały złowrogo. W pewnej chwili mury zadrżały. Rozległ się skowyt, jakby ranne zwierzę umierało w męczarniach. Wtedy jeszcze nie wiedziałam, że to była rozpacz naszej oddziałowej. Poczułam mrowienie od palców stóp po czubek głowy. Dziewczyny w mojej celi zerwały się na równe nogi. Wszystkie miałyśmy w oczach strach.

Do rana czuwałyśmy, nie mogąc zasnąć. Zza ściany dochodził czyjś płacz. Dopiero po otwarciu cel dowiedziałyśmy się, co się stało.

– Ciężarna Dorotka się powiesiła – powiedział ktoś.

Zrobiła to w nocy, gdy wszyscy spali, dwie cele od naszej. W łazience na rurze zawiązała pętlę i zawisła na skręconym w sznur prześcieradle. Nikt niczego nie widział, nie słyszał. Dorota miała dwadzieścia pięć lat i była w ósmym miesiącu ciąży.

Dramat nie do opisania, nawet się tego nie podejmę, bo nie znam takich słów, które mogłyby oddać, co się wtedy działo. To był jeden wielki płacz. Dziewczyny z tamtej celi były zdruzgotane. Obwiniały się, że nie wyczuły zagrożenia.

– Do dwudziestej trzeciej oglądałyśmy telewizję, potem jakąś chwilę rozmawiałyśmy. Niczego nie dała po sobie poznać. Była spokojna, chociaż wiedziałyśmy, że jeden problem bardzo przeżywała – relacjonowały.

Któraś z dziewczyn przebudziła się około północy, zachciało jej się do toalety. Nacisnęła klamkę, lecz drzwi były zamknięte. Czekała na odgłos spuszczanej wody, lecz za drzwiami panowała cisza.

– Pospiesz się – ponaglała. – Ile można w kiblu siedzieć?

W końcu przykucnęła. Przez kratki wentylacyjne zamontowane w drzwiach zobaczyła zwisające nogi. Jej krzyk wstrząsnął więziennymi murami. Wyważono drzwi, lecz na pomoc było już za późno. Oddziałowa natychmiast wezwała lekarza, ale dziecko też nie przeżyło.

PRZEGLĄD PRASY:

„Skazana kobieta przebywała w celi czteroosobowej. To współosadzone zaalarmowały strażników o tym, że w łazience doszło do tragedii.

Był środek nocy. Ciężarna więźniarka wzięła prześcieradło i poszła do kącika sanitarnego znajdującego się w celi. Samobójstwem poruszeni są zarówno osadzeni, jak i funkcjonariusze Służby Więziennej.

«To była pogodna kobieta. Nie sprawiała problemów. Miała bardzo dobry kontakt z osadzonymi oraz wychowawcą – podkreśla ppłk Helena Reczek, rzecznik prasowy Zakładu Karnego nr I w Grudziądzu. – Nic nie wskazywało na to, by mogła targnąć się na życie. Robimy wszystko, by nie dochodziło do takich sytuacji, jednak nie da się ich całkowicie wyeliminować».

Z nieoficjalnych informacji, do których udało się dotrzeć «Gazecie Pomorskiej», wynika, że skazana krótko przed popełnieniem samobójstwa ubiegała się przed sądem o zamianę kary więzienia na dozór elektroniczny. Sąd jednak się na to nie zgodził. Kobieta się załamała.

Za co i jak długi wyrok odsiadywała, przedstawiciele zakładu karnego nie chcą mówić.

«Nie wykluczamy, że powodem samobójczej śmierci mógł być wątek osobisty», dodaje ppłk Helena Reczek.

W więzieniu trwa postępowanie mające wyjaśnić sprawę, czy strażnicy postępowali zgodnie z przyjętymi procedurami.

Kobieta po porodzie miała trafić do Domu Matki i Dziecka, który mieści się właśnie w Zakładzie Karnym nr 1. Dysponuje on 26 miejscami dla skazanych. Dzieci wraz z matkami odbywającymi karę mogą tutaj przebywać do trzeciego roku życia".

(„Gazeta Pomorska", autor: Aleksandra Pasis, *W więzieniu odebrała życie sobie i nienarodzonemu dziecku*, 9 lipca 2016)

Dzień wcześniej z nią rozmawiałam. Podeszła do mnie w łaźni, gdy stałam namydlona pod prysznicem.

– Pani Beatko, Kasia z mojej celi chciałaby z panią porozmawiać – powiedziała Dorota.

– Nie teraz, dziecko. Woda leci tylko przez dziesięć minut, muszę się sprężać.

– Ale pogada pani?

– Pogadam.

– Dziękuję.

I oddaliła się z tym swoim pękatym brzuszkiem, a ja spłukiwałam szampon z włosów.

Dorota miała na świecie jedynie babcię i nienarodzone dziecko. Ani ojca, ani matki, ani ojca dziecka. Siedziała za jakąś drobną złodziejską sprawę, chyba chodziło o niewysokie kredyty. Dostała rok i parę miesięcy, tyle co nic.

Wszystkie zachodziłyśmy w głowę, dlaczego targnęła się na życie. W więzieniu o niczym innym nie rozmawiano. Dziewczyny sugerowały, że Dorota się powiesiła, ponieważ pani sędzia penitencjarna nie udzieliła jej przerwy w karze. Mówiły:

– Styrała ją [obrażała, zmieszała z błotem – przyp. aut.] i jeszcze powiedziała: „Co z ciebie za matka, skoro będziesz rodziła jako złodziejka, brudaska?".

– Tak ją sponiewierała ta sędzia, że dziewczyna poczuła się śmieciem. Hormony ciążowe zrobiły swoje i dlatego psychicznie nie wytrzymała.

Do Grudziądza przyjechała specjalna komisja z Bydgoszczy. Centralny Zarząd Służby Więziennej i prokuratura prowadziły postępowania wyjaśniające. Zapewne nie szukały przyczyny samobójstwa, lecz badały, czy procedury więzienne zostały zachowane. Sprawie nie nadawano rozgłosu. Lokalne media jedynie lakonicznie poinformowały, co się wydarzyło. Komunikat nawiązujący do sprawy pojawił się na oficjalnej stronie Służby Więziennej dopiero po roku od samobójstwa Doroty i dotyczył wyników postępowania wewnętrznego. Poinformowano, że nikt nie złamał przepisów, nie ponosił winy za śmierć osadzonej.

Na całym oddziale przez wiele dni panowała przygnębiająca cisza. Niektóre dziewczyny płakały do poduszki. Te, które ją wówczas znalazły, zostały objęte opieką psychologa. Jestem przekonana, że gdyby wyczuły jakiekolwiek zagrożenie, natychmiast zgłosiłyby swoje obawy wychowawcy. Zrobiłyby to w głębokiej trosce, a nie na zasadzie donosu.

Widziałam takie sytuacje, gdy śmierć wisiała w powietrzu. Nikt nie pozostawał obojętny. Każdy wiedział, że w takich chwilach trzeba reagować natychmiast – wołać lekarza, psychologa, oddziałowych. Wszystkich! Inaczej kostucha zbierze żniwo.

Wiem, co mówię. Sama byłam w podobnym stanie.

Wiele z nas przechodziło załamanie nerwowe, miało depresję i myśli, żeby ze sobą skończyć. Potencjalny samobójca wysyła czytelne sygnały. Nie trzeba być psychiatrą, aby się zorientować, że coś jest na rzeczy.

– „Panie oddziałowy, trzeba z nią coś zrobić, bo albo się potnie, albo powiesi". Tak się zgłasza sprawę, gdy koleżanka z celi snuje się jak martwa dusza lub mówi wprost, że dalsze życie nie ma sensu. Reakcja Służby Więziennej zazwyczaj jest natychmiastowa i człowiek ląduje na kozetce u psychologa.

Dorota nie wysyłała żadnych sygnałów. Po prostu się powiesiła. Jestem przeciwna jakimkolwiek nagonkom z tego powodu, szukaniu winnych, karaniu kogokolwiek i obwinianiu o śmierć matki i dziecka. Samobójstwa się zdarzają, a ten, kto naprawdę chce się zabić, zrobi to, choćby nie wiem jak go pilnowano.

Funkcjonariuszka, która tamtej dramatycznej nocy miała dyżur, była naszą ulubienicą. Drobna blondyneczka, superdziewczyna, miła i uczynna, po prostu dobry człowiek. Bardzo jej wszystkie współczułyśmy, ponieważ musiała przejść przez niełatwe procedury wyjaśniające, a przede wszystkim uporać się z żalem, że za późno przybiegła z pomocą. To była idealna oddziałowa. Swój zawód wykonywała sumiennie i z dużym taktem. Pilnując porządku na oddziale, nie musiała podnosić głosu, straszyć regulaminem i kwitami karnymi. Tak ją lubiłyśmy, że nie utrudniałyśmy jej pracy swoimi fochami.

– Zauważyłam, że o funkcjonariuszach Służby Więziennej raczej nie mówi pani „klawisz", „klawiszka", chociaż te określenia są w powszechnym obiegu. Dlaczego?

– Ponieważ szanuję ich pracę. To ciężka służba i nie każdy się do niej nadaje. O zagrożeniu życia i zdrowia funkcjonariuszy więziennych [po godzinach pracy – przyp. aut.] raczej się nie mówi, a to zagrożenie jest jak najbardziej realne. Mafia w Polsce ma swoje sposoby, aby ukarać strażnika na przykład za odmowę wniesienia do celi telefonu komórkowego albo podjęcie interwencji, gdy świadek w mafijnych procesach jest w więzieniu bity i wyzywany.

– Pisałam o tym przed laty w tekście *Strach klawisza* dla „Newsweeka".

– Czyli wie pani, że oddziałowi bywają zastraszani, że palono im samochody, byli po służbie napadani i dotkliwie okaleczani, że grożono im porwaniem dziecka, a nawet śmiercią rodziny.

– Wiem.

– Takie przypadki się zdarzały i z pewnością będą zdarzać. Funkcjonariusz Służby Więziennej jest jak policjant w akcji. Nigdy nie wie, skąd nadejdzie zagrożenie. Przy całym szacunku dla tego zawodu uważam jednak, że niektóre osoby nigdy nie powinny pracować z więźniami.

– Z powodu skłonności sadystycznych?

– Ale też zbytniej wrażliwości. Pomijając mafijne historie, codzienne obowiązki za kratami obciążają psychikę. Widziałam dwie młode osoby, które przyszły do zakładu karnego na staż i nie podołały. To jest naprawdę ciężka praca, chociażby ze względu na kontakt z patologią, alkoholiczkami śmierdzącymi wymiocinami i odchodami. Policja konwojuje takie delikwentki, wrzuca je za więzienną bramę i odjeżdża. Trzeba coś z nimi zrobić, ponieważ do celi muszą wejść umyte, wykąpane, ogolone na łyso, żeby nie poczęstować innych wszami. Człowiek wrażliwy nie da rady pracować z takim elementem.

– Czy tamta miła oddziałowa w ogóle mogła zapobiec samobójstwu w zamkniętej, niemonitorowanej celi?

– Zgodnie z przepisami każda oddziałowa pełniąca dyżur odpowiada za życie i zdrowie osadzonych. Zarówno w dzień, jak i w nocy. Patrząc na sprawę po ludzku, w tamtej konkretnej sprawie – chyba tylko jasnowidz byłby w stanie zapobiec tragedii. Strasznie żałowałyśmy, że to się stało akurat na jej zmianie. Tamtej nocy tak płakała, jakby nie chodziło o „wypadek przy pracy", lecz jakby straciła kogoś bliskiego. Do dziś słyszę jej szloch. Siedziała skulona gdzieś w kącie i wyglądała jak skrzywdzone, opuszczone przez wszystkich dziecko. Serce pękało od samego patrzenia na nią. Ona długo nie potrafiła otrząsnąć się z szoku, zresztą od razu poszła na wielomiesięczne zwolnienie. Nie wiem, czy po tym wszystkim w ogóle wróciła do pracy.

Autorka książki zapytała o to w Centralnym Zarządzie Służby Więziennej.

– Wróciła do pracy – powiedziała podpułkownik Elżbieta Krakowska, rzecznik prasowy dyrektora generalnego Służby Więziennej.

PRZEGLĄD PRASY:

„Funkcjonariusze, którzy pełnili służbę, gdy ciężarna osadzona powiesiła się na prześcieradle w kąciku sanitarnym celi, nie zaniedbali procedur – to główny wniosek pokontrolny. Sprawę samobójstwa 25-letniej skazanej, która była w ósmym miesiącu ciąży i przebywała w Zakładzie Karnym nr I przy ul. Wybickiego w Grudziądzu, zbadał zespół funkcjonariuszy Okręgowego Inspektoratu Służby Więziennej w Bydgoszczy.

«Nie stwierdzono żadnych nieprawidłowości zarówno pod względem procedur, jak i zachowania funkcjonariuszy», mówi ppłk Helena Reczek, rzecznik prasowy ZK nr I w Grudziądzu.

Prace zespołu badającego okoliczności tego tragicznego zdarzenia nadzorował Centralny Zarząd Służby Więziennej w Warszawie.

Osobne postępowanie prowadzi też prokuratura.

«Śledztwo jest w toku – mówi prokurator Agnieszka Reniecka z Prokuratury Rejonowej w Grudziądzu. – Zostali już m.in. przesłuchani świadkowie. Zlecono też inne czynności»".

(„Gazeta Pomorska", *Służba więzienna w Grudziądzu błędu nie popełniła*, 24 sierpnia 2016)

Powód, aby w tak młodym wieku odebrać sobie życie, i to tuż przed rozwiązaniem, nie mógł być banalny. Wiem, że Dorota pragnęła dziecka, nie mogła doczekać się porodu. Zapewne liczyła na przerwę w karze, ale przecież ciąża nie jest okolicznością, aby taką przerwę otrzymać.

Nie wiem, ile prawdy było w tych wszystkich spekulacjach o przyczynie jej samobójstwa. W emocjach mówi się różne rzeczy, powtarza plotki, padają fałszywe oskarżenia. Faktem jest, że Dorota targnęła się na życie niedługo po posiedzeniu sądu. Nikogo nie oceniam, nie mam do tego prawa. Ale byłam tam i wiem, że więzienie jest dostateczną karą za popełnione czyny i nie potrzeba dodatkowego piętnowania, aby pokazać osadzonym ich miejsce w przestrzeni publicznej. One wiedzą, kim są i co zrobiły. W życiu trzeba ważyć słowa, bo można nimi zabić.

Do dziś wspominam Dorotę i naszą ostatnią rozmowę w łaźni. Zastanawiam się, czy przypadkiem nie chciała mi wtedy powiedzieć czegoś więcej i czy naprawdę chodziło wyłącznie o to, abym porozmawiała z jej koleżanką. Może liczyła, że spojrzę na nią i sama się zorientuję, że ma jakiś problem? Że jej pomogę, tak jak pomagałam dziewczynom w pisaniu wniosków alimentacyjnych i apelacjach. Straszne są te wspomnienia, a na pytania nigdy nie znajdę odpowiedzi.

Nie lubię psychologów

Nie byłam w więzieniu uosobieniem spokoju wewnętrznego. Nieraz nachodziły mnie mroczne myśli. Ale nawet w najgorszych momentach, kiedy żyć mi się nie chciało, odmawiałam rozmowy z psychologiem.

– Dlaczego? Przecież psychoterapia indywidualna to skuteczna metoda leczenia nerwic i depresji. Dzisiaj ludzie słono płacą, żeby poleżeć sobie na kozetce.

– Jak dla kogo skuteczna. Dla mnie takie łzawe rozmowy nie mają sensu i przynosiły odwrotny skutek. Tylko się wkurzałam, a pytania w stylu: „Jak się pani czuje w więzieniu?" albo „Co pani zrobi, kiedy kara się skończy?", najzwyczajniej mnie drażniły. Miałam rozmowę z panią psycholog w Kamieniu Pomorskim. To było nieporozumienie, a nie psychoterapia.

– Psycholog nie przejęła się zbytnio pani losem?

– W ogóle nie oczekiwałam, żeby się przejęła. Wiedziałam, że ma wewnętrzne procedury i musi mnie odhaczyć, czyli wykazać inicjatywę i przeprowadzić rozmowę. Śmiać mi się chciało, kiedy zadawała mi te wszystkie strasznie ważne, standardowe dla kwestionariuszy osobowości pytania. Tyle że był to śmiech przez łzy. W tamtym czasie naprawdę nie było mi wesoło.

– Czy nadużywała pani narkotyków? Alkoholu? – czytała pytania z kartki.

– Nie będę opowiadać pani o moim życiu – oznajmiłam już na wstępie.

– W porządku, rozumiem – odpowiedziała przepisowym tonem.

– Czemu mają służyć te wszystkie pytania? Rozumiem, że to pani praca, że musi pani sporządzić protokół z naszego spotkania. Ale jaki to ma sens?

– Człowiek musi czasami porozmawiać, aby nie tłumić w sobie negatywnych emocji – tłumaczyła zapewne w dobrej wierze. – Jeżeli pani poczuje…

– Nie poczuję – przerwałam jej impertynencko. – Pani jest dla mnie obcą osobą. Nie znam pani, irytuje mnie pani.

Nie zamierzałam silić się na uprzejmość. Mówiłam, co

myślałam. Psycholog więzienna znosiła to z dużą cierpliwością. Była taktowna i nawet się do mnie uśmiechała. Za to ja miałam ochotę zranić ją do żywego, żeby tylko się ode mnie odczepiła.

– Naprawdę chciałabym wiedzieć, co takiego się stało, że trafiła pani za kraty – nie dawała za wygraną, a ja nagle poczułam, że muszę natychmiast wyjść z jej gabinetu, aby nie okazać słabości.

– Musiałabym otworzyć się przed panią i powiedzieć zbyt wiele, a na to jeszcze nie jestem gotowa – powiedziałam i wstałam z kozetki (ściślej mówiąc – z krzesła).

– Mamy czas. Możemy się umówić, że… – próbowała.

– Nie będziemy się umawiać. Czy pani nie rozumie, że dostałam wysoki wyrok i złamano mi życie? Zresztą całej mojej rodzinie złamano życie. Zrozumie pani, że to jest skrajnie niesprawiedliwe, a stało się w wyniku oszustwa, manipulacji i korupcji w organach ścigania? Naprawdę chce pani o tym ze mną rozmawiać? – Milczała, a ja mówiłam dalej: – Nawet nie jestem w stanie opowiedzieć, co się w moim życiu wydarzyło. Nikt nie spojrzy na to z mojej perspektywy. Ale dam pani znać, gdy będę potrzebowała innej rozmowy niż z dziewczynami w celi, moją mamą, córką i wychowawcą. Proszę mnie nie nagabywać. Nie życzę sobie tego.

Co za głupia baba, pomyślałam, wychodząc.

– Ona zapewne też tak pomyślała. Chyba oceniła ją pani zbyt surowo. Przecież chciała pomóc.

– Proszę mnie dobrze zrozumieć: nie lekceważę ludzi, lecz uważam, że pomiędzy pacjentem a terapeutą też musi zaiskrzyć. Owszem, pani psycholog z Kamienia Pomorskiego się starała, ale widać nie byłam wdzięcznym obiektem terapeutycznym. „Pani Beatko, jak tylko będzie mnie pani potrzebować, to jestem", zakończyła spotkanie, a ja byłam szczęśliwa, że obie mamy to za sobą. Nie sądzę, aby w ogóle była w stanie mi pomóc. Przechodziłam terapię w areszcie i gadanie typu „czas płynie – to minie" w ogóle nie przemawiało do mojej wyobraźni. Uważam, że jeśli chce się komuś pomóc, to lepiej wysłać człowieka do psychiatry. Albo na oddział szpitalny i dać silniejsze antydepresanty. Próby wyciągania z depresji rozmowami o niczym to fatalny pomysł.

Rozbrajanie bomby

Kiedy trafiłam za kraty, w ogóle nie chciałam z nikim rozmawiać – z żadnym psychologiem, psychiatrą, wychowawcą. Nie chciałam przyjmować posiłków. W celi czułam się jak w zabitej gwoździami, przysypanej ziemią trumnie. W ogóle nie wiedziałam, co się ze mną działo. Chciałam uciekać, ale nie było jak. Te kraty, te leki, którymi mnie faszerowano, jakieś zastrzyki... Pamiętam wszystko jak przez mgłę. Dochodziły do mnie odgłosy rozwożonych garów z jedzeniem, lecz na samą myśl, że miałabym coś przełknąć, dostawałam torsji. Jedyne, czego chciałam, to kopać w furtę i krzyczeć jak matka małej Madzi: „Wypuśćcie mnie stąd! Jestem niewinna".

Chyba zdecydowana większość osadzonych, trafiając za kraty po raz pierwszy, czuje się podobnie.

W dniu, gdy po raz pierwszy odwiedził mnie w areszcie mecenas Michał Marszał ze Szczecina, mój nowy adwokat (pierwszy nawet nie kiwnął palcem, aby mnie wybronić), i zapytał: „Kto pani to zrobił?", wciąż myślałam, że mój pobyt za kratami jest chwilowy. Byłam już po fatalnym dla mnie wyroku pierwszej instancji. Przez poprzedniego adwokata straciłam termin apelacji. Łudziłam się jednak, że wszystko można będzie jakoś cofnąć.

– Po co byli pani adwokaci? Nie mogła się pani bronić sama?

– Byłam tak zaszczuta, że od początku sprawy karnej nie potrafiłam się sama obronić. Załamanie nerwowe wytrąciło mi z rąk wszystkie argumenty. Sąd uznał moje milczenie za potwierdzenie winy. Tymczasem ja pozwalałam wydarzeniom toczyć się w przekonaniu, że prawda obroni się sama. Zamknięto mnie trzeciego lutego. Kalkulowałam, że wyjdę na Walentynki. Ktoś mi wtedy powiedział: „Dziewczyno, ty do swoich urodzin nie wyjdziesz", a obchodzę je w marcu.

– Jak to nie wyjdę? Przecież jestem niewinna – krzyczałam. – Co ja tu w ogóle robię?! Ten wyrok nie może się utrzymać.

Każdej nocy wracał do mnie straszny sen. Śniłam, że ludzie, których znam i którym ufam, idą do sądu i mówią, że wzięłam od nich pieniądze, jakieś kredyty, i że ich nie oddałam. Przyjeżdża telewizja, ktoś mówi przed kamerą, że jestem złodziejką, kłamczuchą. W gazecie ukazuje się artykuł, że nie jestem prawnikiem i że wszystkich oszukałam. Staję przed sądem i słyszę wyrok: WINNA ZARZUCANYCH JEJ PRZESTĘPSTW.

Budziłam się zlana potem. Patrzyłam na kraty w oknach i uzmysławiałam sobie, że wszystko to zdarzyło się naprawdę. Wciąż jednak miałam nadzieję, że zaraz stamtąd wyjdę.

Z AKT SPRAWY KARNEJ BEATY KRYGIER:

„Oskarżona Beata Krygier jest leczona psychiatrycznie z powodu zaburzeń nastroju – cierpi na depresję. Przez cały okres choroby utrzymują się istotnie nasilone myśli rezygnacyjne i samobójcze, niestabilność emocjonalna, czynnościowe zaburzenia funkcji poznawczych, zaburzenia snu, izolowanie od otoczenia oraz trudności z mobilizacją do prostej aktywności.

Oskarżona w toku procesu zachowywała się pasywnie, zaś wnioski dowodowe składane były nieporadnie. Z opinii sądowo-psychiatrycznej sporządzonej na potrzeby postępowania wynikało, że zdradzała – w trakcie badania – objawy zaburzeń adaptacyjnych i zaburzenia emocji. Po osadzeniu do odbywania wyroku orzeczonego w niniejszej sprawie oskarżona przebywała w zakładzie opieki zdrowotnej aresztu śledczego w Szczecinie od 3 lutego 2014 r. do 10 kwietnia 2014 r. (w załączeniu dokumentacja medyczna). Leczenie oskarżonej trwało przynajmniej od 2011 roku, kiedy to była hospitalizowana w szpitalu we Fromborku z powodu rozpoznania depresji.

Sam fakt udziału w postępowaniu karnym nie jest równoznaczny z możliwością podjęcia sprawnej i sensownej obrony. Nie można przy tym powoływać się na fakt, że Beata Krygier jest magistrem prawa lub że przez krótki czas była asesorem sądowym, i w związku z tym przyjąć, że była w stanie reprezentować swoje interesy. Fakt ukończenia studiów nie ma znaczenia dla niniejszej sprawy, a w świetle przedstawionej dokumentacji medycznej zupełnie traci na znaczeniu".

(Fragment apelacji obrońcy – adwokata Michała Marszała – od wyroku Sądu Okręgowego w Szczecinie, Wydział III Karny, z 12 września 2013 r., sygn. akt III K 266/11)

Którejś nocy, na długo przed prawomocnym wyrokiem, zrozumiałam, że jestem w piekle. Tylko tak można nazwać miejsce, z którego nie można się wydostać. Dotarło do mnie, że nikt mnie nie wypuści. Wtedy zapadłam się w sobie. Otoczyłam się skorupą, niewidzialnym pancerzem twardym jak beton. Nienawidziłam świata.

– Komuś w ogóle udało się do pani dotrzeć?

– Mojemu wychowawcy Sfinksowi.

– Jak on to zrobił?

– Nie myśl sobie – powiedział – że patrzę na ciebie przez pryzmat dokumentów. Mam w twojej teczce personalnej sześć stron wydruku spraw, za które zostałaś skazana. Nic mi one nie mówią o tobie.

– Naprawdę nie ocenia mnie pan w taki sposób, że przyjechała oszustka, skazana za przestępstwo 286 kodeksu karnego?

Już zaczynałam się nakręcać i tylko krok dzielił mnie od histerii, ale Sfinks wykonał ręką gest, który mnie powstrzymał.

– Takich jak ty to ja mam na pęczki – odpowiedział spokojnie. – Będę z tobą rozmawiał, czy tego chcesz, czy nie. Jestem tylko człowiekiem i dziwi mnie – bo ma prawo dziwić – skąd ty się, kobieto, tutaj wzięłaś. Twoja sprawa jest, mówiąc oględnie, niecodzienna.

– I co z tego? – udawałam Greka.

– A to, że ja tu pracuję dwadzieścia pięć lat i widziałem niejedną panią doktor z jeszcze wyższym wykształceniem niż twoje, ale prawniczki z doświadczeniem w zawodzie sędziego nigdy nie spotkałem.

Ujął mnie szczerością. Wtedy skorupa, jaką się otoczyłam przed światem, pękła. Sfinks rozbroił tykającą we mnie bombę, która w końcu by wybuchła. Zniszczyłaby mnie tak, jak zniszczyła Dorotę i jej nienarodzone dziecko.

Rozdział 14

Kobieta i mafia

Moja młodość przypadła na kolorowe czasy – przełom hippisowskich lat siedemdziesiątych i dyskotekowych osiemdziesiątych. Kluby nocne w Świnoujściu, gdzie mieszkałam z rodzicami, przyciągały zagranicznych marynarzy, cinkciarzy i prostytutki. Waluciarze stanowili elitę finansową miasta. Mieli najładniejsze dziewczyny, najdroższe samochody i największe rezydencje. Dzisiaj to stateczni panowie koło siedemdziesiątki. Żyją sobie dostatnio, mają nieruchomości, sklepy i szaszłykarnie. Niektórzy siedzieli w więzieniu, kilku zostało zamordowanych lub zaginęło w tajemniczych okolicznościach.

Jako nastolatka wymykałam się na dyskoteki, chociaż rodzice najchętniej widzieli mnie nad książkami. Tata był dyrektorem Orbisu, oddziału w Świnoujściu, a potem założył jedno z pierwszych w Polsce biur podróży „BAŁtur". Organizował pionierskie wycieczki do Skandynawii, także te, które nie doszły do skutku z powodu wprowadzenia w Polsce stanu wojennego. Wszyscy go znali i szanowali, zresztą tak jest do dziś.

Rodzice są ze sobą od ponad pół wieku. Zawsze pracowali razem. Mama zarządzała dokumentami, prowadziła rachunkowość, nadzorowała pracowników biura i pilnowała, aby tata łykał swoje tabletki.

Nasza rodzina uchodziła za dobrze sytuowaną, mój starszy brat pływał po morzach i oceanach, a ja byłam panienką z dobrego domu, którą strasznie ciągnęło do świata.

Młodość w todze

Po maturze opuściłam rodzinne strony i wyjechałam na studia do Torunia. Po uzyskaniu dyplomu prawnika odbywałam dwuletnią, etatową aplikację sędziowską w Szczecinie. Wróciłam do Świnoujścia po siedmiu latach, lecz spędzałam tam tylko weekendy. Aplikanci sądowi nie mają wyboru miejsca pracy, idą tam, gdzie zostają skierowani. Mnie skierowano do pracy w Wydziale Cywilnym Sądu Rejonowego w Gryficach. Tam po raz pierwszy nałożyłam sędziowską togę i łańcuch z godłem państwowym. Duma mnie rozpierała.

Już w pierwszym tygodniu przekazano mi do rozpatrzenia opasłe akta. Mówiliśmy w sądzie, że to „sprawy spadkowe" – leżały w szafach od pięciu–sześciu lat, młodzi aplikanci dostawali je jako tzw. spady procesowe. Zabrałam się do pracy z zapałem. Na górze budynku sądu dostałam małe, ale jakże potrzebne mieszkanie służbowe. Kiedy urodziła się Marta, zrobiłam sobie krótką przerwę od pracy, jednak po urlopie macierzyńskim nie zdecydowałam się na wychowawczy. Zapakowałam trzymiesięczną córcię do nosidełka i wywiozłam ze Świnoujścia do służbowego pokoju na górze.

Pracodawca poszedł mi na rękę – orzekałam jedynie

dwa lub trzy dni w tygodniu, ale za to non stop po osiem godzin, aby z niczym nie zalegać. W tym czasie Marta była z opiekunką. W pozostałe dni zajmowałam się nią najlepiej jak umiałam. Czytałam akta z dzieckiem na ręku, do trzeciej w nocy pisałam uzasadnienia wyroków, a przed siódmą wstawałam do karmienia. I chociaż padałam na nos, byłam najszczęśliwsza na świecie.

Od tamtej pory minęło trzydzieści lat. Nie wiem, kiedy czas tak przeleciał. Wciąż pamiętam sędziwego pana, którego w myślach nazywałam ułanem. Przychodził na rozprawy w wyglancowanych oficerkach i wyglądał jak z innej epoki. Sprawa dotyczyła jakiegoś płotu czy ogrodzenia – szczegóły wyleciały mi z pamięci. Starszy pan często używał określenia mur pruski. Za każdym razem, gdy to mówił, spoglądał na mnie badawczo.

– Sąd wie, jak wygląda mur pruski – powiedziałam (nie mogłam mówić o sobie inaczej niż „sąd").

– Sąd taki młody to gówno wie. – Machnął ręką lekceważąco.

Teoretycznie powinnam ukarać ułana za obrazę sądu, ale powiedziałam tylko:

– Mur pruski powstaje w oparciu o konstrukcję ryglową, na którą składa się układ słupów, rygli, zastrzałów do słupków, podwalin i oczepów, a wypełnienie między belkami jest z cegieł.

– Odsłoniętych czy otynkowanych? – zapytał.

– Może być i tak, i tak.

– A skąd sąd to wie?

– Od babci.

– Aa, jak od babci, to ja bardzo przepraszam i rączki całuję Wysokiemu Sądowi.

Widywałam go potem na ulicach Gryfic. Zawsze elegancki, wyprostowany jak struna, mimo sędziwego wieku. Kłaniał mi się z daleka, a ja się odkłaniałam, jakby coraz radośniej. Z czasem zaczęłam go wypatrywać, ale już go nie spotkałam.

Lubiłam orzekać. Myślę, że nadawałam się do tej pracy.

– To dlaczego odeszła pani z sądu?

– Mój życiowy partner mieszkał w Świnoujściu, miał tam praktykę adwokacką i chciałam, aby dziecko było bliżej ojca. Poza tym strasznie tęskniłam za domem, za rodzicami, a na przeniesienie na wyspę nie miałam co liczyć. Serce mi pękało, gdy po weekendzie jechałam znów do Gryfic. Któregoś dnia pomyślałam, że zawód prawnika mogę wykonywać inaczej. Wróciłam do Świnoujścia i założyłam biuro porad prawnych.

Znajomości w półświatku

– W czasach pani młodości na Wybrzeżu rodziła się tak zwana polska mafia.

– Nikt jeszcze nie nazywał tego w ten sposób. Mafia kojarzyła się głównie ze Szczecinem, ale czas pokazał, że miała ona swój przyczółek także w Świnoujściu. Nigdy nie szukałam znajomości w tamtych kręgach, ale człowieka, który do dziś znajduje się w gronie przestępców najbardziej poszukiwanych przez policję – międzynarodowymi listami gończymi, poznałam osobiście. W półświatku mówiono na niego Rekin.

– Międzynarodowy przemyt kokainy. Jak to możliwe, że dziewczyna z dobrego domu znała kogoś takiego?

– Na wyspie wszyscy się znali: osobiście, z widzenia lub ze słyszenia. Niemal od dziecka znałam i szanowałam jego mamę, stateczną panią z nienagannymi manierami. Rekin często bywał w Kolumbii. Wtedy jeszcze nikt nie kojarzył tych wyjazdów z narkotykami. Przywoził stamtąd złote monety i rozdawał w prezencie. Minęły lata, zanim policja powiązała go z przemytem kokainy. Wtedy już głośno mówiono o polskiej mafii, lecz ja miałam kontakt z Rekinem na początku jego kariery. Prowadził wtedy najpopularniejszą w tej części Polski dyskotekę „Palermo". Lubiłam chodzić tam z koleżankami, byłyśmy młode, chciałyśmy się bawić, tańczyć. Półświatek brylował w innym klubie nocnym, przy Grottgera, w „Ewie". Tam przesiadywali cinkciarze, prostytutki i goście z mafijnej Polski.

Kiedy miałam już w Świnoujściu swoje biuro porad prawnych, żona Rekina zakładała działalność gospodarczą, do której przygotowywałam pełną dokumentację.

– Co to była za działalność?

– Klub nocny „Extaza", który de facto okazał się agencją towarzyską. Moja klientka miała wspólnika, który z czasem stał się szarą eminencją półświatka. Podobnie jak Rekin, grał w pierwszej przestępczej lidze.

– Światy prawników i przestępców wzajemnie się przenikały.

– Wciąż tak jest, to taki zawód. Ważne, aby wykonywać go zgodnie z etyką, nie łamiąc prawa. Przez kancelarie prawnicze przewijają się różni ludzie. Poznałam wiele osób, o których potem różnie pisano w gazetach. O jednej z nich nakręcono nawet serial telewizyjny.

– Kto to taki?

– Mówiono o nim Tulipan. Podobno miał tysiące kobiet, wiele uwiódł i pozbawił oszczędności. Skazano go za gwałty, oszustwa i wyłudzenia. W 1986 roku w telewizji emitowano serial, w którym przedstawiono go jako amanta. Pierwowzór postaci zagranej przez Jana Monczkę był klientem mojego życiowego partnera. Rozczarowałam się na jego widok. W niczym nie przypominał magnetyzującego spojrzeniem odtwórcy głównej roli w serialu *Tulipan*.

– Pierwowzór nie był amantem?

– Może to więzienie pozbawiło go błysku w oczach. Akurat wyszedł z zakładu karnego, gdzie odsiedział co najmniej osiem lat. Był absolutnie przeciętnym facetem w przykrótkim garniturze. Metr sześćdziesiąt wzrostu, zero czaru, wdzięku. W rozmowie nie błyszczał elokwencją. Taki trochę chłopek-roztropek, a jednak babki za nim szalały i oddawały wszystko, co miały.

– Podobno pani też zaufała komuś, jak ostatnia naiwna.

– I to była moja zguba.

Było ich trzech

Historia, która pogrążyła Beatę Krygier, miała trzech bohaterów. Dla bezpieczeństwa narratorki, a także autorki niniejszej książki, lepiej określać ich pseudonimami. Dwaj z nich: Szwed i Kuzyn siedzą dzisiaj w więzieniu (m.in. za przekręty z VAT-em). O trzecim mówi się, że był i nadal jest przestępczym planktonem – nikim ważnym, ale szkodliwym. Wołano na niego Americanos.

Wszyscy oni zgodnie stwierdzili – najpierw przed prokuraturą, potem przed sądem – że Beata Krygier wyłudziła od jednego z nich czterysta tysięcy złotych pod zastaw apartamentów, którymi rzekomo mogła dysponować. Pełnomocnictwa, jakie im przedstawiła, były fałszywe. W tym czasie wiele innych osób zgłaszało się do prokuratury i zeznawało, że prawniczka namówiła ich do wzięcia kredytów, które miała spłacać, lecz umów nie dotrzymywała. Pokrzywdzeni musieli spłacać je sami.

Za sprawą mediów o sprawie zrobiło się głośno. Nasza narratorka przeszła załamanie nerwowe i trafiła na oddział psychiatryczny. W tym czasie Sąd Rejonowy w Świnoujściu wystawił za nią list gończy. Policja przyszła po nią do szpitala i zatrzymała w charakterze podejrzanej o oszustwa i wyłudzenia. Jako podejrzana trafiła najpierw na leczenie (oddział sądowo-psychiatryczny aresztu śledczego w Szczecinie), a następnie do celi aresztu w Kamieniu Pomorskim.

Przed sądami w Szczecinie i Świnoujściu rozpoczęły się jej procesy. Wiele zarzutów miało związek z apteką, którą prowadziła w swoim rodzinnym mieście.

– Pomysł na aptekę dojrzewał w mojej głowie kilka lat – opowiada. – Miałam odpowiedni lokal, stanowiący moją własność, i przemyślaną koncepcję. Do kompletu brakowało koncesji na prowadzenie apteki, ale się nie zrażałam, ponieważ procedury zawsze są długotrwałe. Zdawałam sobie sprawę, że bez wspólnika nie dam rady.

Wspólnik znalazł się sam.

Mówiono na niego Szwed, pewnie dlatego, że po wielu latach wrócił ze Szwecji do kraju. Przedstawili mi go znajomi i powiedzieli, że facet ma spore problemy wychowawcze z nastoletnim synem. Zapytali, czy mogłabym pomóc. Nie chodziło o kwestie prawne, lecz o przeniesienie chłopaka do renomowanej szkoły salezjanów w Szczecinie. Pod okiem braci przestałby rozrabiać i zrobił maturę. Mój wujek Maks był tam nauczycielem, wstawił się i syn Szweda został przyjęty.

Szwed miał u mnie dług wdzięczności.

Był miły w obyciu, elokwentny i nawet przystojny (chociaż łysy). Zawsze miał na sobie świetne ciuchy. Kolekcjonował światowe marki, zresztą nie tylko garniturów – nosił drogi zegarek, pachniał dobrą wodą toaletową, jeździł przyzwoitym samochodem. Właśnie kupił sobie piękny apartament w Świnoujściu przy Chopina i szukał pomysłu na życie.

– Pływałem na promach, a teraz chciałbym robić coś na lądzie – powiedział. – Zgromadziłem w skarpecie parę złotych. Słyszałem, że szukasz wspólnika do apteki, chętnie zainwestuję – zaproponował.

Ponieważ bywał w domu moich znajomych, automatycznie przyjęłam, że jest wiarygodny. Przedstawiłam go rodzicom. Zrobił na nich dobre wrażenie. Zaproponowałam mu trzydzieści pięć procent udziałów w aptece i tak zostaliśmy wspólnikami. Szwed zatrudnił niebawem, w charakterze osobistego kierowcy i ochroniarza, swojego kolegę z Warszawy. Facet przyjechał nad morze kompletnie spłukany. Wcześniej żył z walk w klatkach i podobno był utrzymankiem bogatych kobiet. Wyglądał jak gladiator, mówiono na niego Americanos. W aptece okazał się całkiem przydatny: pomagał w remoncie, skręcał meble, dźwigał towar.

Przez myśl mi nie przeszło, aby grzebać w ich przeszłości. Czerwona lampka zapaliła mi się dopiero po kilku tygodniach. Wracaliśmy we trójkę ze Szczecina i po drodze zajechaliśmy do Międzyzdrojów. Zaparkowaliśmy przed okazałym domem, obok jakiegoś wypasionego auta.

– My z Beatą zostajemy, a ty wiesz, co masz robić – powiedział Szwed i Americanos wysiadł z samochodu.

– Po co tu przyjechaliśmy? – zapytałam.

– Skurwysyn zalega mi z kasą – odpowiedział, nie spuszczając oczu ze swojego gladiatora.

Ten wyjął z kieszeni nóż i poprzecinał wszystkie opony w wypasionym aucie. Następnie powybijał szyby i to samo zrobił z oknami rezydencji. Na koniec wyrwał antenę samochodową, złamał ją i rzucił na ziemię.

Działał błyskawicznie, jakby robił to już wiele razy.

– Załatwione – powiedział po powrocie do samochodu.

Nawet mu powieka nie drgnęła. Włączył silnik i odjechał leniwie, jakby nic się nie stało.

Byłam roztrzęsiona.

– Czy ty zdajesz sobie sprawę, że jeśli tam był monitoring i ktoś zadzwonił na policję, to zaraz nas zgarną? – spytałam Szweda, a on lekceważąco machnął ręką. – Jak możesz mnie stawiać w takiej sytuacji?

– To nie twoja sprawa – uciął.

Dojechaliśmy do Świnoujścia w milczeniu. Tamtego dnia przeszło mi przez myśl, aby się wycofać i oddać mu udziały, ale tego nie zrobiłam. Nie przypuszczałam, że apteka okaże się tak kosztowną inwestycją, że pochłonie wszystkie moje i Szweda oszczędności. Wiecznie na wszystko brakowało pieniędzy. Wiedziałam, że sama sobie nie poradzę, a rodziców nie chciałam niepokoić. To starsi ludzie, sporo w życiu przeszli, a mój starszy brat był wtedy ciężko chory.

Krótko po tym zdarzeniu zatelefonowała moja mama.

– Beatka, jest u nas twój wspólnik – powiedziała. – Ojciec przekazuje mu za pokwitowaniem sporą kwotę, bo podobno tyle mu zalegasz.

– Niech tego nie robi! – krzyknęłam i pomknęłam do rodziców.

Minęłam się w drzwiach ze Szwedem. Spojrzałam na tatę i dostrzegłam jego karcące spojrzenie.

Pętla finansowych zobowiązań zaczęła się zaciskać. Między mną a moim wspólnikiem zrobiło się fatalnie, ponieważ nie zgodziłam się złożyć podpisu pod rocznym sprawozdaniem finansowym, które zostało sfałszowane. Zresztą dokumentacja do Krajowego Rejestru Sądowego też zawierała szereg nieprawdziwych danych.

– Beata, wpierdoliłaś mnie na minę, nie mam z tego żadnych zysków – oznajmił któregoś dnia Szwed. – Albo przekazujesz mi u notariusza jeszcze co najmniej piętnaście procent udziałów, a najlepiej pakiet większościowy, albo z nami koniec.

– Rozłożyłeś ten interes, nie rozliczasz się z przychodów i nachodzisz moją rodzinę, żądając uregulowania wątpliwych zobowiązań – wyliczałam jego grzechy. – Jeszcze raz tak zrobisz, to pójdę na policję i powiem, że mnie szantażujesz.

– Dobre sobie – roześmiał się. – Straszysz mnie psami? Lepiej weź kredyt w banku i mnie spłać. Wtedy odejdę.

Nie mogłam wziąć pożyczki z banku. Po rozwodzie kupiłam mieszkanie na kredyt i nie dostałabym kolejnego. Zaczęłam pożyczać pieniądze od dalszej rodziny i znajomych. Już wcześniej tak robiłam i wszystko spłacałam. Teraz jednak ludzie nie byli wobec mnie tak ufni jak niegdyś.

Szwedowi wciąż było mało. Zapętliłam się w tych pożyczkach i kłamstwach, traciłam nad nimi kontrolę. Moje długi rozrastały się błyskawicznie, oszukiwałam coraz częściej na coraz większe sumy.

Z AKT SPRAWY:

„Sąd zauważył, co następuje: oskarżona od wielu lat miała zwyczaj nakłaniania różnych osób – głównie znajomych – do pobierania dla niej kredytów gotówkowych, które następnie od tych osób przejmowała, a potem, co do zasady, kredyty te spłacała. Potem jednak oskarżona podjęła zobowiązania spłaty takiej ilości pożyczek udzielanych z kredytów, że nie miała faktycznych możliwości wywiązania się ze zobowiązań. Nie miała warunków dotrzymania umów z kredytobiorcami i w końcu, od pewnego etapu omawianych tu zdarzeń, ten sposób jej postępowania nabrał znamion oszustw określanych w art. 286 par. 1 kk.

Postępowanie to przerodziło się w metodę, którą na przestrzeni lat 2007–2011 dokonała szeregu oszustw na szkodę różnych osób, zazwyczaj blisko z nią związanych, z kręgu rodziny, czy też przez takie osoby jej polecanych.

Druga zasadnicza metoda, którą oskarżona wykorzystywała w swoich oszustwach, wiązała się z jej prawniczym wykształceniem. Bazując na nim, doprowadzała wiele osób do niekorzystnego rozporządzenia mieniem, obiecując im udzielenie konkretnej pomocy prawnej, przy czym wielokrotnie była to baza do pobierania od nich różnorakich opłat przeznaczonych rzekomo na potrzeby toczącego się postępowania".

(Fragment uzasadnienia wyroku Sądu Rejonowego w Świnoujściu II Wydział Karny, z 4 listopada 2013 roku; sygnatura akt II K 941/11)

Jeszcze się łudziłam, że wszystko jakoś ogarnę, ale to były mrzonki.

– Zrób, co ci Szwed każde – radził po dobroci Americanos. – Masz starych rodziców, córkę na studiach, po co ci kłopoty?

Czując pętlę, którą sama sobie zakładałam, zdecydowałam się opowiedzieć wszystko rodzicom.

– Mamo, tato, oni zaczynają mnie straszyć – wyjawiłam.

Miesiąc później otworzyłam w mieście własne biuro w lokalu, na który długo czekałam. Wcześniej moje biurko stało w „BAŁturze", kątem u rodziców. W nowym miejscu pracy miałam tylko tydzień spokoju. „Oddaj pieniądze złodziejko", „Oszustka Krygier" – takie napisy pojawiły się w nocy na frontowej ścianie budynku.

Byłam w szoku.

Kuzyn z workiem pieniędzy

Natychmiast poszłam na policję.

– Czy kogoś pani podejrzewa? – zapytał oficer z pionu dochodzeniowo-śledczego.

– Owszem, mojego wspólnika – odpowiedziałam i podałam jego dane.

– No proszę, proszę – ożywił się oficer. – To kiedyś Szwed wymuszał pieniądze, wywożąc ludzi do lasu, a teraz robi to psychologicznie, w białych rękawiczkach.

– Skąd pan wie takie rzeczy? – zapytałam naiwnie, jakby policja nie znała ludzi na swoim terenie.

– To pani nie wie, skąd ten pseudonim?

– Bo mieszkał w Szwecji.

– Jasne, tylko w celi zakładu karnego, osiem lat za narkotyki. Proszę nie mówić, że pani tego nie wiedziała. Przed przekazaniem mu udziałów nie sprawdziła pani jego karty karalności?

Wiele jest prawdy w powiedzeniu, że szewc bez butów chodzi – dla moich klientów analizowałam każdy szczegół, a sobie odpuściłam podstawowe zasady BHP.

Tamtego dnia złożyłam w Komendzie Rejonowej Policji w Świnoujściu zawiadomienie o popełnieniu przestępstwa na moją szkodę.

Po tygodniu rozpętało się piekło: w mieście pojawiła się ekipa telewizji, w radiu mówiono o mnie jak o kryminalistce, że nie jestem żadnym prawnikiem, tylko oszustką, a Szwed zrzucił z twarzy maskę.

– Albo przepiszesz na mnie wszystkie udziały, albo już nie żyjesz – oznajmił bez ogródek. – Załatwię cię tak, że nie będzie ci się chciało żyć, więc przemyśl to.

– Wziąłeś pieniądze od moich rodziców, a teraz chcesz moich udziałów? Nic ci już nie dam. Byłam na policji, wszystko wiedzą. Powiedzieli mi, kim jesteś.

– Policja? – Zaśmiał mi się w twarz. – Kobieto, nie rozśmieszaj mnie, już po tobie.

Policjant, któremu powtórzyłam tę rozmowę, bezradnie rozłożył ręce.

– Mamy słowo przeciwko słowu, sprawy z tego nie będzie – zawyrokował. – Potrzebujemy dowodów.

– A pokwitowanie, że Szwed wziął od moich rodziców pieniądze? Czy to nie jest dowód?

– To za mało.

Odmówiono mi wszczęcia postępowania w tej sprawie.

– Proszę się nie martwić, wymyślimy prowokację – powiedział na otarcie łez funkcjonariusz.

Apteka, zanim na dobre zaczęła na siebie zarabiać, splajtowała. Mój wspólnik zabrał stamtąd wszystkie leki, których wartość przekraczała sto tysięcy złotych, ścigał nas komornik.

– Daj mi czterysta tysięcy i zniknę z twojego życia – zaproponował Szwed.

– O czym ty, kurwa, mówisz, człowieku? – wrzasnęłam.

– Pożycz od znajomych albo weź od starych.

– Nie mam takich znajomych.

– Americanos ma kuzyna w Szczecinie, który ma w chuj kasy. Mnie nie pożyczy, bo jestem gangsterem, ale tobie tak.

– Daj mi dzień do namysłu – powiedziałam spokojniej.

Znów pobiegłam na policję.

– No to go mamy – ucieszył się oficer. – Niech się pani zgodzi, żeby niczego nie podejrzewał.

Rzekomy kuzyn Americanosa przyjechał do Świnoujścia, nie pamiętając, że kiedyś widzieliśmy się przelotnie na promenadzie. Przedstawił mi go wtedy Szwed, nie wspominając o jakichkolwiek koneksjach rodzinnych z Americanosem. Teraz ćwierkali do siebie, jak to byli małymi chłopcami, a ich mamy się przyjaźniły.

– Skąd ma pan taką gotówkę? – zapytałam Kuzyna.

– Mój ojciec pracował w Niemczech, dorobił się.

– Nie żąda pan zabezpieczenia?

– Oczywiście, że tak.

– Jakiego?

– Pani rodzina jest zamożna, więc niech to będą nieruchomości – zaproponował.

Wielka wtopa

Zgodnie z sugestiami policji umowa pożyczki miała mieć fikcyjne zabezpieczenie. Nie pamiętam dziś, kto konkretnie wpadł na pomysł, aby formę zabezpieczenia stanowiły lokale klientów biura turystycznego moich rodziców. Niewykluczone, że podsunęli mi go policjanci. Dwie osoby się umawiają – dwie osoby składają podpisy. Ale oni uparli się na notariusza. Dokumenty były lewe, a mój podpis prawdziwy, więc problemy musiały się pojawić.

Wkrótce Americanos i Kuzyn przyszli do biura moich rodziców.

– Pańska córka wzięła od nas czterysta tysięcy i dała fałszywe zabezpieczenie. Niech pan teraz za nią zapłaci – powiedzieli mojemu tacie.

Ojciec stanowczo odmówił i kazał im się wynosić. Zadzwoniłam na policję, żeby podjęto interwencję, ale policjanci nie przyjechali, więc pobiegłam na komendę.

– Jeszcze musimy czekać – usłyszałam.

– Na co? – krzyczałam. – Przecież próbowali wymusić czterysta tysięcy! Mają fikcyjną umowę, tam jest mój podpis.

– A to już pani sprawa – powiedział policjant.

Wtedy dotarło do mnie, że jestem ugotowana. Wpadłam w popłoch, próbowałam wszystko odkręcić, ale to było już niemożliwe. Wpakowałam się w problemy na własne życzenie. Najgorsze było to, że zaufałam funkcjonariuszom, a oni przekazywali Szwedowi nie tylko informacje o moich zamiarach, ale też kserokopie notatek służbowych. Wspólnik znał każde moje słowo wypowiedziane na komendzie.

– Co ty myślałaś, że mnie przestraszysz? – szydził. – Kobieto, ciebie już nie ma. Ty nie żyjesz. Nie podniesiesz się z tego nigdy. Sama się powiesisz, bo nikt czegoś takiego nie wytrzyma.

Zaraz potem Kuzyn złożył zawiadomienie o rzekomo popełnionym przeze mnie przestępstwie. Powiedział, że przekazał mi pieniądze w moim mieszkaniu, bez świadków. Prokuratura wszczęła śledztwo, które zakończyło się skierowaniem do sądu aktu oskarżenia przeciwko mnie. Sąd Okręgowy w Szczecinie uwierzył trzem przestępcom, ponieważ ich zeznania były – jak to uzasadniała pani sędzia – jednolite, spójne i logiczne, chociaż żaden z nich nie potrafił powiedzieć, w jakich banknotach przekazano mi pieniądze.

Z AKT SPRAWY:

„W imieniu Rzeczpospolitej Polskiej Sąd Okręgowy w Szczecinie oskarżoną Beatę Krygier uznaje za winną tego, że w dniu 10 stycznia 2011 roku w Świnoujściu w celu osiągnięcia korzyści majątkowej doprowadziła [tu imię i nazwisko Kuzyna] do niekorzystnego rozporządzenia jego mieniem w kwocie 400 000 zł, poprzez wprowadzenie go w błąd w ten sposób, że tego dnia zawarła z nim pisemną umowę pożyczki na wyżej wymienioną kwotę, którą zobowiązała się spłacić do dnia 30 czerwca 2011 roku. Jako jej zabezpieczenie wskazała dwie nieruchomości położone przy ul. Żeromskiego w Świnoujściu i w tym celu przedłożyła, jako autentyczne, dwie uprzednio podrobione przez siebie umowy dzierżawy, z prawem zarządu i administracji wyżej wymienionymi apartamentami. Z umów tych wynikało, iż z tytułu udzielonego jej przez właścicieli pełnomocnictwa ma ona prawo do zawierania wszelkich umów cywilno-prawnych, których przedmiotem będą obie nieruchomości, w tym umów zastawu, dzierżawy, pożyczki oraz innych, nie mając możliwości ani zamiaru spłaty przedmiotowej pożyczki, czym działała na szkodę [tu imię i nazwisko Kuzyna].

Pokrzywdzony zadzwonił do Beaty Krygier i zażądał zwrotu pieniędzy, w przeciwnym razie powiadomi prokuraturę. W odpowiedzi na to oskarżona wysłała do niego wiadomość tekstową o treści: «Bardzo proszę o spotkanie, wszystko wyjaśnię, zapłacę koszty i odszkodowanie. Błagam, tylko nie prokurator, zrobię wszystko, tylko błagam. Mam córkę i rodziców, ja zapłacę w ratach jak w umowie, błagam, tu chodzi o moje życie».

Beata Krygier potwierdziła wiarygodność tej wiadomości tekstowej. Tłumaczyła, że jej wola zapłacenia kosztów i odszkodowania wynikała z przekonania, że [tu imię i nazwisko Kuzyna] mógł poczuć się oszukany, że do transakcji ostatecznie nie doszło, a poza tym podobnie jak ona mógł być wkręcany w ten wątpliwy interes.

Tłumaczenie to nie było przekonujące.

Sąd wymierza Beacie Krygier karę dwóch lat pozbawienia wolności i zobowiązuje oskarżoną do naprawienia szkody w całości, przez zapłatę na rzecz pokrzywdzonego kwoty 400 000 złotych".

(Wyrok Sądu Okręgowego w Szczecinie z 12 września 2013 roku, sygnatura akt III K 266/11)

Wyrok łączny, jaki zapadł w sprawach karnych narratorki tej książki przed sądami pierwszej instancji w Szczecinie i Świnoujściu, skazywał ją na cztery lata i osiem miesięcy pozbawienia wolności.

Mama i tata

Jolanta Krygier, mama Beaty:

– Do końca życia nie zapomnę momentu, gdy po raz pierwszy zobaczyłam moje dziecko za kratami. To było w szczecińskim areszcie, Beata przyszła na widzenie ze mną w szlafroku. Wyglądała jak cień, odmawiała jedzenia i picia. Do tego była po ciężkiej operacji tarczycy i na bardzo silnych lekach.

– Mamo, co ja tutaj robię? – spytała tylko.

– Nie potrafię ci teraz odpowiedzieć, Beatko, ale wiem, że oboje z tatą wyciągniemy cię stąd. Twojego brata z grobu nie wyciągniemy, więc pamiętaj, że póki jest szansa, nie można się załamywać. Ponadto chciałam ci powiedzieć, że jeśli masz jakiekolwiek złe zamiary wobec siebie, jeżeli chcesz się zabić, to nami się nie przejmuj. Jesteśmy już u kresu życia, ale jakoś się pozbieramy. Pomyśl tylko o swojej córce, która tak cię kocha, że chce rzucić studia i pójść do pracy, żeby ci pomóc. Chce zarobić na adwokata.

Nic nie mówiła, ale wiem, że słuchała. Jak wyszłam z tego aresztu, to bożego świata nie widziałam, tylko płakałam i płakałam.

Nigdy, przez cały ten czas nie spotkałam się nawet z jednym słowem potępienia czy najmniejszym przejawem złośliwości ze strony mieszkańców Świnoujścia. Sąsiedzi i przyjaciele byli naszym wsparciem. Nawet obcy nam ludzie zatrzymywali nas na ulicy i wyrażali współczucie.

Wtedy jeszcze nie wiedziałam, czy nasze dziecko w ogóle to przeżyje.

Wyrok uznający Beatę Krygier za winną wyłudzenia czterystu tysięcy złotych został zmieniony przez sąd drugiej instancji. Mecenas Michał Marszał ze Szczecina dokonał rzeczy wydawałoby się niemożliwej – przywrócił przegapiony przez swojego poprzednika termin do złożenia apelacji od wyroku, jaki zapadł w pierwszej instancji. To był przełom w sprawie. Narratorka tej książki została prawomocnie uniewinniona od tamtego zarzutu, a za podpisanie fikcyjnej umowy wymierzono jej karę dziesięciu miesięcy pozbawienia wolności.

Z AKT SPRAWY:

„W sprawie brak jest niebudzących wątpliwości dowodów potwierdzających, że doszło do wykonania umowy pożyczki poprzez wydanie oskarżonej gotówki w kwocie 400 000 zł. Beata Krygier stanowczo zaprzeczyła, aby doprowadziła do przyjęcia pieniędzy, a brak jest dowodów mogących skutecznie podważyć wiarygodność jej wyjaśnień w tym zakresie.

Zeznania świadków, w tym pokrzywdzonego, prezentujące wersję przeciwną, nie były wiarygodne. Nie tylko dlatego, że nie ma innych dowodów potwierdzających, aby [tu imię i nazwisko Kuzyna] w dniu zawarcia umowy posiadał gotówkę w tak znacznej wielkości, lecz aby w ogóle miał możliwość zgromadzenia takiej kwoty. Niewiarygodne jest jego twierdzenie, że przechadzał się z gotówką. Ze względu na ilość banknotów nie mogła ona zmieścić się w kieszeniach ubrania, zaś z nagrań monitoringu nie wynika, aby posiadał jakiś worek, aktówkę, gdzie przechowywałby gotówkę. W kancelarii notarialnej również nie widziano pieniędzy w takich ilościach. Dziwnym, a wręcz nieracjonalnym byłoby, aby pokrzywdzony chodził po mieście z tak dużą sumą, zwłaszcza gdy weźmie się pod uwagę fakt, że sam posiadał długi i konsekwentnie ich nie spłacał.

Istotna jest reakcja pokrzywdzonego, który w początkowym okresie, gdy zorientował się, że padł ofiarą oszustwa, wcale nie żądał zwrotu pieniędzy. W normalnym układzie faktycznym pierwszą czynnością byłoby jednak żądanie zwrotu całej gotówki i to natychmiast – brak reakcji w tym zakresie jest nader wymowny, zaś Sąd Okręgowy w Szczecinie właściwie tego nie dostrzegł.

Razi dowolnością przeprowadzona przez Sąd I instancji ocena treści sms oskarżonej, gdyż zawarta w nim błagalna treść jednoznacznie nie przesądzała, że oskarżona faktycznie przyjęła gotówkę. Raczej dostrzegalny był strach przed ujawnieniem jej przestępczej działalności i pociągnięciem do odpowiedzialności karnej".

(Fragment wyroku Sądu Apelacyjnego w Szczecinie
z 9 października 2014 roku, sygnatura akt II Aka 139/14)

Edward Krygier, ojciec Beaty:

– Domyślam się, dlaczego wybrali naszą córkę. Im nie chodziło o nią, lecz o nas. Wiedzieli, że mamy firmę, dom, oszczędności. Byli świetnie zorientowani w naszej sytuacji finansowej. Przygotowywali się do tego od dawna, odpowiednio wcześniej podstawiając mi człowieka, którego w dobrej wierze zatrudniłem u siebie w firmie.

Gdybym wtedy uległ ich żądaniom, gdy przyszli do mojego biura po pieniądze, płaciłbym im do końca życia. Dziś nie miałbym domu, firmy, skończyłbym jako bankrut. Wiele myślałem o tym, co się wydarzyło. Mam przekonanie graniczące niemal z pewnością, że to nie Szwed ani tamtych dwóch byli mózgami całego przedsięwzięcia. Prowadząc firmę turystyczną, spotykałem wielu różnych ludzi. O jednym z nich nie wiedziałem, że jest ważną postacią w mafii. Miał hotel, a ja potrzebowałem bazy dla klientów, więc współpracowaliśmy. Ten człowiek wiedział, że można mnie złamać tylko w jeden sposób – atakując moją rodzinę. W całej tej historii nic nie wydarzyło się przez przypadek.

Epilog

Beata Krygier spędziła za kratami dwa lata i sześć miesięcy.

– Pogodziłam się ze swoją przeszłością i nie wypieram się jej – mówi. – Wreszcie śpię spokojnie, przestałam się bać i wstydzić. Pobyt za kratami stał się częścią mojego życia, a nie epizodem, o którym chciałabym zapomnieć. Jak mogłabym wyrzucić ze wspomnień Patrycję – niepokorną dziewczynę w tatuażach, która broniła mnie przed wszelkim złem? Szczerbatą Maritę, która tchnęła we mnie życie? Dorotę czuwającą nad moim snem, gdy straszna Jolka była tuż obok? Albo Magdę siatkarkę, bez której nie przetrwałabym najtrudniejszych chwil w więzieniu?

To one były moim wsparciem i z myślą o nich opowiedziałam swoją historię.

Magda jest dzisiaj innym człowiekiem. Nie ma już śladu po tamtej dziewczynie, która po kipiszu w celi chciała złamać ćpunkę jak zapałkę. W więzieniu przeszła dwa udary mózgu, jest nie do poznania. Dzwoniła do mnie, ale nie mogłam zrozumieć ani słowa. Do tej pory ma poważne problemy z komunikowaniem się. Dowiedziałam się, że po pierwszym udarze trafiła na „Syberię" – to taki oddział w Grudziądzu, gdzie (podobnie jak w Kamieniu Pomorskim) okna się nie domykały, ściany pokrywał brud i grzyb, a wiatr hulał po celach o każdej porze roku. Okropne mury, głucha cisza, prawdziwe więzienie. Są takie oddziały w Grudziądzu, których w ogóle się nie remontuje i ten stan trwa od lat. „Syberia" jest właśnie takim miejscem. Magda po udarze stała się roszczeniowa, czyli kłopotliwa. Trzeba ją było doglądać, podawać leki, wozić do lekarza, a po co tyle zachodu ze zwykłą złodziejką. Zesłano ją więc na „Syberię", do obozu przetrwania, żeby dłużej nikomu nie zawracała głowy. Człowiek dostaje tam lekcję życia. W więzieniu nie można się wychylać, trzeba znać swoje miejsce w szeregu. Miejsce złodziejki jest w celi, a nie w gabinecie neurologa czy rehabilitanta, gdzie mogłaby po ludzku dochodzić do siebie. Mam nieodparte wrażenie, że warunki, na które ją skazano, w znacznym stopniu przyczyniły się do drugiego udaru. Chcę to wyjaśnić jako jej przyjaciółka i prawnik – sąd nie pozbawił mnie prawa wykonywania zawodu, więc zawalczę o Magdę. Nie zostawię jej samej z problemem. Ona już nigdy nie będzie umiała się obronić.

Każdego dnia myślę też o Patrycji, która swój długi wyrok odsiaduje teraz w Czersku. Do końca kary pozostało jej ponad dziesięć lat. Nadal jest sama jak palec. Wiem, że ma trudny czas, a sny o zabitym taksówkarzu wracają. Obawiam się, że krwawią nie tylko blizny na jej sumieniu, ale i te, które skrzętnie skrywała pod tatuażami.

Jestem już gotowa, aby pojechać do Patrycji.

Stanę przed koszmarną więzienną furtą z podniesionym czołem. Nienawidziłam tamtych murów, a jednak – paradoksalnie – to właśnie za kratami nauczyłam się życia od podstaw. Zostawiłam tam swoich prawdziwych przyjaciół, dzięki którym zrozumiałam, że nawet w piekle można spotkać anioły.

Opowiedziałam o swoim życiu nie z chęci rozgłosu. Zrobiłam to przede wszystkim dla mojej córki Marty. Ona nigdy we mnie nie zwątpiła, nie zadawała trudnych pytań. Kiedy rozgrywały się wszystkie najgorsze dla mnie wydarzenia, nie potrafiłam z nią rozmawiać. Byłam otumaniona sytuacją i lekami. Mój umysł nie pracował, więc nie umiałabym wytłumaczyć, dlaczego znalazłam się w okratowanym świecie. Wielu rzeczy nawet nie mogłabym jej powiedzieć. Musiałam ją chronić przed ludźmi, którzy by jej nie oszczędzili. Teraz jest właściwy moment na prawdę.

Wychowałam Martę na dobrego i mądrego człowieka. Kiedy odbierała dyplomy po ukończeniu dwóch kierunków studiów, nie było mnie przy niej, bo siedziałam w więzieniu. Do dzisiaj mam o to do siebie żal. Jak musiała się czuć, czytając w gazetach, że jej matka jest oszustką? Tylko ona wie, ile ją to kosztowało. Nigdy, przenigdy nie dała mi odczuć, że ma do mnie pretensje.

Nie dałabym sobie z tym wszystkim rady bez moich rodziców. Miłość, jaką mi zawsze okazywali, stała się dla mnie fundamentem wszystkiego, co dobre. Dzięki nim mam siłę, aby wszystko zbudować od nowa i żyć tak, by już przeze mnie nie płakali.

Dziękuję im po stokroć i przyrzekam, że nigdy nie wrócę tam, gdzie byłam.

Spis treści